KINDER Sommer.

Der große Familien Freizeitführer für den Sommer 2011

ALLGÄU • BODENSEE • SCHWABEN

- **450** Ausflugsziele
- **750** Veranstaltungstipps 2011
- **220** Seiten mit über 300 Farbbildern

www.kindersommer-online.de

Umweltzertifikat

Die Materialien zur Herstellung für dieses Buch stammen aus nachhaltiger und verantwortungsvoller Waldwirtschaft, gemäß den strengen Kriterien des Forest Stewardship Council (FSC). Das FSC-Label auf einem Holz- oder Papierprodukt ist Indikator dafür, dass das Produkt aus verantwortungsvoller Waldwirtschaft stammt. Und auf seinem Weg zum Konsumenten über die gesamte Verarbeitungs- und Handelskette nicht mit nicht kontrolliertem, Holz oder Papier vermischt wurde. Produkte mit FSC-Label sichern die Nutzung der Wälder gemäß den sozialen, ökonomischen und ökologischen Bedürfnissen heutiger und zukünftiger Generationen.

FSC
www.fsc.org
MIX
Papier aus verantwortungsvollen Quellen
FSC® C006701

Hinter dem FSC-Label steckt ein durchgängig zuverlässiger Prozess. Wälder, die nach diesen Standards bewirtschaftet werden, können sich mit der FSC-Zertifizierung auszeichnen lassen. Verbraucher, die FSC-gelabelte Produkte kaufen, leisten einen aktiven Beitrag zu nachhaltigen Bewirtschaftung der Wälder rund um den Globus.

Impressum

KinderSommer, Ausgabe 2011
Erscheinungsweise: jährlich im April
ISBN: 978-3-00-034054-3

Herausgeber:
SZENE KULTUR Verlag
Inhaber: Michael Pertl
Poststr. 11 · 88239 Wangen
Tel: 0 75 22 79 50 30
Fax: 0 75 22 79 50 50
redaktion@kindersommer-online.de

Autoren und redaktionelle Mitarbeiter:
Julia Baumann, Steffi Butscher, Annett Fritz, Michael Pertl (V. i. S. d. P.)
Fotosatz und Gestaltung:
Laura Mosca, Rabea Goller, Alexandra Engstler
Verwaltung:
Christel Kuhn

Die Inhalte des Buches wurden von uns mit größter Sorgfalt recherchiert, die Angaben stammen von den Veranstaltern und Betreibern der Einrichtungen. Für die Richtigkeit der Texte, insbesondere Eintrittspreise und Öffnungszeiten, sowie den Veranstaltungshinweisen übernehmen wir keine Gewähr. Es gelten die AGBs, Gerichtsstand ist Wangen.

Titelmotiv:
Tourismusgemeinschaft Gehrenberg-Bodensee e.V, Markdorf
Anzeige auf Seite 3:
Mainau GmbH, Insel Mainau

DIE BLUMENINSEL
MAINAU
IM BODENSEE
Insel Mainau
PREISTRÄGER familien-ferien
Kinder bis 12 Jahre frei!
Mainau-Kinderland
Die Insel Mainau ist ganzjährig geöffnet.
Telefon +49 (0) 7531/303-0 | info@mainau.de | www.mainau.de

Ihr Preisvorteil: KINDER Sommer.

Original Wertgutschein

für die Auflage 2012

Mit diesem Original-Gutschein sind Sie berechtigt die aktualisierte Auflage für 2012 zum Vorteilspreis von 9,90 € zu beziehen.

Einfach diese Seite ausschneiden und
bis spätestens Januar 2012 einschicken:
Redaktion KinderSommer · Szene Kultur Verlag
Poststr. 11 · 88239 Wangen
Sie erhalten die neue Ausgabe versandkostenfrei
und pünktlich im Mai 2012 per Post.

Name:...

Strasse:..

PLZ/Ort:...

Tel. (für evtl. Rückfragen):...

Verlosung!

Jede Einsendung nimmt automatisch an einer Verlosung für Eintrittskarten 2012 teil.

Bitte hier abtrennen und einsenden

Editorial

Liebe Leser/innen,

vielen Dank, mit dem Kauf dieses Buches „Kinder-Sommer" haben Sie eine sehr gute Wahl getroffen: Sie haben hier ein Taschenbuch, das zum Mitnehmen gleichermaßen gut ist, wie als Nachschlagewerk für zuhause. Wir selbst haben lange gesucht, doch wir haben kein Buch und keine Internetseite gefunden, die so einen guten Nutzwert und so eine aktuelle Veranstaltungsübersicht bietet wie unser KinderSommer.

Freizeitführer plus Eventkalender:
Über 450 Ausflugsziele haben wir für Sie recherchiert und in Kurzform beschrieben - bei fast allen stehen Informationen dabei wie die Interneadresse, so können Sie vor dem geplanten Ausflug die Details nachforschen. Dazu kommen über 800 aktuelle Veranstaltungstipps in Kalenderform für den Sommer 2011. Damit versäumen Sie die besten Sachen nicht mehr und halten gleichzeitig Ihre Kinder auf Trapp!

Übersichtlich aufgebaut
Mit der Aufteilung in die drei Regionen Allgäu (orange) – Bodensee (grün) – Schwaben (lila) kommen Sie sofort zurecht. Jede Region hat dieselbe Seiteneinteilung: zuerst die Übersichtskarte, danach der Veranstaltungskalender 2011 und zuletzt die Beschreibung der Ausflugsziele.

Wir freuen uns wenn Sie auf Entdeckertour gehen und selbst neue Orte herausfinden, die bisher nicht so bekannt sind. Selbstverständlich freuen wir uns auch, wenn Sie uns Ihre Meinung zum KinderSommer schreiben und wenn wir von Ihnen noch aktuelle Tipps oder Verbesserungsvorschläge für die Auflage 2012 bekommen. Wenn Sie im nächsten Jahr auch wieder aktuell sein möchten bekommen Sie die Neuauflage mit allen Neuerungen für den Sommer 2012 zum Sonderpreis (Gutschein auf Seite 4).

Jetzt wünschen wir Ihnen einen spannenden Sommer und eine schöne Ferienzeit mit den Kindern und der ganzen Familien!

Die Redaktion KinderSommer
redaktion@kindersommer-online.de

Inhalt

Eistobel in Grünenbach bei Isny

Bodensee

Tolle Strandbäder in Überlingen

Oberschwaben

Federseemuseum Bad Buchau

KINDER Sommer.

Übersicht Region Allgäu

Ponyhof Scheffau bei Scheidegg

Familienberg Söllereck bei Oberstdorf

Rieden am Forggensee

Günzburg
Welden
Adelsried
Gersthofen
Donau
Leipheim
Burgau
8
Ichenhausen
Jettingen
Zusmarshausen
Augsburg
Pfaffenhofen
Weißenhorn
Dinkelscherben
Diedorf
Gessertshausen
Tannhausen
Fischach
Bobingen
Königsbrunn
Mering
Krumbach
Buch
Balzhausen
Merching
Ebershausen
Schwabmünchen
Klosterlechfeld
Egling
a. d. P.
Babenhausen
Hiltenfingen
Pestenacker
7
Zaisertshafen
Pfaffenhausen
Weil
Iller
Ettringen
Penzing
96
Egg a. d. Günz
Türkheim
Boos
Mindelheim
Buchlohe
Landsberg
a. Lech
Heimertingen
96
Sontheim
Bad Wörishofen
Lech
Memmingen
Lauchdorf
Mundraching
Markt
Rettenbach
Pforzen
Aitrach
Ottobeuren
Friesenried
Osterzell
Kaufbeuren
7
Obergünzburg
Schongau
Peißen-
berg
Dietmannsried
Markt-
oberdorf
Peiting
Wiggensbach
Kraftisried
Kempten
i. Allgäu
Betzigau
Stötten
a. Auerb.
Durach
Lechbruck
Steingaden
Roßhaupten
Saulgrub
Waltenhofen
7
Halblech
Sibratshofen
Nesselwang
Oberammergau
Wertach
Pfronten
Schwangau
Rettenberg
Füssen
Immenstadt
Blaichach
Sonthofen
Bad Hindelang
Bolsterlang
Fischen
Lech
Oberstdorf
Klein-
walser-
tal
ÖSTERREICH

Die besten Veranstaltungen im Sommer 2011

Region Allgäu

Mai

So 01

Füssen

Walderlebniszentrum Ziegelwies: Vogelstimmenwanderung Infos unter Tel: 08362 9387554

Do 05

Fischen

Hotel Burgmühle: Kuhmilch geschüttelt, nicht gerührt, 10.45 Uhr. Erfahrt in einer echten Hotelbar vom Chef persönlich ein paar geheime Tricks, wie die gesunde Milch noch besser schmeckt! Aus der guten Allgäuer Milch und anderen leckeren Zutaten mixt Ihr „kuhle" Milchshakes, die Ihr natürlich gleich probieren dürft.

Sa 07

Leutkirch

Glasmacherdorf Schmidsfelden: Vorführungen mit Kinderprogramm, ganztägig

Isny im Allgäu

Historische Altstadt und Kurpark: Isny macht mobil, ab 11 Uhr Kinderprogramm mit Kinderbetreuung, Basteln, Kinderschminken, Karussell, Fahrradturnier und Ponyreiten

So 08

Leutkirch

Glasmacherdorf Schmidsfelden: Vorführungen mit Kinderprogramm, ganztägig

Amtzell

Kletterhalle: Schnupperklettern für Kinder, 10 Uhr, ohne Vorkenntnisse, ohne Anmeldung, mitzubringen: dünne Socken und Sportbekleidung, Leihausrüstung im Preis inbegriffen. Unkostenbeitrag: 9 €, Dauer: 2,5 Std., ab 6 Jahren

Mi 11

Obermaiselstein

Hirschsprungstuben: Barmixen für Kinder, 15 Uhr. Unkostenbeitrag: 3 €, ab 6 Jahren

Sa 14

Bad Wörishofen

Skyline Park: Einladung aller Wintergeburtstagskinder, 9.30 Uhr. Heute lädt der Skyline Park alle Kinder kostenlos zu einem Besuch ein, die zwischen dem 18.10.2010 und dem 31.03.2011 Geburtstag hatten (bis zum 14. Lebensjahr, nach Vorlage des Ausweises)

So 15

Immenstadt

Museum Hofmühle: Internationaler Museumstag, 14 Uhr. Motto „Museen unser Gedächtnis", Führung durch die Hofmühle zur Geschichte Immenstadts, Quiz für Kinder und „Mal dein Immenstadt"

So 22

Immenstadt

Bergbauernmuseum: Milchfrühling, 10 Uhr: Die Landfrauen vom Bayerischen Bauernverband informieren mit einem Genialstand und einem 3-D-Turm über die Milch. Führungen in der Bergkäserei Diepolz, Buttern für Kinder, Kässpatzen, Raclette

Veranstaltungstermine und Orte in diesem Buch wurden mit größter Sorgfalt recherchiert. Die Verantwortung für alle Angaben tragen die Veranstalter. Der Verlag übernimmt keine Gewähr.

KINDER Sommer.

Bild: Kamelfarm Allgäu in Nesselwang

und Bauernhofeis sprechen alle Sinne an. Anmeldung unter Tel: 08321 66730

Mo 23

Wangen

Festplatz beim Milchpilz: Pfingstmarkt mit Rummel, 14 Uhr

Di 24

Immenstadt

Bergbauernmuseum: Orientierung im Gelände früher und heute, 13 Uhr. Kinder ab 10 Jahren und Erwachsene erfahren, wie man sich im Gelände mit verschiedenen Hilfsmitteln orientieren kann: Früher mittels einfacher und natürlicher Techniken wie Sterne, Sonne, Wetter, Karte und Kompass und heute mit GPS. Bitte mitbringen: wetterfeste Kleidung und Schuhe, Getränk, Sonnenschutz. Anmeldung unter Tel: 08321 66730

Mi 25

Obermaiselstein

Hirschsprungstuben: Barmixen für Kinder, 15 Uhr. Unkostenbeitrag: 3 €, ab 6 Jahren

Fr 27

Kempten

Königsplatz: Himmelfahrtsmarkt, ganztägig. Ein Vergnügungsmarkt mit zahlreichen Fahrgeschäften und der Händlermarkt in der Innenstadt mit spannenden Attraktionen ziehen im Frühjahr viele Besucher aus Kempten und Umgebung an.

Sa 28

Kempten

Königsplatz: Himmelfahrtsmarkt, ganztägig. Ein Vergnügungsmarkt mit zahlreichen Fahrgeschäften und der Händlermarkt in der Innenstadt mit spannenden Attraktionen ziehen im Frühjahr viele Besucher aus Kempten und Umgebung an.

So 29

Immenstadt

Bergbauernmuseum: Kräuterfest, 10 Uhr
Der Verein Allgäuer Kräuterland e. V., das Kräuterdorf Niedersonthofen und die Allgäuer Wildkräuterfrauen feiern das Kräuterjahr mit einem bunten Programm: Kräuterführungen und –markt, Vorführungen für Küche und Hausapotheke, kulinarische Genüsse, Kinderprogramm und Alpensagen.

Kempten

Königsplatz: Himmelfahrtsmarkt, ganztägig. Ein Vergnügungsmarkt mit zahlreichen Fahrgeschäften und der Händlermarkt in der Innenstadt mit spannenden Attraktionen ziehen im Frühjahr viele Besucher aus Kempten und Umgebung an.

Bild: Skylinepark in Bad Wörishofen

Burgberg

Erzgruben – Erlebniswelt am Grünten: Familien-Aktionstag Auf dem Museumsgelände wird unter dem Motto „Spiel und Spaß für die ganze Familie" ein abwechslungsreiches Programm für Familien angeboten. Bei der Grubi-Olympiade sind drei Disziplinen im „Knappengewand" zu absolvieren. Die Teilnehmer können beim Steine stoßen, Sackhüpfen und Erzstein Eisenlöffel-Wettlauf ihr Geschick unter Beweis stellen. Alle Teilnehmer erhalten ein „Erz-Knappen-Diplom" in Form einer Urkunde. Spannende Geschichten aus dem „Knappenleben" erzählt ein „Bergwerks-Knappe". Weitere Höhepunkte sind Erzsteine klopfen, die Suche nach dem Schatz und die „Erzgruben-Rallye". Beim Kinderschminken erhalten sowohl Mädchen wie die Jungs ihr „Wunschmotiv"!
Infos unter Tel: 08321 7884646

Mo 30

Kempten

Königsplatz: Himmelfahrtsmarkt, ganztägig. Ein Vergnügungsmarkt mit zahlreichen Fahrgeschäften und der Händlermarkt in der Innenstadt mit spannenden Attraktionen ziehen im Frühjahr viele Besucher aus Kempten und Umgebung an.

Di 31

Sulzberg

Kräuterwanderung:
Mit Hexenkräutern und Zauberpflanzen durchs Moor, 18 Uhr Zum Widdumer Weiher, geführt von Frau Rosmarie Weh. Wir entdecken die Geheimnisse der Moorwiese: Heimische Orchideen, Tiere, und Pflanzen durch's Lupenglas beobachten und nebenbei Oma's Heilkräuter kennen lernen. Anmeldung unter Tel: 08376 8284

Kempten

Königsplatz: Himmelfahrtsmarkt, ganztägig. Ein Vergnügungsmarkt mit zahlreichen Fahrgeschäften und der Händlermarkt in der Innenstadt mit spannenden Attraktionen ziehen im Frühjahr viele Besucher aus Kempten und Umgebung an.

Juni

Mi 01

Kempten

Königsplatz: Himmelfahrtsmarkt, ganztägig. Ein Vergnügungsmarkt mit zahlreichen Fahrgeschäften und der Händlermarkt in der Innenstadt mit spannenden Attraktionen ziehen im Frühjahr viele Besucher aus Kempten und Umgebung an.

Bolsterlang

Parkplatz Kitzebichl:
Erlebnistour für Groß
und Klein, 9.30 Uhr
„So riecht und schmeckt der Wald". Wir entdecken die Natur mit allen Sinnen und werden unseren Wald mal so richtig unter die Lupe nehmen, riechen, schmecken, spüren. Unsere Natur- und Landschaftsführerin Anita Waibel wird euch verzaubern und mitnehmen auf einen Erlebnistag in die Natur. Bei einer kleinen Brotzeit probieren wir die Köstlichkeiten aus der Wildkräuterküche und genießen den Tag.

Do 02

Bad Wörishofen

Kurtheater: Theater:
Kleiner Eisbär nimm mich mit (nach Hans de Beer), 17 Uhr

Kempten

Königsplatz: Himmelfahrtsmarkt, ganztägig. Ein Vergnügungsmarkt mit zahlreichen Fahrgeschäften und der Händlermarkt in der Innenstadt mit spannenden Attraktionen ziehen im Frühjahr viele Besucher aus Kempten und Umgebung an.

Fr 03

Kempten

Königsplatz: Himmelfahrtsmarkt, ganztägig. Ein Vergnügungsmarkt mit zahlreichen Fahrgeschäften und der Händlermarkt in der Innenstadt mit spannenden Attraktionen ziehen im Frühjahr viele Besucher aus Kempten und Umgebung an.

Sa 04

Kempten

Königsplatz: Himmelfahrtsmarkt, ganztägig. Ein Vergnügungsmarkt mit zahlreichen Fahrgeschäften und der Händlermarkt in der Innenstadt mit spannenden Attraktionen ziehen im Frühjahr viele Besucher aus Kempten und Umgebung an.

So 05

Kempten

Königsplatz: Himmelfahrtsmarkt, ganztägig. Ein Vergnügungsmarkt mit zahlreichen Fahrgeschäften und der Händlermarkt in der Innenstadt mit spannenden Attraktionen ziehen im Frühjahr viele Besucher aus Kempten und Umgebung an.

Mi 08

Immenstadt

Bergbauernmuseum
Gänseblümchen und Indianerpflaster, 10 Uhr. Kinder verbringen einen abenteuerlichen Tag auf dem „Kuhnigundenweg": Barfuß-Pfad, im Weidentunnel, beim Kräuter riechen und schmecken. Lustige Waldspiele und spannende Geschichten runden den Tag ab. Bitte mitbringen: Rucksack, Brotzeit, Getränk, Handtuch, wetterfeste Kleidung/Schuhe, Sonnenschutz. Unkostenbeitrag: 15 €, ab 8 Jahren, Anmeldung unter Tel: 08320 709670

Obermaiselstein

Hirschsprungstuben
Barmixen für Kinder, 15 Uhr. Unkostenbeitrag: 3 €, ab 6 Jahren

Sa 11

Neuravensburg

Mittelalterliches Burgspektakel: Gaukler, Künstler und Musiker verzaubern, begeistern und unterhalten in der Tradition längst vergangener Zeiten. In verschiedenen Lagern wird gezeigt, wie damals gelebt, gearbeitet, gekämpft und gefeiert wurde. Zusätzlich: Bogenschießen, Märchenerzähler, Marionettenspiel und
Kinderschminken, ab 11 Uhr

So 12

Neuravensburg

Mittelalterliches Burgspektakel:
Gaukler, Künstler und Musiker verzaubern, begeistern und unterhalten in der Tradition längst vergangener Zeiten. In verschiedenen Lagern wird gezeigt, wie damals gelebt, gearbeitet, gekämpft und gefeiert wurde. Zusätzlich: Bogenschießen, Märchenerzähler, Marionettenspiel und Kinderschminken,
ab 11 Uhr

Burgberg

Erlebniswelt am Grünten:
Oma-Opa-Tag! An diesem Tag bietet die Erzgruben – Erlebniswelt am Grünten besondere Aktivitäten für einen „Aktiv-Aus-

flug" mit den Enkelkindern. Opa schnitzt mit den Enkeln einen „Feuerstock" und Oma hilft beim Stockbrot backen und Würstel grillen. Rindenboote stechen im nahen Bach zur See; eine „Hoi-Maschine" zu bauen, wird zur Herausforderung, genauso wie mit Eisen und Stein Feuer zu machen. Und bestimmt gibt es noch manch weitere Überraschung. Tel: 08321 7884646

Mo 13

Neuravensburg

Mittelalterliches Burgspektakel: Gaukler, Künstler und Musiker verzaubern, begeistern und unterhalten in der Tradition längst vergangener Zeiten. In verschiedenen Lagern wird gezeigt, wie damals gelebt, gearbeitet, gekämpft und gefeiert wurde. Zusätzlich: Bogenschießen, Märchenerzähler, Marionettenspiel und Kinderschminken, ab 11 Uhr

Burgberg

Spirits of Nature: Familiencanyoning, 14 Uhr Unkostenbeitrag: Kinder 25 €, Erwachsene 35 €, ab 8 Jahren mit Begleitung der Eltern, Dauer: 3 Std. Anmeldung unter: Tel: 08321 619465

Di 14

Oberstdorf

Oberstdorfer Haus: Moorweiherrallye, 14 Uhr. Anmeldung bis zum Vortag in der Tourist-Information unter: Tel: 08322 700127

Immenstadt

Gasthof Engel: Spannendes Kasperletheater – Der Kasper und die Wunderlokomotive, 16.30 Uhr. Unkostenbeitrag: 3 €. Anmeldung unter: Tel: 08323 914176

Mi 15

Immenstadt

Bergbauernmuseum: Vollmondfackelwanderung um 21 Uhr. Eine schöne Wanderung für die ganze Familie über im Mondschein liegende Wiesen und durch Wälder oberhalb des Hauchenbergs. Die Fackeln werden den richtigen Weg leuchten. Ein Kräutertrunk in der Pause und Erzählungen runden den Abend ab.

Burgberg

Spirits of Nature: Familienhochseilgarten, 13 Uhr Kinder 19 €, ab 8 Jahren, Dauer: 3 Std. Tel: 08321 619465

Bolsterlang

Parkplatz Kitzebichl: Erlebnistour für Groß und Klein. „So riecht und schmeckt der Wald". Wir entdecken die Natur mit allen Sinnen und werden unseren Wald mal so richtig unter die Lupe nehmen, riechen, schmecken, spüren. Unsere Natur- und Landschaftsführerin Anita Waibel wird euch verzaubern und mitnehmen auf einen Erlebnistag in die Natur. Bei einer kleinen Brotzeit probieren wir die Köstlichkeiten aus der Wildkräuterküche und genießen den Tag, Beginn 9 Uhr

Do 16

Füssen

Walderlebniszentrum: Vom Baum zur Sitzbank Tel: 08362 9387554

Fischen

Kurhaus Fiskina: Tri Tra Trullala der Kasperle ist wieder da, ab 16 Uhr. Lustig geht es beim Kasperle und seinen Freunden zu. Ob er sich auf die Spur eines Wäschediebs begibt, sich auf eine rasante Fahrt mit der Wunderlokomotive wagt oder auf einer spannenden Schatzsuche ist, Langeweile kommt hier nicht auf! Unkostenbeitrag: 3 €

Fr 17

Sulzberg

Burgruine Sulzberg: Ritterabenteuer für die ganze Familie, 14 Uhr. Auf den Spuren vergangener Zeiten erlebt ihr Armbrustschießen, Lagerfeuer, Lanzenstechen und tolle Geschichten. Am Schluss erhält jedes Kind den Ritterschlag und eine Ritterurkunde. Getränke und Würstchen für das Lagerfeuer gibt's vor Ort. Unkostenbeitrag: 3 €. Tel: 08376 920119

Immenstadt

Alpsee: Piratenfahrt für Kinder. 10.30 Uhr. Kostenbeitrag: 6 €. Kinder 6 bis 12 Jahre Tel: 08323 52200

Fischen

Kurhaus Fiskina: Leben im Wald: Naturführung für Kinder und Erwachsene. Der Wald als

Lebensraum für Mensch und Tier birgt viele Geheimnisse, die nur darauf warten von Ihnen entdeckt zu werden. Lassen Sie sich einfangen von der Faszination des Waldes, erkunden Sie Überlebensstrategien der Tiere, Nutzungsmöglichkeiten des Waldes und erfahren Sie welch ungeheuren Reichtum Wälder uns bieten, Beginn 9 Uhr

Sa 18

Oberstdorf

Oberstdorf Haus: Seifenkistenrennen, Beginn 9 Uhr

Mo 20

Hopferau

Blechkunst Zellner:
Vorführung der Herstellung von Blechkunstgegenständen,
10 Uhr, Dauer: 1 Std.

Immenstadt

Bergbauernmuseum: Zwergenküche „Rund um den Holder", 13.30 Uhr, Tel: 08320 709670

Burgberg

Spirits of Nature:
Familiencanyoning, 14 Uhr
Unkostenbeitrag: Kinder 25 €, Erwachsene 35 €. Ab 8 Jahren mit Begleitung der Eltern.
Dauer: 3 Std.
Tel: 08321 619465

Di 21

Immenstadt

Naturerlebniswanderung:
Erleben Sie die Natur auf spielerische Art und sensibilisieren Sie ihre Sinne. Wir wandern über Wiesen und durch Wälder und erkunden gemeinsam das Reich der wilden Tiere, Insekten und Pflanzen. Lustige Spiele und spannende Aufgaben helfen, diesen vielfältigen Lebensraum kennen zu lernen. Bitte mitbringen: feste Kleidung und Schuhe, Sonnenschutz, Getränk
Unkostenbeitrag: 14 € Erw., 9 € Kinder inkl. Eintritt

Immenstadt

Bergbauernmuseum: Zwergenküche Rund um den Holder, 12 Uhr, Tel: 08320 709670

Sulzberg

Kräuterwanderung – Mit Hexenkräuter und Zauberpflanzen durchs Moor, 18 Uhr, zum Widdumer Weiher. Wir entdecken die Geheimnisse der Moorwiese: Heimische Orchideen, Tiere, und Pflanzen durch's Lupenglas beobachten und nebenbei Oma's Heilkräuter kennen lernen. Tel: 08376 8284

Mi 22

Immenstadt

Bergbauernmuseum
Zwergenküche Rund um den Holder, 13.30 Uhr
Tel: 08320 709670

Oberstdorf

Nebelhornbahn Talstation:
Kinderexpedition „Uff D'r Alp", 9.30 Uhr. Kostenbeitrag: 3 € für die Berg- u. Talfahrt, Anmeldung bis zum Vortag in der Tourist-Info unter: Tel: 08322 700127

Burgberg

Spirits of Nature:
Familienhochseilgarten, 13 Uhr
Unkostenbeitrag: Kinder 19 €, ab 8 Jahren, Dauer: 3 Std.
Tel: 08321 619465

Do 23

Fischen

Hotel Burgmühle: Erfahrt in einer echten Hotelbar vom Chef persönlich ein paar geheime Tricks, wie die gesunde Milch

Stadtfest Kempten
1. und 2. Juli 2011
Das Stadtfest Kempten findet traditionell am ersten Juli-Wochenende statt und hat sich zu einem riesigen Publikumsmagneten entwickelt. Über 1000 Akteuere gestalten auf 4 Bühnen ein Showprogramm, das sich wahrlich sehen lassen kann.

noch besser schmeckt! Aus der guten Allgäuer Milch und anderen leckeren Zutaten mixt ihr „kuhle“ Milchshakes, die ihr natürlich gleich probieren dürft, ab 10.45 Uhr.

Fr 24

Immenstadt

Alpsee: Piratenfahrt für Kinder, 10.30 Uhr. Kostenbeitrag: Kinder 6 bis 12 Jahre 6 €,
Tel: 08323 52200

So 26

Altusried

Allgäuer Freilichtbühne:
Die 3 Musketiere, 16.30 Uhr
Spieldauer, ca. 2,5 Std.
ab 10 Jahren

Burgberg

Familien-Aktionstag:
Auf dem Museumsgelände wird unter dem Motto „Spiel und Spaß für die ganze Familie“ ein abwechslungsreiches Programm für Familien angeboten. Bei der Grubi-Olympiade sind drei Disziplinen im „Knappengewand“ zu absolvieren. Die Teilnehmer können beim Steine stoßen, Sackhüpfen und Erzstein Eisenlöffel-Wettlauf ihr Geschick unter Beweis stellen. Alle Teilnehmer erhalten ein „Erz-Knappen-Diplom“ in Form einer Urkunde. Spannende Geschichten aus dem „Knappenleben“ erzählt ein „Bergwerks-Knappe“. Weitere Höhepunkte sind Erzsteine klopfen, die Suche nach dem Schatz und die „Erzgruben-Rallye“. Beim Kinderschminken erhalten sowohl Mädchen wie die Jungs ihr „Wunschmotiv“!
Tel: 08321 7884646

Mo 27

Oberstdorf

Oberstdorfer Haus: Ta-Tü-Ta-Ta, die Feuerwehr ist da, 10 Uhr Anmeldung bis Freitag 12 Uhr unter Tel: 08322 700127

Mi 29

Nesselwang

Kinder-Canyoning
Die Kinder starten gemeinsam mit dem Team von „Bergerlebnis Toni Freudig“ zu einer Expedition durch ein wildes Bachbett in einer fantastischen Schlucht. Sie rutschen über kleine Felsstufen, springen in Gumpen und lassen sich an spritzenden Wasserfällen abseilen. Kosten: 38 € Dauer: 3 Std. Anmeldung unter Tel: 08361 923040

Bolsterlang

Parkplatz Kitzebichl: Erlebnistour für Groß und Klein. „So riecht und schmeckt der Wald“. Wir entdecken die Natur mit allen Sinnen und werden unseren Wald mal so richtig unter die Lupe nehmen, riechen, schmecken, spüren. Unsere Natur- und Landschaftsführerin Anita Waibel wird euch verzaubern und mitnehmen auf einen Erlebnistag in die Natur. Bei einer kleinen Brotzeit probieren wir die Köstlichkeiten aus der Wildkräuterküche und genießen den Tag. Beginn 9 Uhr

Obermaiselstein

Parkplatz Hirschsprung:
Sagenwald und Schatzhöhle.
Durch den Sagenwald folgen wir verborgenen Zeichen auf dem Weg zur großen Höhle im Bauch des Berges. Um im Wald nicht zu sehr aufzufallen, verkleiden wir uns als Zwerge, Elfen oder Waldläufer und erkunden die Höhle und suchen den Schatz.

Juli

Fr 01

Nesselwang

Tube-Rafting: Das Team von „Bergerlebnis Toni Freudig“ lädt die Kinder zu einer eindrucksvollen Wildwasserfahrt ein. Ausgerüstet mit Helm, Neoprenanzug und Paddeln treiben sie auf großen, stabilen Gummireifen einen Fluss hinunter, 14.30 Uhr Unkostenbeitrag: 38,00 €, Dauer: ca. 4 Std., ab 8 Jahren, Anmeldung in der Tourist-Information unter Tel: 08361 923040

Oy-Mittelberg

St. Anna Platz Oy
Roll in Oy, 18.30 Uhr

Kempten

Innenstadt: Kemptener Stadtfest – Festival der Plätze
Das Stadtfest findet traditionell am ersten Juli-Wochenende statt und hat sich als attraktives Bürgerfest zu einem riesigen Publikumsmagneten entwickelt. Zusammen mit dem City-Management Kempten gestalten zahlreiche Freiwillige, Kemptener Vereine und Tanzgruppen

Bild: Bad Hindelang, „Kinderland Hauptstadt 2011“

in der gesamten Innenstadt ein unverwechselbares Stadtfest. Über 1000 Akteure präsentieren tagsüber auf insgesamt 4 Bühnen und Plätzen ein beeindruckendes und vielseitiges Show-Programm, das sich wahrlich sehen lassen kann. Bis in die Nacht hinein wird den Besuchern auf dem Rathausplatz, dem St. Mang-Platz und dem Residenzplatz mit Bands unterschiedlichster Stilrichtungen und den DJs auf dem Party-Tower nochmals kräftig eingeheizt.

Sa 02

Sontheim

Festplatz bei der Turnhalle:
Kinderfest Brenz

Kempten

Innenstadt: Kemptener Stadtfest – Festival der Plätze
Das Stadtfest findet traditionell am ersten Juli-Wochenende statt und hat sich als attraktives Bürgerfest zu einem riesigen Publikumsmagneten entwickelt. Zusammen mit dem City-Management Kempten gestalten zahlreiche Freiwillige, Kemptener Vereine und Tanzgruppen in der gesamten Innenstadt ein unverwechselbares Stadtfest. Über 1000 Akteure präsentieren tagsüber auf insgesamt 4 Bühnen und Plätzen ein beeindruckendes und vielseitiges Show-Programm, das sich wahrlich sehen lassen kann. Bis in die Nacht hinein wird den Besuchern auf dem Rathausplatz, dem St. Mang-Platz und dem Residenzplatz mit Bands unterschiedlichster Stilrichtungen und den DJs auf dem Party-Tower nochmals kräftig eingeheizt.

So 03

Bad Hindelang

Kinderland-Hauptstadt-Fest:
Kinder werden für einen Tag das Kommando im Ferienparadies übernehmen. Gemeindechef Martin wird den Kindern die Schlüssel zum Rathaus übergeben. Die Kinder werden auch die Kurverwaltung leiten sowie in Banken und Hotels Führungsposten übernehmen. Zudem darf der Nachwuchs unterschiedliche Handwerksberufe testen, Feuerwehrmann oder -frau spielen oder beim Bau von Alphörnern mithelfen.

Altusried

Allgäuer Freilichtbühne:
Die 3 Musketiere, 16.30 Uhr Spieldauer, ca. 2 ½ Std. mit Pause, ab 10 Jahren

Oberstaufen

Hündlebahn:
Familientag – alle Kinder fahren in Begleitung eines Elternteils an der Sesselbahn frei, ganztägig

Amtzell

Kletterhalle:
Schnupperklettern für Kinder um 10 Uhr, ohne Vorkenntnisse, ohne Anmeldung, mitzubringen: dünne Socken und Sportbekleidung, Ausrüstung im Preis inbegriffen, Kostenbeitrag: 9 €, Dauer: 2,5 Std., ab 6 Jahren

Oy-Mittelberg

Spielplatz Faistenoy:
Kindersommerfest, 13 Uhr

Mi 06

Nesselwang

Die Kinder starten gemeinsam mit dem Team von „Bergerlebnis Toni Freudig" zu einer Expedition durch ein wildes Bachbett in einer fantastischen Schlucht. Sie rutschen über kleine Felsstufen, springen in Gumpen und lassen sich an spritzenden Wasserfällen abseilen. 10 Uhr
Kostenbeitrag: 38 € ca. 3 Std., Anmeldung in der Tourist-Info unter Tel: 08361 923040

Do 07

Füssen

Walderlebniszentrum:
Vom Baum zur Sitzbank
Infos unter Tel: 08362 9387554

Fr 08

Nesselwang

Tube-Rafting: Das Team von „Bergerlebnis Toni Freudig" lädt die Kinder zu einer eindrucksvollen Wildwasserfahrt ein. Ausgerüstet mit Helm, Neoprenanzug und Paddeln treiben sie auf großen, stabilen Gummireifen einen Fluss hinunter, 14.30 Uhr
Unkostenbeitrag: 38,00 €, Dauer: ca. 4 Std., ab 8 Jahren, Anmeldung in der Tourist-Information unter Tel: 08361 923040

Isny im Allgäu

Festplatz am Rain:
Kinder und Heimatfest

Oy-Mittelberg

Kirche Hl. Kreuz Maria Rain:
Die Waldspürnasen, 14.30 Uhr
Kostenbeitrag: 6 €, ab 6 Jahren

Sa 09

Bad Wörishofen

Skyline Park: Feurige Nacht, 9.30 Uhr. Erleben Sie die heißeste Nacht des Jahres im Skyline Park! Heute sind alle Fahrgeschäfte bis 24 Uhr geöffnet. Lassen Sie sich von waghalsigen Feuerspuckern, faszinierenden Feuerjongleuren, mitreißenden Feuerreitern und den atemberaubenden Feuershows beeindrucken. Erleben Sie die explosive Stimmung hautnah! Live-Bands und feurige Rhythmen unterhalten vor malerischer Kulisse. Das Highlight des Abends wird das spektakuläre Hochfeuerwerk! Eintrittspreis ab 18 Uhr, 8 € pro Person

Isny im Allgäu

Festplatz am Rain:
Kinder und Heimatfest

Fischen

Feuerwehrhaus: Besuch bei der Feuerwehr, 10 Uhr TATÜÜÜ TATAAA - die Feuerwehr ist da. Sie retten, bergen, löschen und schützen. Findest Du Feuerwehrleute auch „kuhl"? Hast Du schon mal einen Feuerwehrhelm getragen? Die Freiwillige Feuerwehr Fischen begleitet dich durch das „Spritzenhaus" und „brennt" darauf, Dir alle deine Fragen zu beantworten! Auch das „uralte" Löschfahrzeug kannst du dabei unter die Lupe nehmen! Und das ist noch nicht alles, als Abschluss dürft ihr dann sogar in einem echten Feuerwehrauto mitfahren!

Annahmeschluss für 2012 ist im Februar 2010 Tel. 07522 795030

Sommer-Kinderprogramm im Tannheimer Tal 4. Juli bis 2. September
Alles andere als am Rockzipfel der Eltern hängen Kinder im Tannheimer Tal mit dem täglich wechselnden Programm des Tanni-Kinderclubs. Von 4. Juli bis 2. September verwandeln sich kleine Urlauber in Goldsucher, Piraten, Abenteurer, Wahrsager oder Hexenmeister. Zum Abschluss einer spannenden Woche basteln sich die kleinen Weltenbummler sogar ihr eigenes Musikinstrument. Wochenprogramm mit Spaßgarantie: Echte Piraten brauchen einen Schatz. Im Tannheimer Tal finden sie diesen mit ein wenig Glück immer montags am „geheimen Bach" und segeln danach mit ihrem selbstgebauten Seeräuberboot davon. Auch dienstags ist im Tanni-Kinderclub so einiges geboten: Klettern am Fels, abenteuerliche Wildbachüberquerungen, spannende Geschichten am Lagerfeuer – und sogar fliegen wie die Fledermäuse. Der Flying Fox (englisch für Flughund, eine Fledermaus-Art) macht´s möglich: Mit der Seilrutsche geht es gut gesichert in drei Meter Höhe über den Wildbach.

Bild: Alpspitz Bahn in Nesselwang

So 10

Immenstadt

Bergbauernmuseum: Aktionstag der Gesellschaft zur Erhaltung alter und gefährdeter Haustierrassen, 10 Uhr. Der Aktionstag der Regionalgruppe Allgäu steht unter dem Motto: „Seltene Haustierrassen, die etwas andere Reise für Auge und Gaumen". Sie stellt seltene Rinder- und Ziegenrassen, bedrohte Schafrassen, sowie Enten, Hühner und Gänse vor. Die Besucher können sich nicht nur über die ausgestellten Tiere und die Arbeit der GEH informieren, sondern haben auch die Möglichkeit, die verschiedenen Tierarten zu probieren.

Altusried

Allgäuer Freilichtbühne
Die 3 Musketiere, 16.30 Uhr
Spieldauer, ca. 2 ½ Std. mit Pause, ab 10 Jahren

Isny im Allgäu

Festplatz am Rain:
Kinder und Heimatfest

Mo 11

Isny im Allgäu

Festplatz am Rain:
Kinder und Heimatfest

Oberstdorf

Nebelhornbahn: Kinderexpedition „Uff D'r Alp", Anmeldung bis zum Vortag in der Tourist-Info Tel: 08322 700 127
Kostenbeitrag: 3 € für die Berg- u. Talfahrt

Hopferau

Blechkunst Zellner:
Vorführung der Herstellung von Blechkunstgegenständen,
10 Uhr, Dauer: 1 Std.

Mi 13

Nesselwang

Kinder-Canyoning: Die Kinder starten gemeinsam mit dem Team von „Bergerlebnis Toni Freudig" zu einer Expedition durch ein wildes Bachbett in einer fantastischen Schlucht. Sie rutschen über kleine Felsstufen, springen in Gumpen und lassen sich an spritzenden Wasserfällen abseilen. 10 Uhr, Kostenbeitrag: 38 €, ca. 3 Std., ab 8 Jahren, Anmeldung in der Info unter Tel: 08361 923040

Füssen

Walderlebniszentrum:
1. Hilfe im Wald. Info unter:
Tel: 08362 9387554

Bolsterlang

Parkplatz Kitzebichl: Erlebnistour für Groß und Klein, 9.30 Uhr „So riecht und schmeckt der Wald". Wir entdecken die Natur mit allen Sinnen und werden unseren Wald mal so richtig unter die Lupe nehmen, riechen, schmecken, spüren. Unsere Natur- und Landschaftsführerin Anita Waibel wird euch verzaubern und mitnehmen auf einen Erlebnistag in die Natur. Bei einer kleinen Brotzeit probieren wir die Köstlichkeiten aus der Wildkräuterküche und genießen den Tag. Beginn 9 Uhr

Anregungen für die Ausgabe 2012 nehmen wir gerne entgegen:
redaktion@kindersommer-online.de

Do 14

Füssen

Walderlebniszentrum: Gewässerexkursion Infos unter: Tel: 08362 9387554

Fischen

Hotel Burgmühle: Erfahrt in einer echten Hotelbar vom Chef persönlich ein paar geheime Tricks, wie die gesunde Milch noch besser schmeckt! Aus der guten Allgäuer Milch und anderen leckeren Zutaten mixt ihr „kuhle" Milchshakes, die ihr natürlich gleich probieren dürft. Beginn 10.45 Uhr

Fr 15

Immenstadt

Alpsee: Piratenfahrt für Kinder, 10.30 Uhr Kostenbeitrag: Kinder 6 bis 12 Jahre 6 €, Anmeldung unter Tel: 08323 52200

Nesselwang

Tube-Rafting: Das Team von „Bergerlebnis Toni Freudig" lädt die Kinder zu einer eindrucksvollen Wildwasserfahrt ein. Ausgerüstet mit Helm, Neoprenanzug und Paddeln treiben sie auf großen, stabilen Gummireifen einen Fluss hinunter, 14.30 Uhr Unkostenbeitrag: 38,00 €, Dauer: ca. 4 Std., ab 8 Jahren, Anmeldung in der Tourist-Information unter Tel: 08361 923040

Fischen

Kurhaus Fiskina: Leben im Wald – Wald im Leben, 9.30 Uhr Naturführung für Kinder und Erwachsene. Der Wald als Lebensraum für Mensch und Tier birgt viele Geheimnisse, die nur darauf warten von Ihnen entdeckt zu werden. Lassen Sie sich einfangen von der Faszination des Waldes, erkunden Sie Überlebensstrategien der Tiere, Nutzungsmöglichkeiten des Waldes und erfahren Sie welch ungeheuren Reichtum Wälder uns bieten.

Hopferau

Feuerwehrhaus: Feuerwehrübung für Kinder, 17 Uhr

Oy-Mittelberg

Kirche Hl. Kreuz Maria Rain: Die Waldspürnasen, 14.30 Uhr Kostenbeitrag: 6 €, ab 6 Jahren

Sa 16

Wangen

Gallusbrücke: D ´Arge nab Rennen von Pappkartonbooten, Spaßbooten sowie Schlauchbooten. Start:
oberhalb der Gallusbrücke,
Ziel: vor der Isnyer Brücke

Bad Wörishofen

Stadtteil Gartenstadt: Gartenstadtfest mit großem Kinderfest, 14 Uhr

Kaufbeuren

Tänzelfest –
Kinderfest mit Lagerleben
Info unter Tel: 08341 40405

Fischen-Langenwang

Lama-Bewegung: Lama-Bewegung, 14 Uhr. „Ruhig liefen wir auf einem engen Pfad durch den Wald. Ich war ein bisschen unsicher, aber mein Lama schien geradezu auf mich und meine Schritte zu achten. Es stubste mich zart und ich merkte, wie ich immer gelassener wurde. Ich konnte den Wald riechen, und meine sorgenvollen Gedanken an den Alltag verblassten mehr und mehr. Obwohl es etwas nieselte, hatte die ganze Gruppe richtig Spaß!"

So 17

Kaufbeuren

Tänzelfest: Kinderfest mit Lagerleben
Info unter Tel: 08341 40405

Oy-Mittelberg

Kirche Hl. Kreuz Maria Rain: Die Waldspürnasen, 14.30 Uhr Kostenbeitrag: 6 €, ab 6 Jahren

Mo 18

Hopferau

Blechkunst Zellner: Vorführung der Herstellung von Blechkunstgegenständen,
10 Uhr, Dauer: 1 Std.

Di 19

Leutkirch

Wilhelmshöhe: Historisches Kinderfest

Mi 20

Füssen

Walderlebniszentrum Ziegelwies: Vom Baum zur Sitzbank
Infos unter Tel: 08362 9387554

Nesselwang

Spielhaus im Feriendorf Reichenbach:

Kindertheater - Joaquino Payaso und seine sieben Koffer, 17 Uhr, 3 €, Dauer: 45 min.

Kinder-Canyoning:
Die Kinder starten gemeinsam mit dem Team von „Bergerlebnis Toni Freudig" zu einer Expedition durch ein wildes Bachbett in einer fantastischen Schlucht. Sie rutschen über kleine Felsstufen, springen in Gumpen und lassen sich an spritzenden Wasserfällen abseilen, 10 Uhr
Unkostenbeitrag: 38 €
(inklusive Leihausrüstung)
Dauer: ca. 3 Std., Anmeldung in der Tourist-Information unter
Tel: 08361 923040

Do 21

Oberstaufen

Haus des Gastes:
Pferdekutschfahrt
ins Blaue, 13.30 Uhr
Unkostenbeitrag: 5 €,
Anmeldung bis zum Vortag
unter Tel: 08386 93000

Füssen

Walderlebniszentrum Ziegelwies:
Gewässerexkursion
Infos unter Tel: 08362 9387554

Wangen

Altstadt, Marktplatz: Wangener Kinder- und Heimatfest mit Theater und Spielen auf dem Festplatz und in der Innenstadt

Fr 22

Immenstadt

Alpsee: Piratenfahrt für Kinder, 10.30 Uhr, Unkostenbeitrag:
Kinder 6 bis 12 Jahre 6 €

Bild: Piratenfahrt am Alpsee bei Immenstadt

Anmeldung unter
Tel: 08323 52200

Nesselwang

Tube-Rafting: Das Team von „Bergerlebnis Toni Freudig" lädt die Kinder zu einer eindrucksvollen Wildwasserfahrt ein. Ausgerüstet mit Helm, Neoprenanzug und Paddeln treiben sie auf großen, stabilen Gummireifen einen Fluss hinunter, 14.30 Uhr
Unkostenbeitrag: 38 €, Dauer: ca. 4 Std, ab 8 Jahren, Anmeldung in der Tourist-Information unter Tel: 08361 923040

Oy-Mittelberg

Kirche Hl. Kreuz Maria Rain:
Die Waldspürnasen, 14.30 Uhr
Unkostenbeitrag: 6 €, ab 6 J.

Hopferau

Feuerwehrhaus: Feuerwehrübung für Kinder, 17 Uhr

Wangen

Altstadt, Marktplatz: Wangener Kinder- und Heimatfest mit Theater und Spielen auf dem Festplatz und in der Innenstadt

Sulzberg

Burgruine Sulzberg: Ritterabenteuer für die ganze Familie, 14 Uhr. Auf den Spuren vergangener Zeiten erlebt ihr Armbrustschießen, Lagerfeuer, Lanzenstechen und tolle Geschichten. Am Schluss erhält jedes Kind den Ritterschlag und eine Ritterurkunde. Getränke und Würstchen für das Lagerfeuer gibt's

Bild: Bergbauernmuseum Immenstadt

vor Ort. Unkostenbeitrag: 3 €, Anmeldung unter Tel: 08376 920119

Sa 23

Sontheim

Hermann-Eberhardt-Halle: Kinderfest

Wangen

Altstadt, Marktplatz: Wangener Kinder- und Heimatfest mit Theater und Spielen auf dem Festplatz und in der Innenstadt mit großem Festumzug

Fischen

Feuerwehrhaus: Besuch bei der Feuerwehr, 10 Uhr. TATÜÜÜ TATAAA - die Feuerwehr ist da. Sie retten, bergen, löschen und schützen. Findest du Feuerwehrleute auch „kuhl"? Hast du schon mal einen Feuerwehrhelm getragen? Die Freiwillige Feuerwehr Fischen begleitet dich durch das „Spritzenhaus" und „brennt" darauf, dir alle deine Fragen zu beantworten! Auch das „uralte" Löschfahrzeug kannst du dabei unter die Lupe nehmen! Und das ist noch nicht alles, als Abschluss dürft ihr dann sogar in einem echten Feuerwehrauto mitfahren!

So 24

Wangen

Altstadt, Marktplatz: Wangener Kinder- und Heimatfest mit Theater und Spielen auf dem Festplatz und in der Innenstadt

Mo 25

Hopferau

Blechkunst Zellner: Vorführung der Herstellung von Blechkunstgegenständen, 10 Uhr, Dauer: 1 Std.

Di 26

Oberstdorf

Oberstdorfer Haus, Foyerbereich: Moorweiherrallye, 14 Uhr. Anmeldung bis zum Vortag in der Tourist-Information unter Tel: 08322 700127

Mi 27

Nesselwang

Spielhaus im Feriendorf Reichenbach: Kindertheater - „Happy Birthday Joaquino Payaso", 17 Uhr, Unkostenbeitrag: 3 €, Dauer: 45 min.

Kinder-Canyoning: Die Kinder starten gemeinsam mit dem Team von „Bergerlebnis Toni Freudig" zu einer Expedition durch ein wildes Bachbett in einer fantastischen Schlucht. Sie rutschen über kleine Felsstufen, springen in Gumpen und lassen sich an spritzenden Wasserfällen abseilen. 10 Uhr Unkostenbeitrag: 38€ (inklusive Leihausrüstung), Dauer: ca. 3 Std., ab 8 Jahren, Anmeldung in der Tourist-Information unter Tel: 08361 923040

Oy-Mittelberg

Oberzollhaus: Einblicke in die Welt der Schlangen, 14.45 und 16.15 Uhr, ab 4 Jahren

Füssen

Walderlebniszentrum Ziegelwies: 1. Hilfe im Wald Infos unter Tel: 08362 9387554

Bolsterlang

Parkplatz Kitzebichl: Erlebnistour für Groß und Klein, 9.30 Uhr. „So riecht und schmeckt der Wald". Wir entdecken die Natur mit allen Sinnen und werden unseren Wald mal so richtig unter die Lupe nehmen, riechen, schmecken, spüren. Unsere Natur- und Landschaftsführerin Anita Waibel wird euch verzaubern und mitnehmen auf einen Erlebnistag in die Natur. Bei einer kleinen Brotzeit probieren wir die Köstlichkeiten aus der Wildkräuterküche und genießen den Tag.

Do 28

Nesselwang

Spielhaus im Feriendorf Reichenbach:
Der Kasperl und die Wunderlokomotive, 16 Uhr
Unkostenbeitrag: 3 €,
Dauer: 40 min.

Füssen

Walderlebniszentrum Ziegelwies:
Gewässerexkursion
Infos unter Tel: 08362 9387554

Oy-Mittelberg

Reitstall Haag
Auf dem Rücken der Pferde,
14 Uhr, Unkostenbeitrag: 2,50 €

Fr 29

Immenstadt

Alpsee: Piratenfahrt für Kinder, 10.30 Uhr, Unkostenbeitrag:
Kinder 6 bis 12 Jahre 6 €
Anmeldung unter
Tel: 08323 52200

Nesselwang

Tube-Rafting: Das Team von „Bergerlebnis Toni Freudig" lädt die Kinder zu einer eindrucksvollen Wildwasserfahrt ein. Ausgerüstet mit Helm, Neoprenanzug und Paddeln treiben sie auf großen, stabilen Gummireifen einen Fluss hinunter. 14.30 Uhr Unkostenbeitrag: 38 €, Dauer: ca. 4 Std., ab 8 Jahren, Anmeldung in der Tourist-Information unter Tel: 08361 923040

Isny im Allgäu

Baggersee Burkwang (bei Isny-Kleinhaslach):
Theaterfestival - Auch für Kinder finden Kurse statt, z.B. ein Zauberkurs, Theaterkurs, Trommelkurse, Breakdance, Beachvolleyball und vieles mehr.

Sa 30

Isny im Allgäu

Baggersee Burkwang (bei Isny-Kleinhaslach):
Theaterfestival - Auch für Kinder finden Kurse statt, z.B. ein Zauberkurs, Theaterkurs, Trommelkurse, Breakdance, Beachvolleyball und vieles mehr.

Sulzberg

Campingplatz Öschlesee:
Kindersommerfest, 14 Uhr
Für Spiel, Spaß und Verpflegung ist bestens gesorgt

Oberstdorf

Oberstdorf Haus:
Die Blechhörnchen, 17 Uhr
Musiktheater für Kinder beim Oberstdorfer Musiksommer
Munich brass connection
Erzählerin: Crescentia Dünßer
Freier Eintritt für Kinder bis 12 Jahren, Karten zu 10 €,
Mehrwert: Kinderfreifahrt auf dem Söllereck Rodel

Fischen-Langenwang

Lama-Bewegung
Jägersberg: 14 Uhr
„Ruhig liefen wir auf einem engen Pfad durch den Wald. Ich war ein bisschen unsicher, aber mein Lama schien geradezu auf mich und meine Schritte zu achten. Es stubste mich zart und ich merkte, wie ich immer gelassener wurde. Ich konnte den Wald riechen, und meine sorgenvollen Gedanken an den Alltag verblassten mehr und mehr. Obwohl es etwas nieselte, hatte die ganze Gruppe richtig Spaß!

So 31

Oberstaufen

Hündlebahn:
Kindertag am Hündle, 11 Uhr

Isny im Allgäu

Baggersee Burkwang (bei Isny-Kleinhaslach):
Theaterfestival - Auch für Kinder finden Kurse statt, z.B. ein Zauberkurs, Theaterkurs, Trommelkurse, Breakdance, Beachvolleyball und vieles mehr. Nähere Informationen auf www.theaterfestival-isny.de

Burgberg

Erzgruben – Erlebniswelt am Grünten:
Familien-Aktionstag
An jedem letzten Sonntag des Monats finden unsere Familien-Aktionstage statt. Auf dem Museumsgelände wird unter dem Motto „Spiel und Spaß für die ganze Familie" ein abwechslungsreiches Programm für Familien angeboten. Bei der Grubi-

Bild: Spirit of Nature in Burgberg

Olympiade sind drei Disziplinen im „Knappengewand“ zu absolvieren. Die Teilnehmer können beim Steinestoßen, Sackhüpfen und Erzstein Eisenlöffel-Wettlauf ihr Geschick unter Beweis stellen. Alle Teilnehmer erhalten ein „Erz-Knappen-Diplom“ in Form einer Urkunde. Spannende Geschichten aus dem „Knappenleben“ erzählt ein „Bergwerks-Knappe“. Weitere Höhepunkte sind Erzsteine klopfen, die Suche nach dem Schatz und die „Erzgruben-Rallye“. Beim Kinderschminken erhalten sowohl Mädchen wie die Jungs ihr „Wunschmotiv“!
Infos unter Tel: 08321 7884646

Sonthofen

Wonnemar:
Das Wonnemar Sonthofen wird 10 Jahre alt, ganztägig
Tolle Aktionen für Groß u. Klein; unser Maskottchen Wonni wird vor Ort sein und freut sich schon auf alle Kinder

August

Mo 01

Nesselwang

Spielhaus im Feriendorf Reichenbach: Marionettentheater - „Der goldene Schlüssel“, 17 Uhr, Unkostenbeitrag: 3 €, Dauer: 45 min.

Hopferau

Blechkunst Zellner:
Vorführung der Herstellung von Blechkunstgegenständen,
10 Uhr, Dauer: 1 Std.

Isny im Allgäu

Baggersee Burkwang (bei Isny-Kleinhaslach):
Theaterfestival - Auch für Kinder finden Kurse statt, z.B. ein Zauberkurs, Theaterkurs, Trommelkurse, Breakdance, Beachvolleyball und vieles mehr.

Burgberg

Spirits of Nature:
Familiencanyoning, 14 Uhr
Unkostenbeitrag: Kinder 25 €, Erwachsene 35 €, ab 8 Jahren mit Begleitung der Eltern,
Dauer: ca. 3 Std. Anmeldung unter Tel: 08321 619465

Immenstadt

Burgruine Laubenbergstein:
Spannendes Rittermärchen,
11 Uhr.
Rittermärchen von und mit Marie Luise Kaiser. Programm: Rittermärchen, Ritterburgen zum Mitnehmen und Gewinnspiel.
Unkostenbeitrag: 3 €,
Infos und Anmeldung unter
Tel: 08323 914176

Di 02

Isny im Allgäu

Baggersee Burkwang (bei Isny-Kleinhaslach):
Theaterfestival - Auch für Kinder finden Kurse statt, z.B. ein Zauberkurs, Theaterkurs, Trommelkurse, Breakdance, Beachvolleyball und vieles mehr.

Immenstadt

Gasthof Engel:
Spannendes Kasperletheater – Der Kasper und die Prinzessin, 11 Uhr, Unkostenbeitrag: 3 €, Infos und Anmeldung unter Tel: 08323 914176

Fischen

Kurhaus Fiskina: Tri Tra Trullala der Kasperle ist wieder da, 16 Uhr. Lustig geht es beim Kasperle und seinen Freunden zu. Ob er sich auf die Spur eines Wäschediebs begibt, sich auf eine rasante Fahrt mit der Wunderlokomotive wagt oder auf einer spannenden Schatzsuche ist, Langeweile kommt hier nicht auf! Unkostenbeitrag: 3 €

Mi 03

Oberstdorf

Oberstdorfer Haus, Foyerbereich:
Kinder-Rot-Kreuz-Kurs, 10 Uhr Anmeldung bis zum Vortag in der Tourist-Information, Tel: 08322 700127

Füssen

Walderlebniszentrum Ziegelwies: Märchenabend Infos unter Tel: 08362 9387554

Oy-Mittelberg

Reitstall Haag:
Auf dem Rücken der Pferde, 14 Uhr, Unkostenbeitrag: 2,50 €

Isny im Allgäu

Baggersee Burkwang (bei Isny-Kleinhaslach):
Theaterfestival - Auch für Kinder finden Kurse statt, z.B. ein Zauberkurs, Theaterkurs, Trommelkurse, Breakdance, Beachvolleyball und vieles mehr.

Nesselwang

Spielhaus im Feriendorf Reichenbach:
Kindertheater - „Joaquino Payaso und seine sieben Koffer“ , 17 Uhr, Unkostenbeitrag: 3 € Dauer: 45 min.

Nesselwang

Kinder-Canyoning:
Die Kinder starten gemeinsam mit dem Team von „Bergerlebnis Toni Freudig“ zu einer Expedition durch ein wildes Bachbett in einer fantastischen Schlucht. Sie rutschen über kleine Felsstufen, springen in Gumpen und lassen sich an spritzenden Wasserfällen abseilen. , 10 Uhr Unkostenbeitrag: 38 € (inklusive Leihausrüstung), Dauer: ca. 3 Std., ab 8 Jahren, Anmeldung in der Tourist-Information unter Tel: 08361 923040

Sulzberg

Familienrafting auf der Iller:
9 Uhr. Mit dem erfahrenen Bootsführer Rainer Wagner geht es auf Abenteuertour. Wir fahren vorbei am „Seifener Becken“ und am idyllischen Illerdurchbruch bei Rottach. Wenn wir Glück haben, können wir sogar seltene Brutvögel beobachten. Unkostenbeitrag: Kinder 23 €, Erw. 33 €, Kinder bis 6 Jahre kostenlos, Dauer: zwischen 5 und 7 Std. Kinder ab 10 Jahren, unter 10 Jahren nur mit erwachsener Begleitperson. Aus Sicherheitsgründen kann nicht bei jedem Wetter oder Wasserstand gefahren werden. Ausweichtermin ist Donnerstag, der 4. August 2011; Anmeldung unter Tel: 08376 920119

Burgberg

Spirits of Nature:
Familienhochseilgarten, 13 Uhr. Unkostenbeitrag: Kinder 19 €, ab 8 Jahren, Dauer: ca. 3 Std. Anmelden: Tel: 08321 619465

Obermaiselstein

Restaurant Hirschsprungstuben:
Barmixen für Kinder, 15 Uhr, Unkostenbeitrag: 3 € ab 6 Jahren

Do 04

Oy-Mittelberg

Vereinsheim Oy:
Kasperl-Theater, 16.30 Uhr Unkostenbeitrag: 1 €

Füssen

Walderlebniszentrum Ziegelwies:
Gewässerexkursion Infos unter Tel: 08362 9387554

Oberstdorf

Nebelhornbahn Talstation:
Kinderexpedition „Uff D'r Alp“, 9.30 Uhr. Anmeldung bis zum Vortag in der Tourist-Information, Tel: 08322 700127 Unkostenbeitrag: 3 € für die Berg- u. Talfahrt

Isny im Allgäu

Baggersee Burkwang (bei Isny-Kleinhaslach):
Theaterfestival - Auch für Kinder finden Kurse statt, z.B. ein Zauberkurs, Theaterkurs, Trommelkurse, Breakdance, Beachvolleyball und vieles mehr.

Fr 05

Immenstadt

Alpsee: Piratenfahrt für Kinder, 10.30 Uhr, Unkostenbeitrag: Kinder 6 bis 12 Jahre 6 € Anmeldung unter Tel: 08323 52200

Isny im Allgäu

Baggersee Burkwang (bei Isny-Kleinhaslach): Theaterfestival - Auch für Kinder finden Kurse statt, z.B. ein Zauberkurs, Theaterkurs, Trommelkurse, Breakdance, Beachvolleyball und vieles mehr.

Oberstaufen

Hinterm Haus des Gastes: Kinderflohmarkt, 14:30 Uhr Anmeldung bis zum Vortag unter Tel: 08386 93000 Entfällt bei Regen!

Hopferau

Feuerwehrhaus: Feuerwehrübung für Kinder, 17 Uhr

Oy-Mittelberg

Kurhaus Oy: Kinderkinotage – Shrek, 17 Uhr, ab 6 Jahren

Nesselwang

Tube-Rafting: Das Team von „Bergerlebnis Toni Freudig" lädt die Kinder zu einer eindrucksvollen Wildwasserfahrt ein. Ausgerüstet mit Helm, Neoprenanzug und Paddeln treiben sie auf großen, stabilen Gummireifen einen Fluss hinunter, 14.30 Uhr Unkostenbeitrag: 38 €, Dauer: ca. 4 Std., ab 8 Jahren, Anmeldung in der Tourist-Information unter Tel: 08361 923040

Fischen

Kurhaus Fiskina: Nordhorner Marionettenbühne, 17 Uhr Sie „hängen" unbewegt an Fäden und werden von den Spielern zum Leben erweckt. Die Marionetten nehmen euch mit in eine Zauberwelt, in der sie sich auf die Suche nach einem verzauberten Stein oder einem goldenen Schlüssel begeben, sie eine Zauberblume finden oder das Rumpelstilzchen belauschen. Unkostenbeitrag: 4 €

Sa 06

Isny im Allgäu

Baggersee Burkwang (bei Isny-Kleinhaslach): Theaterfestival - Auch für Kinder finden Kurse statt, z.B. ein Zauberkurs, Theaterkurs, Trommelkurse, Breakdance, Beachvolleyball und vieles mehr.

Oy-Mittelberg

Kurhaus Oy: Kinderkinotage – Narnia, 17 Uhr, ab 8 Jahren

Isny im Allgäu

Kurpark: 22. Isnyer Töpfermarkt mit Kindertöpfern

Fischen

Feuerwehrfest: ab 10 Uhr Hüpfburg, Kistenklettern und Fahrten mit dem Feuerwehrauto.

So 07

Isny im Allgäu

Kurpark: 22. Isnyer Töpfermarkt mit Kindertöpfern

Immenstadt

Allgäuer Bergbauernmuseum: Ziegentrekking, 10 Uhr Bei diesem besonderen Erlebnis erfahren Kinder mit den beiden Ziegen Lyra und Sibylle viel Interessantes über diese intelligenten Tiere. Das Trekking findet nur bei trockenem Wetter statt. Anmeldung unter Tel: 08320 709670

Illerbeuren

Bauernhofmuseum: Kinderfest, 11 Uhr, Buntes Treiben an vielen Spielstationen mit Überraschungsgast

Mo 08

Oberstdorf

Oberstdorfer Haus: Wo kommt das Wetter her? 10.30 Uhr. Anmeldung bis zum

Bild: Familien Canyoning in Sonthofen

Vortag bzw. Freitag 12 Uhr in der Tourist-Information, Tel: 08322 700-127

Oberstaufen

Hochgratbahn Bergstation: Der Berg ruft! Hochgrat – Erlebnistag! 11 Uhr Unkostenbeitrag: 3 €

Hopferau

Blechkunst Zellner: Vorführung der Herstellung von Blechkunstgegenständen, 10 Uhr, Dauer: 1 Std.

Nesselwang

Spielhaus im Feriendorf Reichenbach: Marionettentheater - „Der verzauberte Stein“, 17 Uhr, Unkostenbeitrag: 3 € Dauer: 45 min.

Ettringen

Sportgelände: Feriencamp, ab 7 Jahren

Burgberg

Spirits of Nature: Familiencanyoning, 14 Uhr Unkostenbeitrag: Kinder 25 €, Erwachsene 35 €, ab 8 Jahren mit Begleitung der Eltern, Dauer: ca. 3 Std. Anmeldung unter Tel: 08321 619465

Di 09

Kaufbeuren-Neugablonz

Isergebirgs-Museum Neugablonz: Museumsführung für Familien zur Geschichte des Gablonzer Modeschmucks. Die teilnehmenden Kinder erhalten Perlen, mit denen sie zu Hause selbst Schmuck herstellen können. 14.30 Uhr. Anmeldung unter Tel: 08341 965018

Barrierefreier Naturerlebnisweg Isny

Oy-Mittelberg

Sportplatz: 2. Olympische Kinderspiele, 15 Uhr, ab 6 Jahren

Ettringen

Sportgelände: Feriencamp, ab 7 Jahren

Mi 10

Nesselwang

Spielhaus im Feriendorf Reichenbach: Kindertheater - „Happy Birthday Joaquino Payaso“, 17 Uhr Unkostenbeitrag: 3 € Dauer: 45 min.

Kinder-Canyoning: Die Kinder starten gemeinsam mit dem Team von „Bergerlebnis Toni Freudig“ zu einer Expedition durch ein wildes Bachbett in einer fantastischen Schlucht. Sie rutschen über kleine Felsstufen, springen in Gumpen und lassen sich an spritzenden Wasserfällen abseilen. 10 Uhr Unkostenbeitrag: 38 € (inklusive Leihausrüstung), Dauer: ca. 3 Std., ab 8 Jahren, Anmeldung in der Tourist-Information unter Tel: 08361 923040

Ettringen

Sportgelände: Feriencamp, ab 7 Jahren

Sulzberg

Familienrafting auf der Iller: 9 Uhr. Mit dem erfahrenen Bootsführer Rainer Wagner geht es auf Abenteuertour. Wir fahren vorbei am „Seifener Becken“ und am idyllischen Illerdurchbruch bei Rottach. Wenn wir Glück haben, können wir sogar seltene Brutvögel beobachten. Unkostenbeitrag: Kinder 23 €, Erw. 33 €, Kinder bis 6 Jahre kostenlos, Dauer: zwischen 5 und 7 Std. Kinder ab 10 Jahren, unter 10 Jahren nur mit erwachsener Begleitperson.
Aus Sicherheitsgründen kann nicht bei jedem Wetter oder Wasserstand gefahren werden. Ausweichtermin ist Donnerstag, der 4. August 2011; Anmeldung unter Tel: 08376 920119

KINDER Sommer.

Burgberg

Spirits of Nature:
Familienhochseilgarten, 13 Uhr
Unkostenbeitrag: Kinder 19 €, ab 8 Jahren, Dauer: ca. 3 Std.
Anmeldung unter
Tel: 08321 619465

Bolsterlang

Parkplatz Kitzebichl:
Erlebnistour für Groß und Klein, 9.30 Uhr. „So riecht und schmeckt der Wald" -
Wir entdecken die Natur mit allen Sinnen und werden unseren Wald mal so richtig unter die Lupe nehmen, riechen, schmecken, spüren. Unsere Natur- und Landschaftsführerin Anita Waibel wird euch verzaubern und mitnehmen auf einen Erlebnistag in die Natur. Bei einer kleinen Brotzeit probieren wir die Köstlichkeiten aus der Wildkräuterküche und genießen den Tag.

Do 11

Oberstaufen

Haus des Gastes:
Pferdekutschfahrt ins Blaue, 13.30 Uhr
Unkostenbeitrag: 5 €,
Anmeldung bis zum Vortag unter Tel: 08386 93000

Füssen

Walderlebniszentrum Ziegelwies:
Gewässerexkursion
Infos unter Tel: 08362 9387554

Ettringen

Sportgelände: Feriencamp, ab 7 Jahren

Fischen

Hotel Burgmühle: Kuhmilch – geschüttelt, nicht gerührt, 10.45 Uhr. Erfahrt in einer echten Hotelbar vom Chef persönlich ein paar geheime Tricks, wie die gesunde Milch noch besser schmeckt! Aus der guten Allgäuer Milch und anderen leckeren Zutaten mixt Ihr „kuhle" Milchshakes, die Ihr natürlich gleich probieren dürft.

Fr 12

Immenstadt

Alpsee: Piratenfahrt für Kinder, 10.30 Uhr, Unkostenbeitrag: Kinder 6 bis 12 Jahre 6 €
Anmeldung unter
Tel: 08323 52200

Nesselwang

Tube-Rafting: Das Team von „Bergerlebnis Toni Freudig" lädt die Kinder zu einer eindrucksvollen Wildwasserfahrt ein. Ausgerüstet mit Helm, Neoprenanzug und Paddeln treiben sie auf großen, stabilen Gummireifen einen Fluss hinunter. 14.30 Uhr Unkostenbeitrag: 38 €, Dauer: ca. 4 Std., ab 8 Jahren, Anmeldung in der Tourist-Information unter Tel: 08361 923040

Ettringen

Sportgelände: Feriencamp, ab 7 Jahren

Sulzberg

Burgruine Sulzberg: Ritterabenteuer für die ganze Familie, 14 Uhr. Auf den Spuren vergangener Zeiten erlebt ihr Armbrustschießen, Lagerfeuer, Lanzenstechen und tolle Geschichten. Am Schluss erhält jedes Kind den Ritterschlag und eine Ritterurkunde. Getränke und Würstchen für das Lagerfeuer gibt's vor Ort.Unkostenbeitrag: 3 €, Anmeldung unter
Tel: 08376 920119

Fischen

Kurhaus Fiskina: Nordhorner Marionettenbühne, 17 Uhr
Sie „hängen" unbewegt an Fäden und werden von den Spielern zum Leben erweckt. Die Marionetten nehmen euch mit in eine Zauberwelt, in der sie sich auf die Suche nach einem verzauberten Stein oder einem goldenen Schlüssel begeben, sie eine Zauberblume finden oder das Rumpelstilzchen belauschen. Unkostenbeitrag: 4 €

Sa 13

Eisenberg

Burg Hohenfreyberg: Mittelalterliches Ritterspektakel, 11 Uhr Feuershow und Livemusik mit „Tolstafanz". Mittelalterliche Musik, Ritter und Landsknechte, Schaukämpfe und Waffenschau, Kinderprogramm, Markt- und Lagerleben, Eintritt frei
Fischen-Langenwang:
Lama-Bewegung Jägersberg, 14 Uhr. „Ruhig liefen wir auf einem engen Pfad durch den Wald. Ich war ein bisschen unsicher, aber mein Lama schien geradezu auf mich und meine Schritte zu achten. Es stubste mich zart und ich merkte, wie ich immer gelassener wurde. Ich konnte den Wald riechen, und meine sorgenvollen Gedanken an den Alltag verblassten mehr und mehr. Obwohl es etwas nieselte, hatte die ganze Gruppe richtig Spaß!"

Oberstdorf

Oberstdorf Haus: Seifenkistenrennen, 9 Uhr

So 14

Bad Wörishofen

Allgäu Skyline Park: Skyline Park bei Nacht, 9.30 Uhr
Schon mal bei Nacht Achterbahn gefahren und den Kick gespürt? Heute sind alle Fahrgeschäfte bis 24 Uhr geöffnet. Musikanten und Straßenkünstler verzaubern die Nacht und schaffen eine hinreißende Parkatmosphäre. Der Abend endet mit einem spektakulären Hochfeuerwerk. Sondereintrittspreis ab 18 Uhr: 8 € pro Person

Eisenberg

Burg Hohenfreyberg: Mittelalterliches Ritterspektakel, 11 Uhr
Mittelalterliche Musik, Ritter und Landsknechte, Schaukämpfe und Waffenschau, Kinderprogramm, Markt- und Lagerleben. Eintritt frei

Immenstadt

Alpsee (Seebühne – Landschaftspark): Großes Piratenfest, 11 Uhr
Piratenbrotzeit, Kaperfahrten, jede Menge Spiele und Aktionen für Groß und Klein sowie zahlreiche musikalische Unterhaltungen.

Mo 15

Nesselwang

Spielhaus im Feriendorf Reichenbach: Marionettentheater - „Rumpelstilzchen" 17 Uhr
Unkostenbeitrag: 3 €,
Dauer: 45 min.

Burgberg

Spirits of Nature: Familiencanyoning, 14 Uhr, Unkostenbeitrag: Kinder 25 €, Erwachsene 35 €, ab 8 Jahren mit Begleitung der Eltern, Dauer: ca. 3 Std. Anmeldung unter Tel: 08321 619465

Isny im Allgäu

Historische Altstadt: Allgäu Tag - Familieneinkaufstag mit Allgäu-Olympiade

Mi 17

Nesselwang

Kinder-Canyoning: Die Kinder starten gemeinsam mit dem Team von „Bergerlebnis Toni Freudig" zu einer Expedition durch ein wildes Bachbett in einer fantastischen Schlucht. Sie rutschen über kleine Felsstufen, springen in Gumpen und lassen sich an spritzenden Wasserfällen abseilen. , 10 Uhr. 38 €, Dauer: ca. 3 Std., ab 8 J., Anmeldung: Tourist-Information

Bild: Erzgruben Erlebniswelt, Burgberg am Grünten

unter Tel: 08361 923040

Sonthofen

Familientour durch die Starzlachklamm:
Die Starzlachklamm bietet ein Naturschauspiel der besonderen Art. Beeindruckende Gesteinsformationen und rauschende Wasserfälle versetzen Kinder wie auch Erwachsene ins Staunen. Geführt wird diese Tour von unserem erfahrenen Wanderführer Franz Hösle, der Wissenswertes und Unterhaltsames über die Starzlachklamm zu erzählen weiß.
Unkostenbeitrag: 4 €

Burgberg

Spirits of Nature:
Familienhochseilgarten, 13 Uhr
Unkostenbeitrag: Kinder 19 €, ab 8 Jahren, Dauer: ca. 3 Std.
Anmeldung unter
Tel: 08321 619465

Obermaiselstein

Restaurant Hirschsprungstuben:
Barmixen für Kinder, 15 Uhr
Unkostenbeitrag: 3 €,
ab 6 Jahren

Do 18

Füssen

Walderlebniszentrum Ziegelwies:
Gewässerexkursion
Infos unter Tel: 08362 9387554

Obermaiselstein

Parkplatz Hirschsprung:
Sagenweg und Schatzhöhle, 15 Uhr. Durch den Sagenwald folgen wir verborgenen Zeichen auf dem Weg zur großen Höhle (Sturmannshöhle). Um im Sagenwald nicht zu sehr aufzufallen, verkleiden wir uns als Zwerge, Elfen oder Waldläufer und basteln eine Ausrüstung, um die Höhle zu erkunden und den Schatz zu entdecken.

Fr 19

Immenstadt

Alpsee: Piratenfahrt für Kinder, 10:30 Uhr, Unkostenbeitrag: Kinder 6 bis 12 Jahre 6 €
Anmeldung unter
Tel: 08323 52200

Nesselwang

Tube-Rafting: Das Team von „Bergerlebnis Toni Freudig" lädt die Kinder zu einer eindrucksvollen Wildwasserfahrt ein. Ausgerüstet mit Helm, Neoprenanzug und Paddeln treiben sie auf großen, stabilen Gummireifen einen Fluss hinunter. 14.30 Uhr Unkostenbeitrag: 38 €, Dauer: ca. 4 Std., Anmeldung in der Tourist-Information, ab 8 Jahren

Hopferau

Feuerwehrhaus: Feuerwehrübung für Kinder, 17 Uhr

Oy-Mittelberg

Parkplatz Kurhaus Oy:
Bobby-Car Olympiade, 15 Uhr

Fischen

Kurhaus Fiskina: Nordhorner Marionettenbühne, 17 Uhr
Sie „hängen" unbewegt an Fäden und werden von den Spielern zum Leben erweckt. Die Marionetten nehmen euch mit in eine Zauberwelt, in der sie sich auf die Suche nach einem verzauberten Stein oder einem goldenen Schlüssel begeben, sie eine Zauberblume finden oder das Rumpelstilzchen belauschen. Unkostenbeitrag: 4 €

KINDER Sommer.

Familientag in Kempten
17. September 2011
Passend zum jeweiligen Motto ziehen sich zahlreiche Spiel- und Bastelstationen durch die Kemptener Innenstadt. Ausgestattet mit einem Rallye-Pass dürfen die Kinder unterschiedlichste Aufgaben bewältigen und ihre Geschicklichkeit unter Beweis stellen.

Sa 20

Fischen

Feuerwehrhaus: Besuch bei der Feuerwehr, 10 Uhr
TATÜÜÜ TATAAA - die Feuerwehr ist da. Sie retten, bergen, löschen und schützen. Findest du Feuerwehrleute auch „kuhl"? Hast du schon mal einen Feuerwehrhelm getragen? Die Freiwillige Feuerwehr Fischen begleitet dich durch das „Spritzenhaus" und „brennt" darauf, dir alle deine Fragen zu beantworten! Auch das „uralte" Löschfahrzeug kannst du dabei unter die Lupe nehmen! Und das ist noch nicht alles, als Abschluss dürft ihr dann sogar in einem echten Feuerwehrauto mitfahren!

So 21

Immenstadt

Allgäuer Bergbauernmuseum:
Landhandtag mit Bauernmarkt und Dorffest, 11 Uhr
Allgäuer Heimhandwerker führen die Handarbeiten vor, die noch Anfang des Jahrhunderts das Dorfleben und die Familie prägten. Sie sehen: Einen Wagner in der Werkstatt, einen Zimmermann beim Schindeln herstellen. Aber auch Frauen bei der Handarbeit: weben, klöppeln, spinnen und auf einer alten Nähmaschine nähen.

Mo 22

Nesselwang

Spielhaus im Feriendorf Reichenbach: Marionettentheater - „Die Zauberblume" 17 Uhr, Unkostenbeitrag: 3 €, Dauer: 45 min.

Hopferau

Blechkunst Zellner: Vorführung der Herstellung von Blechkunstgegenständen, 10 Uhr Dauer: 1 Std.

Burgberg

Spirits of Nature: Familiencanyoning, 14 Uhr, Unkostenbeitrag: Kinder 25 €, Erwachsene 35 €, ab 8 Jahren mit Begleitung der Eltern, Dauer: ca. 3 Std. Anmeldung unter
Tel: 08321 619465

Di 23

Immenstadt

Burgruine Laubenbergstein:
Spannendes Rittermärchen,
11 Uhr, Unkostenbeitrag: 3 €,
Infos und Anmeldung unter
Tel: 08323 914176

Mi 24

Nesselwang

Kinder-Canyoning: Die Kinder starten gemeinsam mit dem Team von „Bergerlebnis Toni Freudig" zu einer Expedition durch ein wildes Bachbett in einer fantastischen Schlucht. Sie rutschen über kleine Felsstufen, springen in Gumpen und lassen sich an spritzenden Wasserfällen abseilen. 10 Uhr
Unkostenbeitrag: 38 € (inklusive Leihausrüstung), Dauer: ca. 3 Std., ab 8 Jahren, Anmeldung in der Tourist-Information unter
Tel: 08361 923040

Füssen

Walderlebniszentrum Ziegelwies:
Survival für Anfänger,
Infos unter Tel: 08362 9387554

Burgberg

Spirits of Nature:
Familienhochseilgarten, 13 Uhr
Unkostenbeitrag: Kinder 19 €, ab 8 Jahren, Dauer: ca. 3 Std.
Anmeldung unter
Tel: 08321 619465

Bolsterlang

Parkplatz Kitzebichl:
Erlebnistour für Groß und Klein, 9.30 Uhr. „So riecht und schmeckt der Wald". Wir entdecken die Natur mit allen Sinnen und werden unseren Wald mal so richtig unter die Lupe nehmen, riechen, schmecken, spüren. Unsere Natur- und Landschaftsführerin Anita Waibel wird euch verzaubern und mitnehmen auf einen Erlebnistag in die Natur. Bei einer kleinen Brotzeit probieren wir die Köstlichkeiten aus der Wildkräuterküche und genießen den Tag.

Do 25

Oy-Mittelberg

Buswendeplatz Oy: Kennenlernen der Polizei, 10.30 Uhr

Füssen

Walderlebniszentrum Ziegelwies:
Survival für Anfänger
Infos unter Tel: 08362 9387554

Fr 26

Immenstadt

Alpsee: Piratenfahrt für Kinder, 10.30 Uhr, Unkostenbeitrag: Kinder 6 bis 12 Jahre 6 €
Anmeldung unter
Tel: 08323 52200

Nesselwang

Tube-Rafting: Das Team von „Bergerlebnis Toni Freudig" lädt die Kinder zu einer eindrucksvollen Wildwasserfahrt ein. Ausgerüstet mit Helm, Neoprenanzug und Paddeln treiben sie auf großen, stabilen Gummireifen einen Fluss hinunter. 14.30 Uhr, Unkostenbeitrag: 38 €, Dauer: ca. 4 Std., ab 8 Jahren, Anmeldung in der Tourist-Information unter Tel: 08361 923040

Isny im Allgäu

Historische Altstadt:
Isny macht blau

Oy-Mittelberg

Feuerwehrhaus Oy
Feuerwehr zum Anfassen, 15.30 Uhr, ab 6 Jahren

Fischen

Kurhaus Fiskina: Nordhorner Marionettenbühne, 17 Uhr
Sie „hängen" unbewegt an Fäden und werden von den Spielern zum Leben erweckt. Die Marionetten nehmen euch mit in eine Zauberwelt, in der sie sich auf die Suche nach einem verzauberten Stein oder einem goldenen Schlüssel begeben, sie eine Zauberblume finden oder das Rumpelstilzchen belauschen. Unkostenbeitrag: 4 €

Sa 27

Oberstdorf

Oberstdorf Haus:
Seifenkistenrennen, 9 Uhr

Isny im Allgäu

Historische Altstadt:
Isny macht blau

Sulzberg

Rottachsee - Wasserwachthaus am Badestrand Petersthal:
Schnuppertag bei der Wasserwacht Rottachtal, 9 Uhr. An diesem Tag bekommt ihr Einblicke in die Erste Hilfe Leistung, dürft mit dem Motorboot mitfahren, lernt verschiedene Rettungsmittel (Rettungsboje, Rettungsring und – brett) kennen. Für die Mittagsverpflegung ist gesorgt.
Unkostenbeitrag: 5 €, Dauer: bis 17 Uhr, Anmeldung unter Tel: 08376 920119, ab 10 Jahren

Fischen-Langenwang

Lama-Bewegung Jägersberg: 14 Uhr
„Ruhig liefen wir auf einem engen Pfad durch den Wald. Ich war ein bisschen unsicher, aber mein Lama schien geradezu auf mich und meine Schritte zu achten. Es stubste mich zart und ich merkte, wie ich immer gelassener wurde. Ich konnte den Wald riechen, und meine sorgenvollen Gedanken an den Alltag verblassten mehr und mehr."

So 28

Immenstadt

Allgäuer Bergbauernmuseum:
Moor voller Leben –
Aktionstag des Bund Naturschutz in Bayern e. V., 11 Uhr
Entdecken Sie mit dem BN den geheimnisvollen Lebensraum Moor im Diepolzer Moos. Während der rund 2-stündigen Führungen erfährt die ganze Familie Interessantes zu Pflanzen, Früchten und Tieren und darf kreativ gestalten.

Isny im Allgäu

Historische Altstadt:
Isny macht blau

Burgberg

Erzgruben – Erlebniswelt am Grünten: Familien-Aktionstag. An jedem letzten Sonntag des Monats finden die Familien-Aktionstage statt. Auf dem Museumsgelände wird unter dem Motto „Spiel und Spaß für die ganze Familie" ein abwechslungsreiches Programm für Familien angeboten. Bei der Grubi-Olympiade sind drei Disziplinen im „Knappengewand" zu absolvieren. Die Teilnehmer können beim Steine stoßen, Sackhüpfen und Erzstein Eisenlöffel-Wettlauf ihr Geschick unter Beweis stellen. Alle Teilnehmer erhalten ein „Erz-Knappen-Diplom" in Form einer Urkunde. Spannende Geschichten aus dem „Knappenleben" erzählt ein „Bergwerks-Knappe". Weitere Höhepunkte sind Erzsteine klopfen, die Suche nach dem Schatz und die „Erzgruben-Rallye". Beim Kinderschminken er-

Der Familienberg Söllereck in Oberstdorf

halten sowohl Mädchen wie die Jungs ihr „Wunschmotiv"! Infos unter Tel: 08321 7884646

Mo 29

Oberstdorf

Oberstdorfer Haus, Foyerbereich: Ta-Tü-Ta-Ta, Die Feuerwehr ist da.., 10 Uhr Anmeldung bis zum Vortag bzw. Freitag 12 Uhr in der Tourist-Information, Tel: 08322 700-127

Hopferau

Blechkunst Zellner: Vorführung der Herstellung von Blechkunstgegenständen, 10 Uhr, Dauer: 1 Std.

Burgberg

Spirits of Nature: Familiencanyoning, 14 Uhr Unkostenbeitrag: Kinder 25 €, Erwachsene 35 €, ab 8 Jahren mit Begleitung der Eltern, Dauer: ca. 3 Std. Anmeldung unter Tel: 08321 619465

Di 30

Nesselwang

Spielhaus im Feriendorf Reichenbach: Der Kasperl und die Prinzessin, 16 Uhr Unkostenbeitrag: 3 €, Dauer: 40 min.

Mi 31

Nesselwang

Kinder-Canyoning: Die Kinder starten gemeinsam mit dem Team von „Bergerlebnis Toni Freudig" zu einer Expedition durch ein wildes Bachbett in einer fantastischen Schlucht. Sie rutschen über kleine Felsstufen, springen in Gumpen und lassen sich an spritzenden Wasserfällen abseilen, 10 Uhr Unkostenbeitrag: 38 € (inklusive Leihausrüstung), Dauer: ca. 3 Std., ab 8 Jahren, Anmeldung in der Tourist-Information unter Tel: 08361 923040

Füssen

Walderlebniszentrum Ziegelwies: 1. Hilfe im Wald. Infos unter Tel: 08362 93875-54

Burgberg

Spirits of Nature: Familienhochseilgarten, 13 Uhr Unkostenbeitrag: Kinder 19 €, ab 8 Jahren, Dauer: ca. 3 Std. Anmeldung unter Tel: 08321 619465

Obermaiselstein

Restaurant Hirschsprungstuben: Barmixen für Kinder, 15 Uhr Unkostenbeitrag: 3 €, ab 6 Jahren

September

Fr 02

Immenstadt

Alpsee: Piratenfahrt für Kinder, 10.30 Uhr, Unkostenbeitrag:

Kinder 6 bis 12 Jahre 6 €
Anmeldung unter
Tel: 08323 52200

Nesselwang

Tube-Rafting: Das Team von „Bergerlebnis Toni Freudig" lädt die Kinder zu einer eindrucksvollen Wildwasserfahrt ein. Ausgerüstet mit Helm, Neoprenanzug und Paddeln treiben sie auf großen, stabilen Gummireifen einen Fluss hinunter, 14.30 Uhr Unkostenbeitrag: 38 €, Dauer: ca. 4 Std., ab 8 Jahren, Anmeldung in der Tourist-Information unter Tel: 08361 923040

Sa 03

Sulzberg

Burgruine Sulzberg: Mittelalterliches Burgfest, 13 Uhr mit Lagerleben, Markttreiben und Handwerkern, mittelalterlicher Musik, atemberaubenden Schaukämpfen und Darbietungen sowie einem tollen Kinderprogramm, Infos unter Tel: 08376 920288

So 04

Immenstadt

Allgäuer Bergbauernmuseum:
Wald voller Leben – Aktionstag des Bund Naturschutz in Bayern e. V. , 10 Uhr
Mit einem spannenden Familienprogramm entdecken Sie mit dem BN den Lebensraum Wald, seine Leistungen für den Menschen und als Ort für künstlerische Gestaltung, Geschichten und Sagen.

Sulzberg

Burgruine Sulzberg
Mittelalterliches Burgfest,
11 Uhr mit Lagerleben, Markttreiben und Handwerkern, mittelalterlicher Musik, atemberaubenden Schaukämpfen und Darbietungen sowie einem tollen Kinderprogramm, Infos unter Tel: 08376 920288

Mo 05

Immenstadt

Rund um den Apfel selbstgemacht – Apfelmus, 11 Uhr
Anmeldung unter
Tel: 08320 709670

Burgberg

Spirits of Nature:
Familiencanyoning, 14 Uhr , Unkostenbeitrag: Kinder 25 €, Erwachsene 35 €, ab 8 Jahren mit Begleitung der Eltern, Dauer: ca. 3 Std. Anmeldung unter Tel: 08321 619465

Di 06

Immenstadt

Rund um den Apfel selbstgemacht – Apfelkrapfen, 11 Uhr
Anmeldung unter
Tel: 08320 709670

Veranstaltungshinweise für die Ausgabe 2012 bitte an:
redaktion@kindersommer-online.de

Familienparadies Alpsee Bergwelt in Immenstadt

Mi 07

Immenstadt

Rund um den Apfel selbstgemacht –Apfelkratzats, 11 Uhr
Anmeldung unter
Tel: 08320 709670

Nesselwang

Kinder-Canyoning: Die Kinder starten gemeinsam mit dem Team von „Bergerlebnis Toni Freudig" zu einer Expedition durch ein wildes Bachbett in einer fantastischen Schlucht. Sie rutschen über kleine Felsstufen, springen in Gumpen und lassen sich an spritzenden Wasserfällen abseilen. 10 Uhr
Unkostenbeitrag: 38 € (inklusive Leihausrüstung), Dauer: ca. 3 Std., ab 8 Jahren, Anmeldung in der Tourist-Information unter
Tel: 08361 923040

Burgberg

Spirits of Nature:
Familienhochseilgarten, 13 Uhr
Unkostenbeitrag: Kinder 19 €, ab 8 Jahren, Dauer: ca. 3 Std.
Anmeldung unter
Tel. 08321 619465

Bolsterlang

Parkplatz Kitzebichl:
Erlebnistour für Groß und Klein, 9.30 Uhr. „So riecht und schmeckt der Wald". Wir entdecken die Natur mit allen Sinnen und werden unseren Wald mal so richtig unter die Lupe nehmen, riechen, schmecken, spüren. Unsere Natur- und Landschaftsführerin Anita Waibel wird euch verzaubern und mitnehmen auf einen Erlebnistag in die Natur. Bei einer kleinen Brotzeit probieren wir die Köstlichkeiten aus der Wildkräuterküche und genießen den Tag.

Do 08

Oy-Mittelberg

Sportplatz: 2. Olympische Kinderspiele, 15 Uhr, ab 6 Jahren

Immenstadt

Rund um den Apfel selbstgemacht – Apfelküchle, 11 Uhr
Anmeldung unter
Tel: 08320 709670

Fischen

Hotel Burgmühle:
Kuhmilch – geschüttelt,
nicht gerührt, 10.45 Uhr
Erfahrt in einer echten Hotelbar vom Chef persönlich ein paar geheime Tricks, wie die gesunde Milch noch besser schmeckt! Aus der guten Allgäuer Milch und anderen leckeren Zutaten mixt Ihr „kuhle" Milchshakes, die ihr natürlich gleich probieren dürft.

Fr 09

Immenstadt

Alpsee: Piratenfahrt für Kinder, 10.30 Uhr, Unkostenbeitrag: Kinder 6 bis 12 Jahre 6 €
Anmeldung unter
Tel: 08323 52200

Immenstadt

Rund um den Apfel selbstgemacht – Kleine Apfelkunde,
11 Uhr, Anmeldung unter
Tel: 08320 709670

Nesselwang

Tube-Rafting: Das Team von „Bergerlebnis Toni Freudig" lädt die Kinder zu einer eindrucksvollen Wildwasserfahrt ein. Ausgerüstet mit Helm, Neoprenanzug und Paddeln treiben sie auf großen, stabilen Gummireifen einen Fluss hinunter, 14.30 Uhr
Unkostenbeitrag: 38 €, Dauer: ca. 4 Std. , Anmeldung in der Tourist-Information, ab 8 Jahren

So 11

Amtzell: Kletterhalle, Schnupperklettern für Kinder, 10 Uhr
ohne Vorkenntnisse, ohne Anmeldung, mitzubringen: dünne Socken und Sportbekleidung
Leihausrüstung im Preis inbegriffen, Unkostenbeitrag: 9 €, Dauer: 2,5 Std., ab 6 Jahren

Di 13

Oberstaufen: Hündlebahn
Schulbeginn Aktion, ganztägig

Sa 17

Kempten

Innenstadt: Familientag, ganztägig - Spiel, Spaß und Spannung steht beim jährlichen Familientag in Kempten auf dem Programm. Mittelpunkt des Tages sind natürlich die Familien. Passend zum Motto ziehen sich zahlreiche spannende Spiel- und Bastelstationen durch die Kemptener Innenstadt. Ausgestattet mit einem Rallye-Pass dürfen die Kinder unterschiedlichste Aufgaben bewältigen. Wer 5 Stempel gesammelt hat, nimmt an der Verlosung attraktiver Preise teil, die die Kemptener Geschäftswelt zur Verfügung stellt.

Mi 21

Bolsterlang

Parkplatz Kitzebichl:
Erlebnistour für Groß und Klein, 9.30 Uhr. „So riecht und schmeckt der Wald". Wir entdecken die Natur mit allen Sinnen und werden unseren Wald mal so richtig unter die Lupe nehmen, riechen, schmecken, spüren. Unsere Natur- und Landschaftsführerin Anita Waibel wird euch verzaubern und mitnehmen auf einen Erlebnistag in die Natur. Bei einer kleinen Brotzeit probieren wir die Köstlichkeiten aus der Wildkräuterküche und genießen den Tag.

So 25

Burgberg

Erzgruben – Erlebniswelt am Grünten:
Familien-Aktionstag. An jedem letzten Sonntag des Monats finden unsere Familien-Aktionstage statt. Auf dem Museumsgelände wird unter dem Motto „Spiel und Spaß für die ganze Familie" ein abwechslungsreiches Programm für Familien angeboten. Bei der Grubi-Olympiade sind drei Disziplinen im „Knappengewand" zu absolvieren. Die Teilnehmer können beim Steinestoßen, Sackhüpfen und Erzstein Eisenlöffel-Wettlauf ihr Geschick unter Beweis stellen. Alle Teilnehmer erhalten ein „Erz-Knappen-Diplom" in Form einer Urkunde. Spannende Geschichten aus dem „Knappenleben" erzählt ein „Bergwerks-Knappe". Weitere Höhepunkte sind Erzsteine klopfen, die Suche nach dem Schatz und die „Erzgruben-Rallye". Beim Kinder schminken erhalten sowohl Mädchen wie die Jungs ihr „Wunschmotiv"!
Infos unter Tel: 08321 7884646

Mi 28

Obermaiselstein

Hirschsprungstuben:
Barmixen für Kinder, 15 Uhr, 3 €, ab 6 Jahren

Oktober

So 02

Leutkirch/ Schmidsfelden

Glasmacherdorf Schmidsfelden: Glashüttenfest mit Kinderprogramm, ganztägig

Mi 05

Oberstdorf

Oberstdorfer Haus, Foyerbereich:
Moorweiherrallye, 14 Uhr
Anmeldung bis zum Vortag in der Tourist-Information, Tel: 08322 700127

Bolsterlang

Parkplatz Kitzebichl:
Erlebnistour für Groß und Klein, 9.30 Uhr. „So riecht und schmeckt der Wald". Wir entdecken die Natur mit allen Sinnen und werden unseren Wald mal so richtig unter die Lupe nehmen, riechen, schmecken, spüren. Unsere Natur- und Landschaftsführerin Anita Waibel wird euch verzaubern und mitnehmen auf einen Erlebnistag in die Natur. Bei einer kleinen Brotzeit probieren wir die Köstlichkeiten aus der Wildkräuterküche und genießen den Tag.

Mi 12

Obermaiselstein

Hirschsprungstuben:
Barmixen für Kinder, 15 Uhr, 3 €, ab 6 Jahren

Mi 19

Bolsterlang

Parkplatz Kitzebichl:
Erlebnistour für Groß und Klein, 9.30 Uhr. „So riecht und schmeckt der Wald". Wir entdecken die Natur mit allen Sinnen und werden unseren Wald mal so richtig unter die Lupe nehmen, riechen, schmecken, spüren. Unsere Natur- und Landschaftsführerin Anita Waibel wird euch verzaubern und mitnehmen auf einen Erlebnistag in die Natur. Bei einer kleinen Brotzeit probieren wir die Köstlichkeiten aus der Wildkräuterküche und genießen den Tag.

Fr 21

Kempten

Königsplatz: Kathreinemarkt
Vergnügungsmarkt mit zahlreichen Fahrgeschäften und der Händlermarkt mit spannenden Attraktionen ziehen im Herbst viele Besucher aus Kempten und der Umgebung an.

Sa 22

Kempten

Königsplatz: Kathreinemarkt Vergnügungsmarkt mit zahlreichen Fahrgeschäften und der Händlermarkt mit spannenden Attraktionen ziehen im Herbst viele Besucher aus Kempten und der Umgebung an.

So 23

Kempten

Königsplatz: Kathreinemarkt Vergnügungsmarkt mit zahlreichen Fahrgeschäften und der Händlermarkt mit spannenden Attraktionen ziehen im Herbst viele Besucher aus Kempten und der Umgebung an.

Mo 24

Oberstdorf

Nebelhornbahn Talstation
Kinderexpedition „Uff D´r Alp", 9.30 Uhr. Anmeldung bis zum Vortag in der Tourist-Information, Tel: 08322 700-127
Unkostenbeitrag:
3 € für die Berg- u. Talfahrt

Kempten

Königsplatz: Kathreinemarkt Vergnügungsmarkt mit zahlreichen Fahrgeschäften und der Händlermarkt mit spannenden Attraktionen ziehen im Herbst viele Besucher aus Kempten und der Umgebung an.

Allgäuer Burgenmuseum in Kempten

Di 25

Kempten

Königsplatz: Kathreinemarkt Vergnügungsmarkt mit zahlreichen Fahrgeschäften und der Händlermarkt mit spannenden Attraktionen ziehen im Herbst viele Besucher aus Kempten und der Umgebung an.

Mi 26

Kempten

Königsplatz: Kathreinemarkt Vergnügungsmarkt mit zahlreichen Fahrgeschäften und der Händlermarkt mit spannenden Attraktionen ziehen im Herbst viele Besucher aus Kempten und der Umgebung an.

Obermaiselstein

Restaurant Hirschsprungstuben:
Barmixen für Kinder, 15 Uhr
Unkostenbeitrag: 3 €,
ab 6 Jahren

Do 27

Kempten

Königsplatz: Kathreinemarkt Vergnügungsmarkt mit zahlreichen Fahrgeschäften und der Händlermarkt mit spannenden Attraktionen ziehen im Herbst viele Besucher aus Kempten und der Umgebung an.

Fr 28

Kempten

Königsplatz: Kathreinemarkt Vergnügungsmarkt mit zahlreichen Fahrgeschäften und der Händlermarkt mit spannenden Attraktionen ziehen im Herbst viele Besucher aus Kempten und der Umgebung an.

Sa 29

Kempten

Königsplatz: Kathreinemarkt Vergnügungsmarkt mit zahlreichen Fahrgeschäften und der Händlermarkt mit spannenden Attraktionen ziehen im Herbst viele Besucher aus Kempten und der Umgebung an.

So 30

Kempten

Königsplatz: Kathreinemarkt Vergnügungsmarkt mit zahlreichen Fahrgeschäften und der Händlermarkt mit spannenden Attraktionen ziehen im Herbst viele Besucher aus Kempten und der Umgebung an.

Rieden am Forggensee

Dieser Sommer gehört den Kindern

Das kleine beschauliche Dorf Rieden am Forggensee im Ostallgäu ist ganzjährig ein attraktives Reiseziel für die ganze Familie. Die bodenständigen Bauernhöfe mit zahlreichen Jungtieren sind für Kinder wahre Streichelparadiese. Während die Familie Urlaub macht, entsteht zwischen Kindern und Tieren so manche Freundschaft.

Frühjahr - Zeit für Entdecker

Zahlreiche Wander- und Radwege, Schlösser und Seen laden zwischen blühenden Wiesen zum Erkunden der herrlichen Voralpenlandschaft ein.

Der Forggensee, ein Speichersee, wird im Frühjahr weit abgelassen, so dass jetzt die Reste der versunkenen Häuser und der Römerstraße zur „Schatzsuche" locken. Wer an einer geführten Radtour teilnimmt, erfährt nicht nur Geschichten aus der Zeit „als König Ludwig noch persönlich hier spazieren ging", sondern „erfährt" auch die idyllischen Winkel des Voralpenlandes, die verschwiegenen kleinen Seen.

Baden und Segeln für Wasserratten

Angehende Wassersportler und ihre Familien sind in der hiesigen Yachtschule gut aufgehoben, da hier den ganzen Sommer über Segelkurse für Kinder und Erwachsene angeboten werden. Das Ausbildungsprogramm reicht vom Jüngstensegelschein bis zu den höchsten Hochseescheinen. An den Badeplätzen am Forggensee herrscht im Hochsommer reger Badebetrieb. Das verträumte Waldfreibad am Faulensee dagegen ist ein echter Geheimtipp für Familien. Das saubere Wasser dieses flachen Moorsees erwärmt sich sehr schnell. Kleine Kinder können sich sicher in der Flachwasserzone tummeln. Kein Auto und kein übertriebener Rummel stören die Erholung.

Auch die Preise sind in Rieden noch märchenhaft. Eine Übernachtung mit Frühstück ab 18 € pro Person oder eine Ferienwohnung ab 33 € pro Tag lässt sicher in jeder Urlaubskasse genügend Raum für weitere Aktivitäten, zumal auch Kinderermäßigung gewährt wird. Preiswerte Hotels und Gasthöfe sowie mehrere Campingplätze rund um Rieden ergänzen das Übernachtungsangebot.

Im neuen Kletterzentrum finden Sie eine Kletterlandschaft, die alle Schwierigkeitsgrade abdeckt. Spannend für Jung und Alt, für Anfänger genauso wie für den erfahrenen Klettersportler.

Informationen
Tel: 08362 37025
www.rieden.de

Oy Mittelberg

Der Rottachsee: Angeln, Segeln, Baden, Surfen

1992 auf einer Fläche von 300 ha aufgestaut, sorgt der See für einen Wasserausgleich von Iller und Donau in extremen Trocken- bzw. Regenperioden. Inzwischen hat er sich zum beliebten Wasserparadies für Schwimmer, Segler, Surfer, Taucher und auch Angler entwickelt. An seinen Ufern wurden beidseitig weiträumige Freizeitanlagen mit Sanitäreinrichtungen, Umkleidekabinen, Kiosk, Beachvolleyballplatz, Spielflächen und Bootsliegeplätzen eingerichtet. Gleichzeitig sind in ökologisch geschützten Bereichen neue Lebensräume für Tiere und Pflanzen entstanden. Inseln, Flachwasserzonen und Tiefwasserbereiche in enger Verzahnung bilden ein Mosaik unterschiedlicher Standorte und damit Voraussetzung für vielfältige Lebensgemeinschaften zwischen Flora und Fauna. Der knapp 15 km lange Wander- und Radweg lädt zu einem ausgiebigen Spaziergang bzw. einer kleinen Fahrradtour rund um den See ein.

Der Kletterwald Grüntensee

Der Hochseilgarten wurde speziell für Familien mit Kindern und für Gruppenveranstaltungen konzipiert. Acht verschiedene Parcours mit zusammen 85 Kletterelementen bieten jede Menge Abwechslung. Ab einem Alter von sechs Jahren können Kinder mit ihren Eltern klettern. Die Sicherheitsausrüstung ist im Preis inbegriffen. Direkt neben dem Kletterwald befindet sich eine große Liegewiese mit Badestrand. Viele Wanderungen und Radtouren haben hier ihren Ausgangspunkt. Der Wald bietet bei leichtem Regen einen guten Schutz, bei großer Hitze sorgen die Bäume für Schatten. Das dazugehörende „Seehaus" versorgt die Besucher mit Getränken, Snacks und regionaltypischen Gerichten.

Der Schwarzenberger Weiher

Der malerisch am Waldrand gelegene Moorsee, umrahmt von Schilfgras, strahlt eine besondere Ruhe aus und ist nicht nur für die Mittagspause eine Erfrischung. Am Badestrand befindet sich ein Kiosk, der täglich bei schönem Wetter von 10 bis 21 Uhr bewirtschaftet wird. Der Schwarzenberger Weiher ist ca. 1,2 km lang und über 120 m breit, bei einer Tiefe bis zu 4 Meter.

Informationen
www.oy-mittelberg.de

Füssen

Walderlebniszentrum Ziegelwies

Lust auf ein intensives Naturerlebnis?
Dann seid ihr im Walderlebniszentrum genau richtig!
Zwei spannende Erlebnispfade und eine Ausstellung mit Kinderecke erwarten euch. Auf dem 1,5 km langen Auwaldpfad und dem 1,7 km langen Bergwaldpfad könnt ihr an vielen Stationen euren Mut erproben und nebenbei euer Wissen erweitern.

Informationen
Preise: Eintritt frei
Tel: 08362 93875 50
www.walderlebniszentrum.eu

Der Indoor Hochseilgarten

Das ist die Schlechtwetteralternative für die ganze Familie. Hier klettern Sie unabhängig von Jahreszeit und Wetter in einer lichtdurchfluteten Halle durch 19 abwechslungsreiche Elemente in zwei Parcours. Mit dem permanenten Sicherungssystem klettern Kinder (ab ca.5 Jahren) durchgehend gesichert, ohne sich umzuhängen. Im luftigen Dachgebälk geht es in 10 Metern Höhe auf eine Abenteuerreise über die Klapperschlange, den Obstgarten und durch den Mikado-Slalom hindurch. Für eine schwung volle Überfahrt warten Tellerlift und kurze Ski, fliegender Teppich und Geländerutsche auf Ihre Entdeckerlust.

Informationen
Öffnungszeiten: Mo bis Fr: 9 bis 19 Uhr, Sa bis 18 Uhr
Tel: 08322 96550

Der Hopfensee

Als einer der wärmsten Voralpenseen ist der Hopfensee das Freizeitparadies schlechthin. Besonders Familien mit Kindern wissen die flach abfallenden Ufer zu schätzen. Sie können den Tag am Strandbad genießen oder mit Tret-, Ruder- und Segelbooten einsame Plätze ansteuern. Surfern bietet der Hopfensee ebenso optimale Bedingungen wie Anglern, die hier nicht lange warten müssen.

Schiffsrundfahrten auf dem Forggensee

Gönnen Sie sich eine „Sehreise" der besonderen Art: je weiter man sich auf dem Forggensee-Schiff vom südlichen Seeufer entfernt, desto grandioser wird der Panoramablick auf die Bergwelt der Ammergauer, Lechtaler und Tannheimer Alpen, auf die Königsschlösser Neuschwanstein und Hohenschwangau und die Füssener Stadtsilhouette.
Bei einer Schiffsrundfahrt kann man den Allgäuer Königswinkel ganz gemütlich von der Wasserseite her kennenlernen. Vom 1. Juni bis Mitte Oktober verkehren die beiden Fahrgastschiffe der Füssener Forggenseeschifffahrt im Linienverkehr auf zwei unterschiedlich langen Rundkursen. Die kleine Rundfahrt im südlichen Seebereich dauert ca. 55 Minuten.

Informationen
www.forggenseeschifffahrt.de

Das Schloss Neuschwanstein

Wie eine Fata Morgana taucht das weltberühmte Schloss vor der Kulisse der bayerischen Alpen auf. König Ludwig II. erdachte die imposante Burg der Spätromantik, um dem Rittertum zu huldigen. Außerdem sollte das „Märchenschloss" hoch über der Schlucht der Pöllat als Denkmal für die Welt der Musikdramen Richard Wagners dienen. Neuschwanstein sollte „im echten Styl der alten deutschen Ritterburgen" gebaut werden, so Ludwig. Ein Vorbild war die Wartburg, deren Sängersaal Ludwig nachempfinden ließ. Neuschwanstein wurde aber keine Kopie einer mittelalterlichen Burganlage, sondern eine charakteristische Neuschöpfung des Historismus.

Ludwig bewohnte das Schloss nur kurz: 1886 wurde der König im Schloss verhaftet und nach Schloss Berg gebracht. Am Abend des 13. Juni 1886 fand er im Starnberger See den Tod. Wenige Wochen später wurde das Schloss zur öffentlichen Besichtigung freigegeben. Neuschwanstein gehört heute zu den meistbesuchten Schlössern und Burgen Europas, es zieht jährlich weit mehr als eine Million Besucher an.

Informationen
Öffnungszeiten: April bis September:
8 bis 17 Uhr
Preise: 12 €, unter 18 Jahre frei
Tel: 08362 930830
www.neuschwanstein.de

Tegelberg bei Schwangau

Sommerrodelbahn und Familienklettersteig
Die Sommerrodelbahn am Tegelberg in Schwangau heißt Spaß für jedermann. Kinder von 8 bis 80 Jahren können die rasante und kurvenreiche Abfahrt erleben. Die Kleinen ab 3 Jahren fahren in Begleitung eines Erwachsenen. Die Rodelbahn ist 760 m lang, mit variantenreichen Kurven und einem Jump. Es gibt Einsitzer- und Doppelsitzer-Schlitten. Rund um die Sommerrodelbahn gibt es noch vieles mehr: Einen Erlebnis-Kinderspielplatz mit Seilbahn, Auto-Scooter, Wasserspielen und ein Tretbecken mit klarem, kaltem Gebirgswasser für die müden Füße. Wer noch ein wenig Kultur erfahren möchte besichtigt die Römerausgrabungen rund um die Talstation. Ganz neu ist das Bergsportzentrum Tegelberg mit dem Familienklettersteig „Gelbe Wand" und dem etwas anspruchsvolleren „Fingersteig" (Trainingswand und Kletterfelsen für Kinder)

Informationen
Öffnungszeiten: täglich von 9 bis 17 Uhr
Tel: 08362 98360, www.tegelbergbahn.de

Eisenberg mit mächtigen Burgruinen

Eisenberg und Hohenfreyberg

Auf nebeneinander liegenden Berggipfeln erheben sich zwei der mächtigsten Burgruinen Bayerns: Eisenberg und Hohenfreyberg. Gemeinsam bilden sie ein spektakuläres Burgenensemble europäischen Ranges.

Die Burgruine Eisenberg ist die einzige Mantelmauerburg des bayerischen Raumes. Einzelne Gebäudesegmente wie das Wohngebäude mit Palas, der Zwinger oder die Kapelle sind deutlich zu erkennen und mit Hinweistafeln versehen. In direkter Nachbarschaft befindet sich die wild-romantische Burgruine Hohenfreyberg, eine der malerischsten und größten Burgruinen Bayerns.

Ihr Bauherr Friedrich von Freyberg zu Hohenfreyberg errichtete sie von 1418 bis 1432 im Stil einer staufischen Burg in einer spektakulären Höhenlage, um sich in den Zeiten des ritterlichen Niedergangs noch mal gegen den Lauf der Zeit zu stemmen und ein unübersehbares Machtsymbol zu setzen - eine hochmittelalterliche Burg mit zwei Türmen und hoch auftragenden Mauern.

13. und 14. August 2011:

Mittelalterliches Ritterspektakel - mittelalterliche Musik, Ritter und Landsknechte, Schaukämpfe u. Waffenschau, Kinderprogramm, Markt- und Lagerleben.

Informationen

Öfffnungszeiten: Burgküche ab 11 Uhr geöffnet

Preise: Eintritt frei!

www.eisenberg-allgaeu.de

Burgenmuseum Eisenberg - Zell

Nachdem die Erhaltungsmaßnahmen auf der Ruine Eisenberg immer mehr Funde zu Tage förderten, entschloss sich der Burgenverein Eisenberg, zur Einrichtung eines Burgenmuseums in Zell. In elf Vitrinen und durch zahlreiche Bilder/ Schautafeln wird die Geschichte der Burg Eisenberg dokumentiert. Außerdem ist ein Raum den Erhaltungsmaßnahmen auf der Ruine Hohenfreyberg gewidmet.

Informationen

Öffnungszeiten: Sa, So und Feiertage von 14 bis 17 Uhr

Preise: Eintritt frei

www.burgenmuseum-eisenberg.de

www.kindersommer-online.de

Hopferau: Die Sennerei Lehern

Die 1890 gegründete Traditions-Sennerei liegt mitten im Allgäu in Blickweite der Königschlösser Neuschwanstein und Hohenschwangau. Ein wunderschönes Bergpanorama und grüne Wiesen rund um die Sennerei lassen einen Besuch zu einem unvergesslichen Erlebnis werden. Hier werden die echten Allgäuer Käsespezialitäten nach alten, traditionellen Methoden hergestellt. Hierbei verarbeiten wir täglich frische silagefreie Kuhmilch (Berg-Heu-Milch) aus dem Ortsgebiet Hopferau. Die hochwertige Rohmilchqualität wird durch eine streng reglementierte und gentechnikfreie Fütterung erreicht. Sie erfahren vom Käsemeister alles über das Herstellen von Allgäuer Bergkäse und Allgäuer Emmentaler, der anschließende Rundgang beginnt im Sennereimuseum.

Informationen
Preise: Erwachsene 2 €, Kinder 1 €, bis 6 Jahre frei
www.sennerei-lehern.de

Oberammergau: Reptilienhaus

Das Paradies der Ungeliebten

Seit Jahren bietet das Reptilienhaus aufregendes und lehrreiches für die ganze Familie, auch für einen unvergesslichen Schul- und Kindergartenausflug.

Die Tiere werden nicht als „Spielzeug" oder „Kuscheltier" präsentiert. Es sind wechselwarme Wildtiere, die man nicht dressieren und auch nicht einfach so an den Menschen gewöhnen kann. Im Reptilienhaus bietet sich die Möglichkeit, Vorurteile gegenüber einer exotischen Tierwelt abzubauen. Es wird vermittelt, dass auch diese Exoten schützenswert sind. Schlangen, Echsen, Schildkröten und Pfeilgiftfrösche sind hier zuhause. In der Ausstellung leben zurzeit über 130 Tiere und 45 verschiedene Arten von Reptilien, Amphibien, Spinnen. Ziel der Ausstellung ist es, Ihnen Artenvielfalt und biologische Kenntnisse über Schlangen, Echsen, Frösche und Spinnen zu vermitteln, damit auch Sie Sympathie für diese exotische Welt bekommen.

Besucher können sich von der Artenvielfalt und Schönheit der Tiere selbst überzeugen und einen Einblick in eine exotische Tierwelt bekommen, denn nur wer die Tiere und ihr Verhalten kennt, wird sie auch in ihren Lebensräumen akzeptieren und schützen.

Informationen
Öffnungszeiten: 10 bis 18 Uhr
Preise: 5,50 €, Kinder (4 bis 13) 3.00 €
Tel: 08822 1477
www.reptilien-haus.de

Görisried: Naturerlebnispfad

Naturerlebnispfad und Hängebrücke

In der Waldbachstraße vor der Brücke der Beschilderung folgen. Nach ca. 200 m kann man nach links in den Naturerlebnispfad hineinlaufen. An den einzelnen Stationen gibt es viel Neues und Spannendes zu entdecken. Kinder können viel über den Wald und die Natur lernen oder in einer Hängematte die Seele baumeln lassen. Man kann die Gerüche und Geräusche des Waldes spüren und die Füße im klaren Bachwasser erfrischen. Wieder auf dem Hauptweg angekommen, kann man zum Wasserhaus laufen, wo sich wie in alten Zeiten immer noch ein Wasserrad stetig dreht.

Hängesteg über die Wertach zwischen Görisried und Wald: Länge: ca. 6 km (hin und zurück), Dauer: ca. 45 Minuten (einfach). Ausgangspunkt ist die Ursula-Kapelle am Ortsrand Richtung Stadels/Wildberg. Hier gibt es auch einen Parkplatz. Der Weg ist beschildert. Der Weg zum Hängesteg führt links über Wurzeln steil nach unten ins Wertachtal hinab. Das Ufer ist auf dieser Seite flach und ideal für Kinder.

Illerbeuren: Schwäbisches Bauernhofmuseum

Bauernhöfe, Werkstätten, Stallungen, Gärten und Felder dokumentieren gelebte Geschichte. Im Freilichtmuseum können so die unterschiedlichen Bau- und Lebensweisen bis ins 17. Jahrhundert zurück verfolgt werden. Häusergruppen, Bauerngärten, Äcker, Streuobstwiesen mit über 80 selten gewordenen Apfel- und Birnensorten tragen zur Erhaltung der alten Landschaftsbilder bei. Haustierrassen, die einst die Höfe der Bauern belebten, wie das Allgäuer Original Braunvieh, das Zaupelschaf, das Schwäbisch-Hällische Schwein oder das Süddeutsche Kaltblut grasen hier auf den Weiden.

Sonderaktionen für die ganze Familie: Themenführungen, Kurse (u.a. Korbflechten, Sensenmähen), der Tag der Volksmusik im Juli, die Museumsnacht, das Kinderfest im August und andere. Während der gesamten Saison können große und kleine Museumsgäste pädagogische Programme („Museumstage“) zu ländlichen und bäuerlichen Themen besuchen.

Sonderausstellungen 2011: 1. März bis 11. Sept: Pferde, Kühe, Federvieh… Haus- und Nutztiere in historischen Fotografien aus Schwaben

Informationen
Öffnungszeiten: April bis Okt. 9 bis 18 Uhr
Preise: Familienkarte 7,50 €
www.bauernhofmuseum.de

Pfronten

Ferien im Tal der Abenteuer

Um es gleich vorweg zu sagen: in Pfronten ist das Angebot für Kids so umfangreich, dass man extra einen Kinderortsplan benötigt, um auch alles zu finden. Zum Beispiel die über den ganzen Ferienort verstreuten Themenspielplätze, die der kindlichen Phantasie keine Grenzen setzen: einen Märchenspielplatz gibt es da oder die Schatzinsel, auf der es vor allem um Wasser geht, einen Regenbogenspielplatz, einen Ritterspielplatz, eine Zirkuswelt oder den Zauberberg. Der Planetenspielplatz ist der erste Computerspielplatz seiner Art in Deutschland, bei dem man mit den eigenen Bewegungen die Spielsteuerung beeinflussen kann.

Das Räubernest liegt am Eingang zur Höllschlucht. In diesem Tobel mit seinen Wasserfällen und Felsen kann man abenteuerlustige Kids entdecken, die hoch oben zwischen den Bäumen, über Seilbrücken und auf luftigen Plattformen turnend und hangelnd, den Waldseilgarten bezwingen. In der Höllschlucht können junge Outdoor-Freaks auch eine Nacht im Freien verbringen. Auf den Podesten des Waldseilgartens, oder, noch abenteuerlicher, im Schwebebett frei am Baum hängend. Die ganz Extremen können sich sogar zu einem Biwakplatz an einem überhängenden Felsen abseilen. Da ist ganz schön viel Luft unter dem Schlafplatz.

Wer lieber Boden unter den Füßen hat und das Wasser nicht scheut, sollte mit Bergführern zur Wildbachtour „Iron Break“ aufbrechen, oder beim Kinder-Canyoning mitmachen. Aufregende Erfahrungen, die den Urlaub in Pfronten zu einem unvergesslichen Erlebnis machen. Dies vor allem auch deshalb, weil ausgebildete Bergführer sich darum kümmern, dass bei allen Outdoor-Aktivitäten die Sicherheit nicht zu kurz kommt.

Besonders Abenteuerlustige können das Schlafen in Bäumen oder in Portaledges ausprobieren. Nach der abendlichen Begehung des Waldseilgartens und einem Grillabend darf endlich der „Schlafbaum“ erklommen und das Himmelbett bezogen werden. Auf festen Podesten oder frei hängend, aber auf jeden Fall mit grandiosem Blick in den Nachthimmel. Am nächsten Morgen will man gar nicht mehr runter, deswegen wird auch noch im „Bett“ gefrühstückt. Inklusive Schlafsack und Isomatte, Frühstück, Abendessen und Eintritt in den Waldseilgarten kostet das Vergnügen ab 125 € pro Person.

Informationen
Tel: 08363 69888
www.pfronten.de

Nesselwang

Lamaerlebnishof in Gschwend

Hier können Kinder und ihre Familien bei einer Stunden- Halbtages- und Mehrtagestour als Lamaführer (Llamero) die liebenswerten, ruhigen, geduldigen und nicht aufdringlichen Lamas kennen lernen. Bei den Lamatrekkingtouren werden Sie Ausgeglichenheit, Bewegung an der Natur und viel Spaß erleben. Wer auf dem Lama-Erlebnishof sein Ferienquartier bezieht, der kann bei der Mitarbeit den Alltag der südamerikanischen Tiere hautnah erleben.

Information
Tel: 08361 643
www.Nesselwang-lamas.de

Kamelfarm Allgäu

Eine Fata Morgana im Allgäu?
Auf der Farm erfahren Kinder alles über Dromedare, Trampeltiere und Co. Erlebe die Kamele und Dromedare hautnah auf den Weiden, in den Ställen und mit etwas Glück auch im Sattel.
Daneben findest du eine Vielfalt an Tieren und anderen faszinierenden Dingen, die darauf warten, von dir entdeckt zu werden, z. B. das Streichelgehege, den Bazar, die Kinderhüpfburg, die Ställe, das Terrarium.

Information
Tel: 08369 910640
www.rent-a-camel.de
www.kamelfarm-allgaeu.de

Die Alpspitz Bahn

Genießen Sie mit Ihrer Familie und Freunden Natur und Freizeitvergnügen in einem der schönstgelegenen Familien-Wandergebiete des südlichen Allgäus. Mit der Alpspitzbahn hinauf auf 1500 m Höhe, erwartet große und kleine Bergfreunde der herrliche Bergblick über die Allgäuer und Tiroler Alpen bis zur Zugspitze. Erleben und entdecken Sie die Bergwelt pur beim Wandern auf Alpspitze und Edelsberg. Gemütliche Einkehrmöglichkeiten auf allen Höhenlagen laden zum verweilen. Frei nach dem Motto- Hin und Rodel- ladet die 100 Meter lange Rodelbahn (längste Rodelbahn im Allgäu) zu einem besonderen Erlebnis. Ein- und Doppelsitzer, 13 Kurven und ein Tunnel versprechen einfach nur Spaß. Ein Kinderspielplatz an der Talstation mit Ritterburg, Riesentrampolin, Minibagger, großen und kleinen Tieren und ein kostenloser Parkplatz runden das Angebot ab.

Information
Tel: 08361 3170
www.alpspitzbahn.de

Wertach

Buron-Kinderpark

Inmitten der herrlichen Oberallgäuer Alpen, im Herzen eines Landschafts-Schutzgebietes liegt das Familien-Paradies auf 900m Höhe, in Wertach. Kinder sind am Buron immer herzlichst willkommen. In der herrlichen Natur mit Wiesen und Bächen können sich Ihre Kinder mal so richtig austoben, ohne dass sich jemand dadurch gestört fühlt! Ob Buron Rutsche, Kletterwiese, Riesen-Brettspiel oder Spielplatz und Traktorpark - hier ist für die Kleinen Bewegung und Aktion angesagt. Die Eltern können sich dabei im gemütlichen Gaststübchen oder auf der Terrasse erholen.

Informationen
Preise: Eintritt frei
Tel: 08365 703536
www.buron-skilifte.

Allgäulino

Informationen
Öffnungszeiten: tägl. 14 bis 19 Uhr, Ferien, Wochenende und Feiertage ab 10 Uhr
Preise: Erwachsene 4,50 €, Kinder 6,50 €, unter 3 Jahre 3,50 €
Tel: 08365 1027
www.allgaeulino.de

Der attraktive Hallenspielplatz „Allgäulino" für Kinder von 2 bis 12 Jahren im ehemaligen „Tennispark" Wertach. In dem Hallenspielplatz von über 3.000 qm können Kinder toben und Spaß haben. Kletterberge und Türme wollen erobert werden und die fast 10 m hohe Drachenburg bietet alles, was ein Kinderherz höher schlagen lässt. Für kleine Formel I Fans gibt es Elektroautos uvm.

Freibad Starzlachauen

Im Sommer ist das Bad immer ein lohnender Ausflug für die ganze Familie! Sport, Spiel und Spaß mit familienfreundlichen Preisen: beheiztes 50 m Sportbecken, 25 m Nichtschwimmerbecken, Kinderplanschbecken mit Rutsche, große Liegewiese und Kiosk, 52-m-Wasserrutsche und Wasserpilz, Wassersitzbank mit Massagedüsen.

Informationen
Öffnungszeiten: 8 bis 19 Uhr
Tel: 08365 70775
www.wertach.de

Obermaiselstein

Alpenwildpark

Naturliebhaber finden im Wildpark Berghof Schwarzenberg in Obermaiselstein ein echtes Kleinod. Das Wildgehege soll dazu beitragen, dem von Technik beherrschten und gestressten Menschen wenigstens für kurze Zeit eine Begegnung mit der Natur, einem Teil der heimischen Tierwelt zu ermöglichen. Beobachten und fotografieren Sie neben Steinböcken, Gemsen, Hirschen, seltenen Greifvögeln und vielen anderen Wildtieren u.a. auch handzahme Füchse, die manchmal sogar gerne gestreichelt werden möchten. Ein Spaß für Jung und Alt! Auch verletzte kranke oder gefundene Wildtiere werden hier betreut und können zum Teil anschließend wieder in die freie Wildbahn entlassen werden. Zu erreichen mit dem Auto über Königsweg (Beschilderung „Wildpark" folgen) oder zu Fuß über Haubenegg – Sturmannshöhle (20 Min. Gehzeit ab Parkplatz) DI, MI, FR, SA um 17.45 Uhr Erlebnisführungen, dabei kann man die Tiere auch selbst füttern und viel über deren Verhalten und Lebensweise erfahren.
Anschließend rundet ein zünftiger Hüttenabend mit Live-Musik das Erlebnis ab.

Informationen
Öffnungszeiten: Täglich ab 11 Uhr
(Mai bis Oktober)
Tel: 08326 8163
www.alpenwildpark.de

Die Sturmannshöhle

„Dort, wohin kein Mensch seinen Fuß je gesetzt..." Folgen Sie Wilden Fräulein und mystischen Geschichten 300 m tief ins Innere des Schwarzenbergs in Obermaiselstein, Sommer wie Winter bei konstant 4°Celsius. Die einzige begehbare Naturhöhle des Allgäus eröffnet faszinierende Einblicke in 120 Mio. Jahre alte Naturgewalten. Einen sehr schönen Zugang zur Höhle ermöglicht der Sagenweg vom Hirschsprung aus. „Das ist Euer magischer Schlüssel, der Euch Einlass verschafft in das Reich der Wilden Fräulein..." Der Sagenweg: An der Engstelle der Straße von Obermaiselstein nach Tiefenbach, dem sog. „Hirschsprung" (Bushaltestelle und kleiner Parkplatz) beginnt am Fuße des Schwarzenbergs der Obermaiselsteiner Sagenweg. Der schattige Wald- und Wiesenweg nimmt den Wanderer mit auf eine Zeitreise. Fünf Sagenthemen wurden von der heimischen Künstlerin Hildegard Simon in der Natur harmonisch in Szene gesetzt. Die begleitende Information geht auf die Sagen, ihre Hintergründe und die geologischen wie traditionellen Details ein.

Informationen
Öffnungszeiten: 9:30 bis 16:30 Uhr,
stündliche Führungen
Preise: 4,00 €, Kinder 2,50 €,
bis 5 Jahre frei
Tel: 08326 38309
www.sturmannshoehle.de

Balderschwang

Wald und Naturerlebnislehrpfad

Auf einem Rundkurs mit zehn Stationen kann den Kindern und Jugendlichen der Lebensraum Wald mit der faszinierenden Schönheit der Tier- und Pflanzenwelt sowie der gesamten Natur in all ihren Bereichen durch eigenes Engagement erlebnisreich näher gebracht werden. Der Pfad stellt jedem Wanderer viele Fragen und Aufgaben, die es zu lösen gilt. Das Zusammenspiel von Natur und Schöpfung wird so verständlich gemacht.

Berg-Bauernhof-Besichtigung

Zwischen dem 9. Juni und dem 8. September 2011 findet jeden Donnerstag ab 19 Uhr die Berg-Bauernhof-Besichtigung bei Klaus Kohler auf der HöfleAlp statt. Kühe werden zum Melken und Füttern vom Feld in den Stall getrieben, wo sie auch gestreichelt werden dürfen. Auch die Schweine freuen sich über kleine und große Besucher. Klaus Kohler erzählt über die vielfältige und harte Arbeit auf dem Bauernhof und welchen Herausforderungen sich der Bauer Tag für Tag stellen muss.

Fischen: Der Eichhörnchenwald

Egal ob Sonnenschein oder Regentropfen – der Fischinger Eichhörnchenwald im Weidach ist auf jeden Fall bei jedem Wetter ein Erlebnis. Wenn ihr ein paar Nüsse in euren Hosentaschen dabei habt, werden euch die kleinen Nager mit dem Puschelschwanz sicher nicht mehr von der Seite weichen. Und es gibt noch so viel mehr im Weidachnaturpark zu entdecken: einen Spielplatz, Naturkneipp-Becken, Waldlehr- und Wasserlehrpfad, einen kleinen Kletterfelsen, eine große Wiese zum Austoben und eine Minigolfanlage. Also kommt vorbei, Trixi, das Eichhörnchen, und ihre Freunde warten schon auf euch! Bild: www.istockphoto.de

Informationen
www.fischen.de

Oberstdorf

Hier dürfen Kinder noch Kinder sein

In Oberstdorf ist für Familien das ganze Jahr und bei jedem Wetter etwas geboten. Auf Ihre Sprösslinge wartet ein riesiger und abenteuerlicher „Naturspielplatz" - die Allgäuer Bergwelt. Auf 815 m finden Sie grüne Wiesen, umgeben von bis zu 2.224 m hohen Bergen. Am Söllereck lockt der SöllereckRodel, eine Ganzjahres-Rodelbahn. Am Nebelhorn genießt man ein 400-Gipfel-Panorama.

Mit den drei Oberstdorfer Bergbahnen kommt Ihre Familie hoch hinaus – Kinder bis 18 Jahre fahren an Fellhorn und Söllereck sogar kostenlos!

Früh morgens zur Alpe wandern, auf dem Weg dorthin heimischen Tieren wie dem Murmeltier begegnen und oben angekommen, dem Senner beim Käsen über die Schulter schauen. Am Nachmittag schwimmen, radeln, Picknick machen oder minigolfen. Das Eislaufzentrum mit seiner Schlittschuhbahn hat zu jeder Jahreszeit geöffnet, reiten in Tiefenbach oder auf dem Ponyhof, Drachen- und Gleitschirmfliegen sowie Tennis sind ebenfalls im Angebot. Falls Sie auch einmal etwas ohne Ihre Kinder unternehmen möchten, sind Ihre Sprösslinge von 2 bis 12 Jahre im Nordi Club bei bestens ausgebildeten Erzieherinnen in guten Händen. Sie kümmern sich mit viel Herz und Engagement um Ihre Kleinen. Mit ihren tollen Ideen und Programmen kommt nie Langeweile auf! Denn dann wird auf dem großen Kletterbaum gekraxelt, Tischfußball gespielt, auf den bunten Sitzkieseln geturnt, in der Kinderküche gekocht, in der Puppenecke gespielt und vieles mehr unternommen. Spielen, Basteln, Töpfern, Kochen, einen eigenen Film drehen oder ein Besuch bei Polizei und Feuerwehr sind beim abwechslungsreichen, spannenden Kinderferienprogramm angesagt. Auf Jugendliche von 12 bis 20 Jahren wartet ein spezielles Jugendferienprogramm. Als Kinderland-Ort und Partner der Qualitätsmarke der Bayern Tourismus Marketing GmbH sind kinderwagenfreundliche Wanderwege, Spielplätze, Allwetterprogramme u. v. m. in Oberstdorf selbstverständlich.

Uff d'r Alp - Alpwirtschaftlicher Erlebnispfad auf dem Nebelhorn

An der 1. Sektion der Nebelhornbahn auf 1.280 m verläuft der ca. 2-3 Kilometer lange Rundwanderweg einmal um die Seealpe. An einem Kuhmodell das Melken üben, sich auf einem Hochstand wie ein Jäger fühlen, mystische Gestalten im Märchenwald entdecken oder über eine wackelige Hängebrücke wandern. Der alpwirtschaftliche Erlebnispfad „Uff d'r Alp" ist ein Erlebnis für die ganze Familie! An interaktiven Stationen erfährt man Spannendes über die Natur.

Die Breitachklamm

Ein guter Tipp ist ein Ausflug zur Breitachklamm zwischen Oberstdorf und dem Kleinwalsertal. Die Breitach hat sich dort in hunderttausenden von Jahren tief in die Schlucht eingeschnitten und ein einzigartiges Naturerlebnis geschaffen. Diese tiefste und auch eine der schönsten Felsenschluchten Mitteleuropas entstand, als der abschmelzende Breitachgletscher anfing, den Schrattenkalk des Engenkopfes durchzusägen. Rund 300.000 Besucher kommen im Jahr hierher. An heißen Tagen ist die Breitachklamm besonders attraktiv, weil es dort herrlich kühl ist, bei schlechtem Wetter ist sie besonders imposant, weil viel Wasser hindurchfließt. Es führt ein gut gesicherter Steig vom naturkundlichen Zentrum in Tiefenbach bei Oberstdorf bis zum Klammausgang an der Kleinwalsertaler Seite.

Informarionen
Öffnungszeiten: Im Sommer ab 9 Uhr
Preise: Erwachsene 3 €, Kinder 1,50 €
Tel: 08322 4887
www.breitachklamm.com

Der Familienberg Söllereck

Entdecken Sie die Natur am Familienberg Söllereck auf aussichtsreichen Panoramawanderungen oder über den Naturerlebnisweg mit vielen Mitmachstationen für Kinder. Erleben Sie spektakuläre Ausblicke von der Skiflugschanze und lernen Sie die Welt der Skiflug-Profis aus direkter Perspektive kennen. Gute Laune ist garantiert bei der rasanten Fahrt mit dem Söllereck Rodel, dem Allgäu Coaster. Spaß, Spannung und Abenteuer: der Kletterwald begeistert die ganze Familie. Vom spielerischen Kinderparcours bis zum sportlichen Erwachsenenparcours findet jeder seine Herausforderung. Das Berghaus Schönblick dient als Basislager für all Ihre Aktivitäten: leckere Allgäuer Spezialitäten, familienfreundliche Preise und der traumhafte Panoramablick von der großen Sonnenterrasse runden den perfekten Ferientag ab.

Informationen
Öffnungszeiten: Täglich von 9 bis 17 Uhr
Tel: 08322 98756
www.familienberg-soellereck.de

Ofterschwang

Urlaub mit Kindern im Familotel Allgäuer Berghof

Erleben Sie in atemberaubender Panorama-Alleinlage auf 1.200m Ihren unvergesslichen Urlaub. Ein ganzer Berg steht Ihrer Familie zur Verfügung. Neben dem 33.000qm großen Spielgarten mit vier altersgerechten Spielplätzen, Sonnenterrasse, Liegewiese, Streichelzoo, Pferdestall, locken auch die kinderfreundlichen und kinderwagengerechten Wanderwege im Naturschutzgebiet. Da gibt's viel zu entdecken. Das Familotel ist auf die Bedürfnisse von Familien mit Kindern aller Altersgruppen ausgerichtet. Das ganze Jahr über werden an mind. 35 h/Woche die Kleinsten liebevoll betreut, mind. 55 h/Woche erleben die Kids eine coole Betreuung/ Animation.
Während der dt. schulfreien Zeiten begleitet zusätzlich an 20h/Woche ein eigener Guide die Teens. Besondere Aktionen wie Hochseilgarten, Dschungelparcours, Rafting, Canyoning können die Teens in der unmittelbaren Umgebung vom Allgäuer Berghof erleben. Täglich wechselt das Animationsprogramm. Die Berghof-Wellness erstrahlt im modernen Design und lockt mit umfangreichem Angebot, auch Behandlungen für Kinder und Babys gehören dazu. Speziell auf die Badebedürfnisse von Familien mit Babys und Kleinkindern ist das Family-Spa ausgerichtet.

Informationen
Tel: 08321 8060
www.allgaeuer-berghof.de

Bad Hindelang

„Kinderland-Hauptstadt 2011"

Der Allgäuer Ferienort gewann die Ausschreibung der Bayern Tourismus Marketing GmbH und darf als „Kinderland-Hauptstadt 2011" in der Öffentlichkeit auftreten. Am Sonntag, 3. Juli, werden Kinder bei einem Familienfest für einen Tag das Kommando im Ferienparadies übernehmen.

Nicki's Familienprogramm

Jede Woche stellt Nicki ein Feuerwerk voller toller Familienaktionen zusammen, eingeladen sind alle Familien und Kinder. Im Wochenprogramm sind z.B. folgende Programmpunkte vorgesehen: Bergindianer, Bergabenteuer, Schlauchbootgaudi mit Natur pur, Backen beim „Kirchebäck", Familienstaffel... und vieles mehr!

Wanderungen ins Reich des Steinadlers

In einem Adlerrevier lädt der Landesbund für Vogelschutz in Bayern e. V. (LBV) jeweils Samstag von Mai bis Oktober zu regelmäßigen Führungen ein. Hier kann man ohne die Adler zu stören unter fachkundiger Begleitung mit Fernrohren und ein wenig Glück den faszinierenden Großvogel und seine Nachbarn erleben. Anmeldung jeweils bis Freitag 12 Uhr bei der Gästeinfo

Das Kutschenmuseum

Beim Betreten der äußerlich unscheinbaren Hütte fühlt sich der Besucher in eine längst vergangene Zauberwelt versetzt. Zuerst „nur" als Kutschenmuseum geplant, wuchs dieses Projekt Kunstwerk heran. Dabei verschmolzen Museum mit wunderschön restaurierten Kutschen, religiösen Themen mit Klang- und Seherlebnissen und faszinierenden Lichtspielen. Täglich geöffnet von 8 bis 20 Uhr, Eintritt frei.

Der Prinze Gumpe

In einem kleinen Teich (auf allgäuerisch „Gumpe") am Zipfelsbach unterhalb des Wasserfalls badete schon gerne Prinzregent Luitpold von Bayern, daher der Name unseres Bergbades. Im Sommer treffen sich hier gerne Jung und Alt, um sich im Wasser oder bei einem kühlen Getränk in der anliegenden Gaststätte „Buck-Winkel" zu erfrischen. Eintritt frei

20 Grad Naturbad Bad Hindelang

Wasser pur, ohne chemische Zusätze. Das Wasser wird mit Hilfe einer Wärmepumpe immer angenehm temperiert. Spaß für Groß und Klein, vom Fährfloß bis zum Beach-Volleyballplatz, von der Vogelnestschaukel bis zur Wasserrutsche – mit großer Liegewiese. Sollte es etwas privater sein, so mieten Sie sich eine der 15 Parzellen mit eigenem Beckenzugang. www.20gradbad.de

Informationen

Tel: 08324 8920

Sonthofen

Starzlachklamm, Winkel bei Sonthofen

Die wildromantische Starzlachklamm mit ihren tosenden Strudeln, Wasserfällen, kesselförmigen Wassermühlen und steilen Felswänden ist eine prächtige Ergänzung der Allgäuer Klammen. Sie ist eine wahre Fundgrube für Petrographen, die rund 15 verschiedene Arten von Nummuliten, Stadschiefer und Erzkalken finden.

Der natürliche Schöpfer der Klamm ist die Starzlach, ein in der abgeschiedenen Waldwildnis zwischen Grünten und Wertacher Horn in 1070 m Meereshöhe entspringender Wildbach, der, gespeist von zahlreichen Rinnsalen dieser Berge, nach einem gewundenen Lauf, sich bei Sonthofen in die Ostrach ergießt.

An senkrechten Tobelwänden, vorbei an wilden Wasserstrudeln, windet sich der Interessante Steig über Sprengweg und Klammstege zum oberen Ende. Genügend Parkplätze sind in Winkel, dem Beginn der Klamm, vorhanden.

Informationen
Tel: 08321 615291
www.sonthofen.de

Canyoning für Familien

Wer selbst und mit seinen Kindern einmal richtigen Nervenkitzel erleben möchte, der ist bei einem Canyoning-Ausflug genau richtig. Am Autoparkplatz angekommen, stellen die Canyoning Guides die bevorstehende Schlucht vor. Hier erfolgt auch die Einkleidung in Neoprenanzug, Klettergurt und Helm und eine erste Einweisung. Nach einem kurzen Aufstieg steigen wir in die Schlucht und lernen die verschiedenen Fortbewegungsarten im Canyon kennen. Zuerst geht es laufend und kletternd über nasse Steine und durchs knöcheltiefe Wasser. Tiefere Gumpen werden schwimmend durchquert. Wer Lust hat, kann auch gerne mal vom Schluchtrand aus ins Wasser springen. Ein besonderes Highlight ist das Rutschen, ausgewaschene Felsrinnen können gut geschützt durch Neoprenanzug und Canyoninggurt auf dem Hosenboden hinunter gerutscht werden. Das Familiencanyoning ist für Familien mit Kindern ab ca. 6 Jahren geeignet. Der Mix aus Bergsteigen und Wassersport gibt den Kindern ein neues Selbstbewusstsein und der Familie ein neues Zusammengehörigkeitsgefühl, Dauer: ca. 3 bis 5 Stunden. Tour muss reserviert werden.

Informationen
Tel: 08321 677190, www.purelements.de · www.canyoning-allgeu.de

Das Wonnemar

Das Wonnemar lädt alle Besucher zu Wasserspaß, Wellness- und Beauty-SPA, Saunawelt und Gastronomie ein. Verschiedene Rutschen, ein Kleinkinderbereich, die großzügige Saunalandschaft mit angeschlossenem FKK-Garten, das Gesundheitsbad, exklusive Pflegeerlebnisse im Wellnessbereich. Ein Erlebnis-Komplex, der vor allem Kinderherzen höher schlagen lässt sowie der Blick auf die Berge sorgen dafür, dass der Aufenthalt im Wonnemar zu einem unvergesslichen Erlebnis wird.

Attraktionen: 25 m-Schwimmerbecken; Abenteuerwellenbecken mit Strömungskanal; Erlebnisaußenbecken; Kamikaze-Rutsche, Black Hole-Rutsche, Crazy River-Rutsche und Familienrutsche; Kinderwelt Wonniland mit Spielschiff und Babymulde; Whirlpool; Steg zur Galerie mit Solarien und Ruhezone; großzügige Saunawelt; Infrarot-

Kabinen; interne Gastronomie und Saunabar; Gesundheitsbad mit Soleaußenbecken; Wellness-Bereich. Urlaubsfeeling am Strand erleben Sie bei der Brandung im Abenteuerwellenbecken.

Informationen
Öffnungszeiten: täglich von 10 bis 21 Uhr
Preise: 4 Stunden Familienkarte 28,50 €
Tel: 08321 780970

World of Outdoor

Im Erlebnissporthaus in Sonthofen erwartet Sie eine Extraportion Adrenalin. Im In-/ Outdoorhochseilgarten (ab 4 Jahren) klettern Sie unabhängig vom Wetter mit erfahrenen Hochseilguides durch 11 abwechslungsreiche Elemente. Selbst ein Wasserfall ist integriert. Eine Kinderrutsche für die Kleinsten und eine gemütliche Sportbar macht der ganzen Familie Spaß. Im zugehörigen Geschäft kann das komplette Equipment gekauft werden. Sie finden die World of Outdoor an der B308 - Richtung Bad Hindelang.

Informationen
Öffnungszeiten: Mo bis Sa 9 bis 19 Uhr
Tel: 08322 96550

Naturerlebnishof Krötz in Tiefenbach bei Sonthofen

Dieser Erlebnishof für die ganze Familie lädt zu einem Tag mit Kindern, Enkeln oder Schul- und Kindergartengruppe ein. Geboten sind: Spielscheune mit Spielplatz und Streichelzoo, Biergarten mit Hofladen, Hofkäserei mit Besichtigung, Kutschfahrten, Pferdereiten, Hofmuseum. Es werden lustige Kindergeburtstage angeboten.

Informationen
Öffnungszeiten: Di. bis So. 10 bis18 Uhr
Tel: 08321 26209

Minigolf G´hau

Der Minigolfplatz am G´hau bietet neben einem gepflegten Parcours auch eine sehr schöne bewirtschaftete Terrasse mit Eiscafé sowie in unmittelbarer Nachbarschaft einen großen Kinderspielplatz.

Burgberg

Erzgruben - Erlebniswelt am Grünten

Ein lohnenswerter Ausflug für die ganze Familie, hier erfährt man Interessantes über die Geschichte des Bergbaus am Grünten. Neben der Geologie des Grünten und des Allgäus lernen Sie das Leben und die Arbeit der Knappen im Eisenerz-Bergbau vom 14. bis 19. Jahrhundert kennen.

In einem zeitgemäß konzipierten Museumsdorf, auf der Südseite des Grünten, erfahren die Besucher vieles über das harte und entbehrungsreiche Leben der Bergleute in vergangenen Tagen. Während der Saison finden auch besondere Aktionstage statt. Bei den am letzten Sonntag jeden Monats stattfindenden Familien-Aktionstagen mit der Grubi-Olympiade und weiteren Aktivitäten, den Schauschmiedetagen und den Vollmond-Fackelwanderungen wird die Bergbaugeschichte am Grünten zu einem ganz besonderen Erlebnis, insbesondere für die Familien.

Informationen
Öffnungszeiten: Täglich von 10 bis 18 Uhr
Preise für Museumsdorf und Grubenführung:
Familienkarte 15 €
Tel: 08321 7884646
www.erzgruben.de

Familienrafting auf der Iller

(ab 5 Jahren) um 14 Uhr Treffpunkt mit den Guides und Begrüßung zur Raftingtour. Nach der Einkleidung - jeder Teilnehmer bekommt die Sicherheitsausrüstung, Neoprenanzug-, Jacke und Socken, Schwimmweste und Helm - gibt es eine ausführliche Einweisung der Guides zum Verhalten in und auf dem Wasser. Dann steht dem nassen Vergnügen nichts mehr im Wege.

In 8 bis 10 Mann Booten geht es die Iller hinab.

Informationen
Preise: Erwachsene: 25 €
Kinder bis 14 Jahre: 19 €
www.spirits-of-nature.de

Umgebung Oberstaufen

Hündle-Sesselbahn
Kinderparadies bei Oberstaufen

Mit der Hündle-Sesselbahn erreichen Sie schnell und bequem ein traumhaftes Wandergebiet. Ob Sie einen kleinen Spaziergang, eine Halbtageswanderung oder eine Tagestour unternehmen wollen, hier sind Sie genau richtig! Wandervorschläge erhalten Sie an der Kasse der Hündle-Sesselbahn. Lassen Sie sich auf dem Erlebniswanderweg vom schlauen Fuchs in die geheimnisvolle Welt des Waldes, der Berge, Tiere und Pflanzen entführen. Machen Sie Rast in der Hündle-Berggaststätte, dort können Sie kostenlos Liegestühle ausleihen und sich mit Allgäuer Spezialitäten sowie hausgemachten Kuchen und Torten verwöhnen lassen.
Freizeitspaß für die ganze Familie bietet die Sommerrodelbahn am Hündle. Legen Sie sich rasant in die Kurven und genießen Sie den Fahrtwind. Spielen Sie eine Runde Minigolf, besuchen Sie den Streichelzoo, oder lassen Sie Ihre Kinder auf einem der Spielplätze toben.

Informationen
www.huendle.de

Der Imberg in Steibis

Entdecken Sie Ihr individuelles Bergerlebnis inmitten der einzigartigen Nagelfluhkette. Die Bergstation der Imbergbahn bietet einen idealen Ausgangspunkt für Wander- und Bergtouren und eröffnet atemberaubende Ausblicke auf die Allgäuer Bergkulisse. Ob Spaziergang oder Ganztagestouren, in Steibis finden Sie bestimmt den richtigen Weg. Erkunden Sie den Alperlebnispfad. Mit 47 Stationen können Erwachsene und Kinder das Alpgebiet im Lanzenbachtal naturnah „erleben" und „erfühlen". Auf den Alpen der Nagelfluhkette können Wanderer einkehren und frische Köstlichkeiten an Ort und Stelle probieren und kaufen. Typische Alpenschmankerl wie Käse, Butter, Speck oder Brot – alles versehen mit der speziellen Würze der Berge – dürfen bei einer Wanderung durch die Allgäuer Landschaft nicht fehlen.
Der Klettergarten an der Hohenegg.(ca. 15 Minuten Laufzeit von der Bergstation der Imbergbahn entfernt) ist ein Hindernisparcours aus Seilen oder Stahlkabeln. Neu seit Sommer 2010 Bogenschießanlage im Klettergarten.

Informationen
Öffnungszeiten: täglich 9.00 bis 16.30 Uhr
Tel: 08386 991078

Familienparadies Alpsee Bergwelt

Direkt an der B308 zwischen Immenstadt und Oberstaufen ist mit der „Alpsee Bergwelt“ in den letzten Jahren ein Freizeitangebot entstanden, welches im Allgäu einzigartig ist. Familien fühlen sich hier besonders wohl, denn die unterschiedlichen Angebote garantieren Abwechslung und sprechen alle Generationen an.

Rasanter Spaß auf Deutschlands längster Ganzjahres-Rodelbahn

Über 23 Wellen, 7 Jumps und 4 Brücken führt der „Alpsee Coaster“ auf einer Länge von 2.800 Metern von der Bergstation der Sesselbahn hinab zum „Rodelwirt“ an der Talstation. Damit ist die Anlage Deutschlands längste Ganzjahres-Rodelbahn und ein echtes Highlight. Durch die Schienenführung der Rodelschlitten ist ein Umkippen ausgeschlossen und die Anlage ganzjährig bei so gut wie jeder Witterung in Betrieb. Passende Wetterschutzhauben sorgen auch dann für Spaß und Action, wenn die Sonne einmal nicht scheinen sollte. Nach Sonnenuntergang ist am Alpsee Coaster übrigens noch lange nicht Schluss. Beim regelmäßig stattfindenden Nachtrodeln durchbrechen starke Scheinwerfer die Dunkelheit und tauchen die Trasse in ein nahezu magisches Licht. Die schon bei Tageslicht spektakuläre Fahrt wird so zum unvergesslichen Erlebnis.

Bayerns größter Hochseilgarten

Der „Kletterwald Bärenfalle“ ist mit 16 verschiedenen Parcours und 170 Kletterelementen Bayerns größter Hochseilgarten und dank der exponierten Lage nahe der Bergstation der Sesselbahn eine der schönsten Anlagen in ganz Europa. Die Begehung spielt sich dabei zwischen 1 und 15 Metern über dem Waldboden ab, sorgt für Spaß und Nervenkitzel sowohl bei Anfänger, als auch für Fortgeschrittene und Profis.

Wander- und Naturparadies

Die Alpsee Bergwelt punktet auch bei all denen, die es lieber etwas geruhsamer mögen. Auf engstem Raum finden sich ökologisch wertvolle Lebensräume für unzählige, teilweise seltene und bedrohte Tier- und Pflanzenarten. Eine spannende Entdeckungsreise durch eine intakte Natur- und Kulturlandschaft nimmt hier ihren Anfang und lässt den Alltagsstress schnell vergessen. Gleichzeitig sorgen die drei Outdoor-Spielplätze dafür, dass es Kindern auf keinen Fall langweilig wird.

Informationen
Tel: 08325 252 und 927673
www.alpsee-bergwelt.de

Oberstaufen

Miniwelt in Wengen bei Oberstaufen

Faszinierende Flusslandschaften zwischen Rhein und Mosel im Modell auf einer Fläche von 300 qm. Das Deutsche Eck mit Reiterstatue Kaiser Wilhelm 1. in Koblenz. Zu sehen sind Landschaftsteile des Rheins zwischen Bingen und Koblenz, er wurde am 27.06.2002 zum Weltkulturerbe der Unesco erklärt. Auf ca. 2400m Gleislänge, 24 Schattenbahnhöfe, sind z.Zt. 180 Züge verschiedener Epochen zusehen. Für eine komplette Runde auf der Anlage ist ein Zug über sechs Stunden unterwegs. Dabei taucht er immer wieder mal in der einen oder anderen Richtung auf. Kinder können an der LGB – Spielanlage selbst einmal Lokführer sein.

Informationen
Öffnungszeiten: täglich von 10 bis18 Uhr, Montag Ruhetag
Tel: 08386 960711
www.miniwelt-oberstaufen.de

Das Erlebnisbad Aquaria

Das „Paradies für Zwischendurch" gehört zu den schönsten und attraktivsten Erholungs-, Sport- und Erlebnisbädern in Bayern, Baden – Württemberg und Vorarlberg. 1.000 qm Wasserlandschaft mit vielen Attraktionen wie Unterwassermusik, 25m Sportbecken, Wildwasserkreisel, Warmwasser-Sprudelbecken (33°), Freibecken (32°) mit Wasserfall, Geysiren und Sprudelliegen.

Für Kinder interessant sind die 100-Meter-Wasserrutsche und ein 3 und 5 Meter-Sprungturm. Für die Großen gibt es eine exklusive Saunalandschaft mit Bar, Whirlpool, Dampf-, Bio-, Trocken- und Infrarotsaunen, separate Damensaunen, plus Außenbereich mit Panorama- und Gipfelsauna, Sonnenterrassen mit herrlichem Panoramablick.

Informationen
Öffnungszeiten: täglich 9 bis 22 Uhr
Preise: Tageskarte Kinder9 €, Erwachsene 18 €, oder stundenweise
Tel: 08386 93139
www.aquaria.de

Alperlebnispfad am Imberg bei Steibis

Der Weg ist vor allem für Familien ein lustiger und abwechslungsreicher Wanderweg mit umfangreichen interessanten Informationen zur Region und ihren Besonderheiten. An vielen der insgesamt 47 Stationen können Groß und Klein das Alpgebiet im Lanzenbachtal naturnah „erleben" und „erfühlen". Es stehen 16 Infostationen, 17 Fragetafeln und 16 Aktionsstandorte zur Verfügung. Entlang des Alperlebnispfades sorgen vier Alphütten mit ihren Getränken und Speisen für das leibliche Wohl der Wanderer. Aber natürlich bietet der Alperlebnispfad auch sonst vielfach Gelegenheit für eine Rast an einem sonnigen Platz mit schöner Aussicht. Mit insgesamt 6,3 km Länge ist er eine gemütliche, mehrstündige Tour auf befestigten Wegen. Es kann aber auch eine mittlere (5,3 km) oder kleine Variante (2,3 km) gewählt werden.

Immenstadt am Alpsee

Piratenfahrten für Kinder

Einmal wie ein echter Seeräuber über das Wasser kreuzen, mit dem Entermesser im Gürtel, Piratentuch und Augenklappe. Die Segel der zwölf Meter langen Lädine mit dem malerischen Namen „Santa Maria Loreto" blähen sich im Wind. Immer freitags, vom 15.07. bis 09.09., geht es für Kinder von 6 bis 12 Jahren auf Kaperfahrt über den Großen Alpsee bei Immenstadt. Auf einem nach historischen Vorlagen gebauten Lastensegler, die schon vor 500 Jahren über den Bodensee schipperten. Kapitän ist ein erfahrenes Mitglied der Wassersportschule Oberallgäu. Vom Anlegeplatz im malerischen Seehafen von Bühl mit schöner Seepromenade, Minigolfplatz und Tretbootverleih geht es hinaus auf die offene See.

Informationen
Preise: Kinder 6 bis 12 Jahre 6 €
Tel: 08323 52200

Allgäuer Bergbauernmuseum

(Diepolz bei Immenstadt) Verbringen Sie mit Ihrer Familie wunderbare Stunden im höchstgelegenen Freilichtmuseum Deutschlands und erfahren auf spielerische Art Wissenswertes über die Milch- und Alpwirtschaft im Allgäu. Sobald Sie den Sattler-Hof betreten, reisen Sie fast 100 Jahre zurück. Hier dürfen Sie einiges am Kinderpfad ausprobieren und der Zeitreise-Rucksack hilft dabei. Schauen Sie zu, wie die Bäuerin kocht und der Wagner in der Werkstatt „mächelt". Kleingruppen übernachten im Matratzenlager in historischer Atmosphäre.

Informationen
Öffnungszeiten: 10 bis 18 Uhr
Preise: Erwachsene 4,00 €,
Kinder 2,50 €, Familienkarte 8 €
Tel: 08320 709670
www.bergbauernmuseum.de

Museum Hofmühle

Von der mittelalterlichen Stadtgründung Immenstadts bis in das Computerzeitalter reicht das Spektrum des Museums. Es pickt Anekdoten heraus, es wirft Schlaglichter auf die Jahrhunderte.

Es überfrachtet nicht, aber es animiert vor allem in der Abteilung „Immenstadt im Industriezeitalter zum Mitmachen. Auf über 1.000 Quadratmetern Ausstellungsfläche ist die Hofmühle eine Zone für Entdecker. Zeitgemäße Didaktik und Inszenierungen veranschaulichen den historischen Alltag und machen ihn so für Kinder und Erwachsene gleichermaßen spannend und nachvollziehbar.

Informationen

Öffnungszeiten: Mi bis Sa 14 bis 17 Uhr
Preise: 2,50 €, Kinder 1,50 €
Tel: 08323 36 63
www.museum-hofmuehle.de

Kletterpfad am Steineberg

Für ein bisschen Abenteuer mit älteren Kindern, die kraxeln wollen, empfiehlt sich eine Tour auf den Steineberg. Mit der Bergbahn bei Immenstadt geht es gemütlich auf den Mittag, den Hausberg der Immenstädter auf 1.451 Meter. Oben erwartet einen nicht nur eine schöne Sonnenterrasse samt Berghütte und eine phantastische Aussicht, sondern auch die ersten für den Naturpark typischen Felsgebilde: den Nagelfluh.

Familienbad kleiner Alpsee

Umrahmt von der malerischen Bergkulisse, nur wenige hundert Meter außerhalb von Immenstadt. Vom Sprungturm den Bergen entgegenspringen, ins kühle Nass des Sees eintauchen. Danach zum Floß schwimmen und ein Sonnenbad nehmen. Hölzerne Badestege führen in den kleinen Alpsee, der mitten im Landschaftsschutzgebiet liegt. Großzügige Liegewiesen bieten viel Freiraum. Ideal für Familien. Abwechslung gibt es auf dem Abenteuerspielplatz, den Beach-Volleyballfeldern und dem kleinen Fußballplatz. Von der Panorama-Bühne hat man einen schönen Ausblick auf Immenstadt, die Berge und den Großen Alpsee.

Informationen

Öffnungszeiten: 9 bis 20 Uhr
Preise: Erwachsene 4 €,
Kinder ab 6 Jahren 2 €
Tel: 08323 8720 und 98336

Rettenberg am Grünten

Naturerlebnis Galetschbach

Mit Wathose und Audioguide durch den Gebirgsbach und im Reich der Wasseramsel: Erleben, lernen, spielen und viel bewegen mitten in der Natur. Dafür steht das „Naturerlebnis Galetschbach" in Rettenberg. Das Konzept dahinter besteht aus mehreren Bausteinen und ist damit einzigartig im ganzen Allgäu. Das Naturerlebnis mit Verleih der Ausrüstung für den Klettersteig und Forscherrucksack startet im Frühjahr 2011.

Der Wasseramselsteig

An einem Stahlseil gesichert kann man mitten durch den Gebirgsbach waten und die Vielfalt des Reviers der Wasseramsel hautnah erkunden. Während man durch den plätschernden Bach watet, kann man sich per Audioguide Informationen über den Wasservogel und sein Habitat anhören. Der Steig im Wasser lässt den Gebirgsbach hautnah erleben

Naturlehrpfad mit Infostationen

Der Wanderweg verläuft entlang eines wildromantischen Weges direkt am Galetschbach. 12 Info- und Aktionsstationen säumen den Rundwanderweg rund um das Reich der Wasseramsel. Die Stationen erklären Flora und Fauna und laden die Naturforscher zu Rätseln und Naturspielen ein. Per Knopfdruck ertönt z.B. an der Station „Tierstimmen am Bach" der Ruf eines Fuchses. Nun gilt es dem Tierlaut das entsprechende Tier zuzuordnen.

Die Forscherstation

An der Forscherstation – an einem sonnig, idyllischen Plätzchen direkt am Bachufer – untersucht man das Gewässer genauer. Alles was man dazu braucht steckt im Forscherrucksack, den man sich im Gästeamt ausleihen kann. Mit dabei sind auf jeden Fall Sieb, Wasserbehälter, Becherlupe, Bestimmungstafel und auch ein Fernglas – damit man die Wasseramsel auch aus der Nähe beobachtet kann.

Naturspielplatz Hasengarten: Ein Muss für alle Kinder ist sicherlich noch der wunderschöne Naturspielplatz, der auf dem Weg liegt.

Beobachtungsturm am Fledermaussee bei Untermaiselstein

Rund um den Fledermaussee gibt es viel zu entdecken. Die Fledermauswarte ermöglicht euch einen spannenden Einblick in die heimischen Tier- und Wasserwelten. Tipp: Geführte Nachtwanderungen im Hochsommer „Fledermäuse –Akrobaten der Nacht".

Grüntenbogensportanlage Kranzegg

Ganz ohne Vorkenntnisse könnt ihr hier das Bogenschießen erlernen. Die große Freizeitanlage hat sogar einen 3 - D Jagdparcours, am Kiosk könnt ihr euch nach der Jagd stärken. Auch für eure Eltern stehen eigene Scheiben und Bögen zur Verfügung. www.gruentenbogen.de

Das Paradies am Brackenberg

Viele Tierarten wie Gänse, Hängebauchschweine, Schafe, Ziegen, Meerschweinchen, Hasen und mehr warten auf euch! Für die Streichelecke bekommt ihr sogar ein Futterkörbchen. Mama und Papa können auf einer der Ruhebänke inzwischen den herrlichen Ausblick genießen (Montags Ruhetag).

Informationen
Gästeamt Rettenberg
Tel: 08327 93040
www.rettenberg.de

Sulzberg bei Kempten

Burgruine Sulzberg

Von Mai bis Oktober ist die Burgruine mit dem Burgmuseum immer Sonn- und Feiertags von 13.30 bis 16.30 Uhr geöffnet, ausgenommen bei sehr schlechtem Wetter. Besichtigen kann man unter anderem Funde aus dem 6. Jahrhundert und man bekommt einen Einblick in das Leben auf der mittelalterlichen Burg.

Kreislehrgarten Oberallgäu in Sulzberg-Ried

Über 8.000 Pflanzen können im Kreislehrgarten Oberallgäu besichtigt werden. In vielseitig angelegten Beeten können Besucher Anregungen auch für den eigenen Garten mit nach Hause nehmen. Neben einem Bienenhaus und einem alten Eisenbahnwaggon gibt es auch einen Spielplatz für die Kinder. Der Kreislehrgarten ist immer samstags und sonntags von 13 bis 17 Uhr geöffnet. Der Eintritt ist frei.

Historischer Erlebniswanderweg

Der 2 x 11 km lange Erlebnispfad führt unter anderem zu drei geschichtlichen Hauptattraktionen, wie die älteste Heilquelle des Allgäus, die bedeutendste Grenze des Allgäus und die größte Burgruine im Oberallgäu. An insgesamt 42 Stationen erfährt man Interessantes und Spannendes aus früheren Zeiten. Die Spielstationen runden das Programm ab und sorgen für eine gelungene Abwechslung bei den Kindern. Die Termine für die Führungen auf dem Heinrichweg stehen im Veranstaltungskalender, der gerne im Rathaus mitgenommen werden darf.

Feuerwehrmuseum

Jeden Mittwoch ist das Feuerwehrmuseum in Sulzberg von 18 bis 21 Uhr geöffnet, das sich im alten Feuerwehrhaus in der Kemptener Straße befindet. Neben historischen Feuerwehrgerätschaften aus 200jähriger Geschichte findet man unter anderem eine Ausstellung von Militärhelmen verschiedener Länder.

Trekking-Tour mit Lama und Esel

Ein Erlebnis für die ganze Familie ist eine Trekking-Tour durch die Allgäuer Voralpenlandschaft am Rottachsee mit Lama und Esel. Auf der Gschwend-Ranch in Untermoos bei Moosbach bietet die Familie Fellmann diese Touren an. Hier können die Kinder selbst ein Lama führen oder wenn die Beine müde werden, in die Eselkutsche sitzen und sich von der Esel-Dame Lilli ziehen lassen. Die Lamas Gringo, Pedro, Pius und Pia freuen sich auf den Besuch und lassen sich gerne für 10 € pro Tier eine Stunde lang entlang der Wanderwege führen. Eine Trekking-Tour ist nur mit vorheriger Anmeldung möglich.

Informationen
Tel: 08376 92010
www.sulzberg.de

Weitnau

Die Burgruine Alt-Trauchburg

Die Alt-Trauchburg bei Kleinweiler gehörte einst zu den mächtigsten Burganlagen des Allgäus. Heute ist sie eine der schönsten und besterhaltenen Burgruinen in der Region und Anziehungspunkt für Burg- und Wanderfreunde. Auf einem gut ausgeschilderten Wander- und Forstweg erreicht man die Burgruine von Kleinweiler (Haltestelle Nellenbruck) aus zu Fuß in etwa 20 Minuten. Oben angelangt bietet sich ein interessanter Einblick in das Leben auf der Burg von ihrer ersten Erwähnung im Jahr 1041 bis zu ihrem Abbruch im Jahre 1785. Verschiedene weitere Wander- und Forstwege laden zum Erkunden der Umgebung oder zu einer Wanderung nach Weitnau ein.

Informationen
Tel: 08375 920241 · www.weitnau.de

Carl Hirnbeinweg und Weitnauer Kinderwald

Auf den Spuren des „Alpkönigs" lädt der 6,5 km lange Weg Erwachsene und Kinder zu einer Entdeckungsreise durch die Natur ein. Geschichte und Geschichten über Land und Leute, Kultur, Flora und Fauna des Allgäus begleiten Sie auf den zahlreichen Stationen entlang des Weges. Kletternetze zwischen den mächtigen Bäumen, Schwingen und Baumschaukeln, Baumhaus und wankende Tobelbrücken, die Riesen-Kletterspinne und interessante Informationen zur Tier- und Pflanzenwelt laden zum Verweilen ein. Riesenstühle und Stelzenparcours, schmale Brücken und Kletterbaum – hier lässt es sich phantasievoll spielen, während die Erwachsenen das sonnige Ruheplätzchen genießen.

Wald: Dorfmuseum im Pfarrgartenin

Das Dorfmuseum befindet sich in einem alten Stadel aus dem 19. Jahrhundert, dieser wurde im Pfarrgarten wieder neu aufgebaut. Im Stadel sind alle Utensilien der alten Handwerke und Berufe im Wald untergebracht. Vom Amboss bis zum Spinnrad, alte Skier, Bschüttfass, Heinzen (Hoinze`), Küchengeräte anno dazumal, Überbleibsel aus den Käsküchen Stechele, Bergers, Klosterhof, Hofen und Wald, alte Feuerlöschgeräte, antiquarische Maler- und Maurergeräte, Musikinstrumente und vieles mehr - eine Kutsche kann ebenfalls bestiegen werden. Der „Erbauer" und „Museumsdirektor"
Edmund erklärt alle ausgestellten Utensilien.

Informationen
Öffnungszeiten: Jeden 1. Samstag eines Monats um 14 Uhr
Preise: freiwillige Spende

Missen: Der Carl – Hirnbein – Weg

Der landwirtschaftlich kulturhistorische, ökologische Erlebniswanderweg zwischen Weitnau, Wilhams und Missen kann in beiden Richtungen gleich gut begangen werden. Für Kinder gibt es den Weitnauer Kinderwald, sowie andere Spielmöglichkeiten. Auf den Spuren des Alpkönigs Carl Hirnbein erleben Sie die Geschichte dieser Landschaft – hautnah und mit allen Sinnen. Sie erhalten Informationen zu bäuerlicher Tradition und moderner Landwirtschaft, zu ökologischen Zusammenhängen und historischen Begebenheiten. Auf Weg erwarten Sie vielgestaltige Wegstationen in Form von Sinnespfaden, Ruhe und Rastplätzen, Spielbereichen und Informationen.

Startpunkt in Missen ist der Parkplatz beim „Haus des Gastes". Zunächst folgt man der Straße nach Sibratshofen, biegt rechts ab und steigt den romantischen Klammweg über 150 Treppen und 6 Brücken hinauf. Oben angekommen geht es links weiter und man gelangt bald nach Wilhams. Vorbei an der Josefskapelle Richtung Weitnau, dem Kräutergarten (gegenüber Schrofenalp) erreicht man das romantische Tal des Trettenbachs, nach einem kleinen Anstieg geht es vorbei am Kinderwald (Zeit einplanen) immer bergab durch den Widdumstobel am Dorfweiher vorbei nach Weitnau. In Weitnau geht man Richtung Parkplatz und Bushaltestelle, vorbei an der wunderschönen Kirche St. Pelagius und dem historischen Amtshaus.

Heimenkirch: Leiblachbad

Eine ganze Wasserlandschaft eröffnet sich durch eine gut durchdachte Konzeption im neuen Leiblachbad. Mit drei verschiedenen Becken bietet es Attraktionen für unterschiedliche Altersgruppen: Ein Becken für die Schwimmer, das auch für Wettbewerbe dienen kann, wie die vier Startblöcke zeigen. Eine schmale Passage im Wasser ermöglicht das Wechseln in den Erlebnisbereich der benachbarten Wasserlandschaft. Hier ist ausgelassenes Treiben erwünscht. Eine Wellenrutsche führt vom Hang ins Wasser. Kleine Wasserfälle und Wasserpistolen sorgen für Abwechslung. Außerdem gibt es ein eigenes Kleinkinderbecken mit einer Wassertiefe von 20 bis 30 Zentimetern. Nach wie vor günstige Eintrittspreise. Seit dem neuen

Bahnhalt, der im Dezember 2010 eröffnet wurde, ist Heimenkirch wieder bequem mit dem Zug zu erreichen.

Informationen
Preise: Kinder (6 bis 16) 1,50 €,
Erwachsene 2,30 €, Familie 7 €.
www.heimenkirch.de

Scheidegg für Familien

Reptilienzoo

In den naturgetreu eingerichteten Terrarien des Reptilienzoos in Scheidegg gibt es viele verschiedene Echsen, Spinnen, Skorpione, Warane sowie giftige und ungiftige Schlangen zu bestaunen, von der Nashornviper über die Monokelkobra bis hin zum Leopardengecko. Auf dem Freigelände findet man europäische und einheimische Reptilien wie Schildkröten, Kreuzotter, Ringelnatter, Feuersalamander und Kröten. Bei einer Führung können die Besucher wissenswerte, interessante und manchmal lustige Dinge über die exotischen Bewohner und ihre einheimischen Nachbarn erfahren. Ein Besuch im Reptilienzoo lohnt sich sowohl für Erwachsene als auch für Kinder.

Informationen
Öffnungszeiten: täglich 10 bis 18 Uhr
Preise: Kinder 3,00 €, Erwachsene 4,50 €
Tel: 08381 8917538
www.reptilienzoo-scheidegg.com

Die Scheidegger Wasserfälle

Tosend stürzen die beiden Wasserfälle des Rickenbachs über zwei Stufen 18 und 22 Meter in die Tiefe. Sie zählen als Zeugnis der Erdgeschichte zu den 100 schönsten Geotopen Bayerns. Eine Wanderung zu den Scheidegger Wasserfällen, die versteckt auf der 800 Meter hohen Sonnenterasse des Westallgäus liegen, ist spannend und lehrreich zugleich, die Aussicht von oben fantastisch. 200 Stufen führen hinunter. Beim Abstieg öffnet sich der Blick in die Rohrachschlucht, die mit ihren Nass- und Streuwiesen, Quellen- und Felsbereichen vielen seltenen Tieren und Pflanzen ein Zuhause bietet. Eine alte, fast vergessene Wassertechnik wurde hier wieder zum Leben erweckt. Der hydraulische Widder ist eine Hebevorrichtung, die die Geräte auf dem Spielplatz mit Wasser versorgt. Kinder können Staudämme bauen, ein Wasserrad bestaunen und im Wasserkarussell die Kraft des nassen Elements erleben. Wer weiterwandert, gelangt zum Waldsee, Deutschlands höchstgelegenem Moorbadesee. Eine Broschüre und Informationstafeln unterwegs informieren über Wissenswertes.

Erlebnis Ponyhof Scheidegg

Geführte Ausritte für Kinder mit traumhaftem Bergpanorama, im Streichelzoo gibt es Lamas, Alpakas, Ziegen, Enten und Pfauen hautnah zu erleben und füttern. Während Eltern auf der Sonnenterrasse sich Kaffee, Kuchen oder Eis schmecken lassen, können die Kinder auf dem Abenteuerspielplatz toben und spielen oder sie machen eine Entdeckungstour durch die Spielscheune. Auch können sie hier ihren Kindergeburtstag feiern mit Grillmöglichkeit. Beliebt sind auch Reiterferien für Kinder, um sich einmal selbst um 100 Haustiere kümmern zu können: Hasen, Meerschweinchen, Vögel, Chinchillas, Hunde, Katzen, Papageien, Schweine, Hühner, Tauben, Fische und natürlich die lieben Ponys.

Informationen
Öffnungszeiten: täglich 13 bis 17 Uhr
Preise: Eintritt 2 €,
geführter Ausritt ca.15 Minuten: 5 €
Tel: 08381 83680
www.allgaeuer-ponyhof.com

Alpenfreibad Scheidegg

Die mit Quellwasser gespeisten Naturbecken bieten Schwimmern ausreichend Platz und versprechen in den beheizbaren Kinderbecken mit Rutsche auch den Kleinsten viel Spaß. Von der Liegewiese aus reicht der Blick bis ins Alpenpanorama des Dreiländerecks. In der Badesaison ist das am Ortsrand in Richtung Scheffau liegende Bad täglich von 9 bis 19 Uhr geöffnet. Für ausreichend

Freizeitvergnügen sorgen auch ein Spielplatz und eine Tischtennisanlage.

skywalk allgäu

Auf dem 540 m langen Baumwipfelpfad können Sie mit Ihren Kindern den Wald sowohl im Sommer als auch im Winter auf eine völlig neue Art und Weise erleben. Genießen Sie einen traumhaften Ausblick über den Bodensee, die Alpen und das Alpenvorland! Zwei Naturerlebnispfade mit verschiedenen Stationen, ein Abenteuerspielplatz zum Toben und Spielen, ein Barfußpfad mit verschiedenen Materialien sowie ein Restaurant zum Einkehren runden das Angebot ab. Ideal auch für Kinderwagen und Rollstuhlfahrer. Da es eine Hängebrücke ist, kann es an einigen Stellen auch leicht „schaukeln".

Informationen
Öffnungszeiten: täglich 9 bis 20 Uhr
Preise: Erwachsene 8,50 €,
Kinder bis 1 Meter 6 €, unter 1 Meter frei.
Tel: 08381 8961800
www.skywalk-allgaeu.de

Weiler im Allgäu: Natur und Kultur

Wanderung durch die Hausbachklamm

Sehr beliebt ist bei Familien ein Ausflug in die Hausbachklamm: ein rauschender Gebirgsbach mit tiefen Schluchten. Der Einstieg beginnt direkt in Weiler hinter der Pfarrkirche St. Blasius. Vorbei an kleinen Wasserfällen und Wehren kann die ganze Familie die idyllische Wanderung genießen. Besonders schön ist der Abschnitt bei der Kapfmühlenbrücke: hier bahnt sich der Hausbach durch eine tief in den Sandstein gefräste Engstelle. Über die Tobelbachbrücke geht es weiter bergauf bis zur Trogener Brücke. Direkt oberhalb dieser Brücke befindet sich ein attraktiver Rastplatz mit Grillstelle direkt am Hausbach. Die Kleinen können hier direkt am Rastplatz im hier flachen und kiesigen Bachbett herumtoben. Etwas weiter bachaufwärts wartet ein Spielhaus und eine über den Hausbach führende Seilrutsche auf die abenteuerlustigen Kleinen.

Minigolf

Direkt in der Ortsmitte von Weiler befindet sich ein attraktiver Minigolfplatz, der in der Sommerzeit täglich von 14 bis 21 Uhr geöffnet ist (bei guter Witterung).

Freibad am Ortsrand

Genießen Sie und Ihre ganze Familie das wunderschön und ruhig gelegene Freibad am Ortsrand von Weiler. Die Rothach fließt durch das Gelände und gibt der Anlage ein romantisches Flair. Wir bieten Ihnen ein Kinderbecken mit Sonnensegel, in dem sich unsere „kleinen Gäste" erfrischen und austoben können. Für die Mamis und Papis und alle anderen guten Schwimmer gibt es ein 60m langes Becken mit Sprunganlage (3m-Turm und 1m-Brett) und zum anschließenden Ausruhen und „Sonnenbaden" lädt die herrliche Liegewiese, auch mit Schattenplätzen, ein. Neben dem Badespaß gibt es ein Volleyball- und ein Beach-Volleyball-Feld, und einen Spielplatz. Bei guter Witterung von 9 bis 20 Uhr.

Informationen
Tel: 08387 39150
www.weiler-tourismus.de

Lindenberg im Allgäu

Waldsee

Ein paar Gehminuten von der Stadt entfernt liegt Deutschlands höchstgelegener Moorbadesee, der Waldsee. Im Jahr 2008 wurde das neue Freibad inklusive Liegebereich mit Ruhezonen eröffnet. Auf dem Gelände befindet sich eine Aktivzone für Groß und Klein mit Kinderspielbereich mit Piratenschiff und Sandspielfläche, einem Beach-Volleyballplatz, einem Rasen- Spielfeld und mehreren Tischtennisplatten. Ein Kiosk mit Sonnenterrasse lädt zum Entspannen und Stärken ein. Der Eintritt ins Bad ist frei. Drehkreuze sind morgens ab 5 Uhr geöffnet. Am Waldsee erstreckt sich das Landschaftsschutzgebiet des Lindenberger Moors (Wasenmoos) mit idealen Wanderwegen, Nordic-Walking-Strecken im Sommer. Neu eingerichtet wurde auch ein Moorlehrpfad am Rundweg um den Waldsee, der die Gewinnung und Nutzung des Torfs aufzeigt.

Informationen
Öffnungszeiten: Mitte Mai bis
Mitte September ab 5 Uhr morgens
Preise: Eintritt frei
www.lindenberg.de

Hutmuseum

Lindenberg besitzt eine Museumskostbarkeit der besonderen Art, das einzige Hutmuseum in Bayern. Vom Strohhalm zum Strohhut – machen Sie einen Spaziergang durch die große Lindenberger Hutgeschichte. Seit dem 16. Jahrhundert werden im Ort Hüte gefertigt. Sie werden von der Vielfalt der Kreationen aus „Klein Paris" fasziniert sein. Den Weg, den ein Hut in seiner Entstehung durchläuft, kann man im Lindenberger Hutmuseum nachgehen. Hier werden an original Arbeitsplätzen die Arbeitsschritte nachempfunden. Die verschiedenen Modestile der vergangenen Jahrhunderte werden in den verschiedenen Hutmodellen sichtbar.

Informationen
Öffnungszeiten: Mi 15.00 bis 17.30 Uhr,
So 10 bis 12 Uhr.
Führungen während der Sommersaison
Mittwochs um 14 Uhr (teils mit Schaunähen)
www.lindenberg.de

Leutkirch

Glasmacherdorf Schmidsfelden

Schmidsfelden, inmitten der bewaldeten Höhen des Kreuzthals zwischen Leutkirch und Kempten gelegen, ist eines der wenigen erhaltenen, barockzeitlichen Glasmacherdörfer in Deutschland. Die Glashütte - in der heute wieder ein Glasmacher arbeitet - und das Glasmuseum bieten Einblick in die alte Handwerkskunst der Glasherstellung. Schaut dem Glasbläser bei seiner Arbeit über die Schulter, stellt euer eigenes Glaskunstwerk her und flaniert über die alte Dorfstraße – Schmidsfelden ist immer einen Ausflug wert. Alljährlicher Höhepunkt im Glasmacherdorf Schmidsfelden ist das Markttreiben, diesmal am 7. und 8. Mai 2011.

Informationen
Öffnungszeiten: Mi bis So und Feiertage 11 bis 17 Uhr
www.leutkirch.de

Heimatmuseum - Museum im Bock

Das Museum im Bockgebäude lässt die Geschichte der Stadt und der Region in wechselnden heimatgeschichtlichen Ausstellungen lebendig werden. Eine sorgfältig präsentierte Sammlung illustriert die Historie der ehemals freien Reichsstadt. Im „Kinderzimmer“ erwarten die Museumsbesucher Spielzeug, Puppenstuben und Puppenküchen im bürgerlichen Ambiente des 19. Jahrhunderts. Religiöse Kunst ist im „weißen Saal“ des Museums zu sehen. Zahlreich vertreten sind hier Arbeiten des Rokoko-Meisters Konrad Hegenauer.

Informationen
Öffnungszeiten: Mi 14 bis 17 Uhr, So und Feiertag 10 bis 12 und 14 bis 17 Uhr
Tel: 07561 87149

Freibad

Badespaß pur zu familienverträglichen Preisen gibt es im Freibad am Stadtweiher. Das Naturfreibad mit Erlebnisbecken an der Kemptener Straße ist eines der schönsten Freibäder weit und breit.

Informationen
Öffnungszeiten: täglich 8.30 bis 20.00 Uhr, Juni und Juli bis 20.30 Uhr
Preise: Erwachsene 3 €, Kinder 2 €, Familien 5,50 €
Tel: 07561 3204

Argenbühl

Badespaß im Moorbad

Das Natur- und Freizeitbad liegt direkt an der B12 Wangen - Isny. Durch eine Haltestelle des öffentlichen Nahverkehrs ist das Bad auch ohne Auto zu erreichen. Wohltuendes Moorwasser lädt zum Schwimmen ein. In einem Nichtschwimmerbereich mit Sonnensegel sind Kinder bestens aufgehoben. Auf einem großen Spielplatz mit Rasen-Volleyballfeld und Indiaca und Tischtennis ist Langeweile vorbei. Große und kleine Kinder können sich dabei austoben. Die große, parkähnliche Liegewiese mit schattigen und sonnigen Liegeflächen bietet viel Platz für Badefreunde. Im Wasser laden eine Wasserrutsche, ein Sprungbrett und Wasser-Spielgeräte zum Plantschen ein. Besonderen Service bietet ein Raum für Mutter und Kind und die Umkleidekabinen. Nicht zu kurz kommt das leibliche Wohl der Gäste mit einem prima Service am Kiosk mit Getränken, kleinen warmen Speisen und einer gut sortierten Eistruhe.

Bei guter Witterung ist das Bad täglich von 9 bis 21 Uhr bis September geöffnet. Sehr günstige Eintrittspreise!

Reiterhof Bareth in Gottratzhofen

Freizeitreiten für Kinder und Erwachsene: Der familienfreundliche Ferienhof befindet sich in ruhiger Lage mit zahlreichen Ponys und Kleintieren. Hier ist Urlaub und Erholung für die ganze Familie ohne Langeweile gewährleistet. Neben dem vielseitigen Angebot wie z. B. geführtes Ponyreiten, Reitunterricht für Kinder und Erwachsene und Ausritte durch die schöne Allgäulandschaft für sattelfeste Reiter/innen, können sich die Kleinsten auch mit einer Partie Tischtennis oder Billard die Zeit vertreiben. Ein kleiner Kinderfuhrpark und ein Grill stehen ebenfalls zur Verfügung.

Informationen
Maria Bareth
Tel: 07566 396
www.reiterhof-bareth.de

Burgruine Ratzenried

Die wenigen Überbleibsel der damals riesigen Burganlage mit einer Fläche von 220 x 60 m liegen in einem Waldstück außerhalb von Ratzenried. Auf dem Weg zur Oberburg passiert man ein überwachsenes Wall- und Grabensystem, kommt vorbei an ein paar Mauerresten der Vorburg. Südlich führt ein kurzer Trampelpfad auf die Oberburg. Dort sind nur noch die Fundamente der ehemaligen Wohngebäude. Im Norden ragt der Stumpf eines gewaltigen Schalenturmes auf. Der Ratzenrieder Heimatverein hat mit unzähligen Arbeitsstunden versucht, einen Teil zu restaurieren. Die Zufahrt zur Burgruine ist beschildert. Die Anlage ist ständig zugänglich. Führungen nach Vereinbarung unter Tel: 07522 5282 und 3902.

Isny für Familien mit Kindern

Schwarzer Grat Erlebnisweg

Vorbote der Alpen ist die Adelegg vor den Toren Isnys mit der höchsten Erhebung Württembergs, dem Schwarzen Grat (1.118 m). Die Adelegg ist ein spannender Landschaftsraum, der - dank seines Reichtums an Holz und Wildtieren - Menschen seit Jahrhunderten wichtige Lebensgrundlage ist. Wege zum Gipfel gibt es viele. Der „Schwarzer Grat Erlebnisweg" bringt kleinen und großen Entdeckern die Besonderheiten des voralpinen Höhenzug näher. Während der Rundwanderung geben Informationstafeln mit Geschichten über ehemalige Meere, den Beginn des Skitourismus oder die gefährliche Arbeit der Holzmacher immer wieder neue Einblicke. Faszinierende Ausblicke auf Alpen, Alpenvorland und Bodensee sind inklusive. Nagelfluhwände, Aussichtsplattformen und Picknickmöglichkeiten am Wegesrand zählen ebenso zu den Attraktionen, wie der begehbare, 28 m hohe Aussichtsturm am Gipfel des Schwarzen Grats. Kinder, denen das Wandern zu langweilig ist, schaukeln, wippen und klettern auf dem Gipfel-Spielplatz mit Grillstelle direkt neben dem Turm.

Der Erlebnisweg kann in einer kürzeren (6,8 km) und in einer längeren Variante (10.8 km) durchwandert werden. Er verläuft überwiegend auf gut befestigten Waldwegen, die ohne Abkürzungen auch für geländetaugliche Kinderwagen geeignet sind.

Museum am Mühlturm

Wie lebt es sich als Bürger einer evangelischen Reichstadt, deren Mauern auch ein katholisches Benediktinerkloster schützen? Warum war das Allgäu blau? Was ist eine Schmalzkappe und wie sahen Ellenmaße in Bayern, Paris, Nürnberg und Wien aus? Diese und viele andere Fragen klärt ihr bei einem Besuch im Museum am Mühlturm. Außerdem könnt ihr in der Münzschmiede die historischen Verfahren des Münzprägens erfahren. In der Nachbildung der mittelalterlichen Werkstatt im Museum legt ihr selbst Hand an und prägt Medaillen nach alter Technik (auf Voranmeldung).

Informationen

Öffnungszeiten: Ganzjährig. Sa, So 14 bis 17 Uhr, Führung jeden 2. Sonntag im Monat, 14 Uhr

www.museum-isny.de

Käsküche Isny

Informationen
Öffnungszeiten: Mo bis Fr 9 bis 12.30, 14.00 bis 18.30 Uhr, Sa bis 18 Uhr.
Führungen freitags, 10.30 Uhr
Tel: 07562 912700
www.kaeskueche-isny.de

Naturschutz, Heimatverbundenheit, die Pflege der Kulturlandschaft und gesunde Ernährung – all das verbindet die Käsküche Isny. Die Führung durch die Schaukäserei ist sehr lebendig, anschaulich und informativ und gibt Einblick in die Kunst der Käseherstellung. Und schmecken tut es auch! Verköstigung, u. a. von Adelegger, Schlanker und Isnyer Ur-Bergkäs, allesamt aus Rohmilch von Bioland und Demeterbetrieben hergestellt.

Wassertor-Museum

Das Wassertormuseum ist Teil der Stadtmauer und befindet sich in einem ehemaligen Stadttor, das Mitte des 13. Jahrhunderts errichtet wurde. Es diente nicht nur als Wachturm, sondern auch als Gefängnis. Im Verlies geben original erhaltene Wandkritzeleien Einblick in die düstere Existenz der Gefangenen. Ganz oben von der Türmerwohnung fühlt ihr euch beim Blick auf die mittelalterliche Stadtanlage versetzt in die Zeit der Feuersbrünste und Bauernkriege.

Informationen
Öffnungszeiten: Mai bis Oktober. Führung, samstags 14 Uhr und nach Vereinbarung.
www.museum-isny.de

Barrierefreier Naturerlebnisweg

Mitten drin sein und den moosig, nassen Moorwald riechen, dem Sing-Sang des Krummbachs lauschen, den Spinnen beim Wasserhüpfen zusehen – das ist dank der Holzstege durch Moorgebiete, weit in den See ragende Plattformen und der Hörstation auf dem barrierefreien Naturerlebnisweg zwischen dem Stephanuswerk Isny, der Käsküche Isny, dem Bleicher Weiher und Biesenweiher ganz einfach. Auf dem Wasserspielplatz könnt ihr mit dem kühlen Nass so richtig arbeiten - Wasser pumpen, schöpfen, kanalisieren, stauen und vieles mehr!

Grünenbach

Eistobel

80 bis 130 m hoch stürzen die Wasserfälle talwärts. Tiefe Gumpen, riesige Nagelfluhblöcke und gewaltige Felsbrocken erzählen euch von der Entstehungsgeschichte des Allgäus und bilden eine tolle Abenteuer-Landschaft für eine Wanderung. In der Eistobel-Argen können Kinder auf Kiesbänken waten, Dämme bauen, Bachforellen fangen üben oder Larvenhüllen von Steinen am Ufer sammeln.

Informationen
Preise: Kinder 0,50 €, Erwachsene 1,50 €
www.eistobel.de.

Rund um Isny

SpurenSuche im Moor

Welche Kräfte formten unsere Landschaft, wie leben Ringelnatter und Sumpfschrecke oder was haben Moorleichen mit Torfmoosen zu tun? All diese Fragen beantwortet der Isnyer NaturSommer. Geführte Exkursionen (Apr. bis Sept. freitags, 19 Uhr) in Naturschutzgebiete rund um Isny wie das Taufach-Fetzach-Moos mit Großem und Kleinem Ursee und die Bodenmöser vor den Toren von Isny erschließen die seltene Tier- und Pflanzenwelt von Nieder- und Hochmoorgebieten. Entdecken auf eigene Faust: Beim Spaziergang auf den Themenwegen „SpurenSuche im Moor" ab Isny und Beuren lernt ihr die Charakteristika beider Moorlebensräume kennen. Den Naturerlebnisführer im Hemdtaschenformat gibt es bei der Isny Marketing GmbH (Preis: 2,50 €).

Maierhöfen

Skulpturenweg

Steinsamen, Pflastersteine in Baumwipfeln, Riesenigel, Wolkenfänger und 13 weitere Skulpturen aus Fels, Holz und Metall sind zu einem Rundweg verknüpft.

Informationen
Tel: 08383 98040
www.maierhoefen.de

Opfenbach/Mywiler: SwinGolf

Ein Sport für Familien

Opfenbach-Mywiler - Swingolf ein Abenteuer für die Familie

Wem Minigolf zu wenig ist, der sollte es mal mit SwinGolf versuchen. Hier dürft ihr nicht nur putten. Abschläge von 100 Meter schafft auch ein Anfänger. SwinGolf ist kinderleicht zu erlernen, mit einfach verständlichen Regeln. Gespielt wird nur mit einem Schläger und einem weichen SwinBall. Beides wird in der SwinGolf-Anlage in Opfenbach verliehen. Eine kurze kostenlose Einweisung und schon geht es los. Eine 9-Loch-Runde dauert zirka 2 bis 3 Stunden die 18-Loch-Runde ist eine Herausforderung für alle, die sich mit dem SwinGolf-Virus angesteckt haben. Leihschläger und –ball sind im Eintrittspreis enthalten. Die Spielanleitung für Neueinsteiger ist kostenlos.

Fußballgolf Neu ab Juni 2011

Fußballgolf ist ein Mix aus Geselligkeit, Sport und Gemütlichkeit und ideal dafür geeignet, überschüssige Kräfte abzubauen. Der Ball wird mit dem Fuß direkt vom Boden „abgefeuert". Ziel ist es, den Ball in ein mit einer Fahne markiertes Loch zu befördern. Auf dem Weg dahin gilt es jedoch einige Hindernisse zu umspielen. Die Regeln sind etwas golfähnlich, jede Berührung des runden Leders gilt als Schuss und wird gezählt. Natürliche Hindernisse wie Bäume, Hecken und tiefes Gras erschweren das Einlochen.

Im Cafe Bistro „Mocca" werden leckere Pizzen, Kuchen, Eis und feine italienische Kaffeespezialitäten angeboten. Auf der Sonnenterrasse können die Gäste den Spielern zusehen und die Seele baumeln lassen.

Informationen

Preise: Kinder bis 13 Jahre ab 4,90 €,
Erwachsene ab 9,00 €
Öffnungszeiten: Di bis Sa ab 13 Uhr,
So und Feiertags ab 10 Uhr,
in den Ferien ab 10.30 Uhr
Tel: 08385 9214374
www.swingolf-allgaeu.de

Kißlegg im Allgäu

Auf den Spuren der Torfstecher durchs Burgermoos

Nahe Kißlegg gelegen befindet sich ein wunderschönes Moor, welches wie fast alle Moore in Oberschwaben und im Württembergischen Allgäu nach dem Abklingen der Eiszeiten vor rund 15.000 Jahren entstanden ist. Das Burgermoos ist durch Naturschutzmaßnahmen noch weitgehend intakt und vermittelt einen guten Eindruck von der eiszeitlichen Moorlandschaft des Allgäus. Über angelegte Bohlen und verschiedene Aktionsfelder wurde in einem Plenum-Gemeinschaftsprojekt das Moos 2009 erlebbar und begehbar gemacht.

Anforderungen: Dieser Erlebnispfad ist für die ganze Familie geeignet. Festes Schuhwerk wird empfohlen. Wegbeschaffenheit: Teerstraßen und Waldwege, Wege über Holzbohlen begehbar.

Informationen
Tel: 07563 936142
www.kisslegg.de

Neues Schloss Kißlegg

Jeden Sonntag um 15 Uhr finden von April bis Oktober kostenlose Führungen durch das barocke Neue Schloss für Groß und Klein statt. Hier werden die prunkvollen Räumlichkeiten gezeigt und man spürt hautnah die Lebenskultur vergangener Zeiten.

Strandbad Obersee

Mit seinem idyllisch gelegenen Naturbadesee mit einer Größe von 25,02 ha, dem beheizten Warmbadebecken (24 °C), dem Kleinkinderbecken und vielen Kinder- und Freizeitangeboten ist das Strandbad Obersee eine wahre Freizeitoase. Der Moorsee selbst zeigt sich in seiner natürlichen Schönheit. Großzügig angelegte Liegewiesen unter hohen, alten Bäumen, ein Kleinkindermatschbereich mit Sonnensegel, zahlreiche Spielmöglichkeiten und ein Beachvolleyballfeld laden zum Spielen und Entspannen ein. Auch im Wasser ist für Spaß gesorgt: Ein Eisberg zum Klettern, Sprungturm (1 und 3 Meter), Floß im See, Tret- und Ruderbootverleih lassen keine Langeweile aufkommen. Ein Kiosk mit Sonnenterasse und Pavillon versorgt Sie mit kleinen Imbissen und Getränken. **Familienfreizeitgelände:** Das Gesamtareal des Familienfreizeitgeländes, inklusive Stellflächen, umfasst ca. 9.000 qm. Innerhalb des umzäunten Bereiches befinden sich Sanitäranlagen, eine Grillhütte mit innen liegendem Gasgrill und überdachter offener Grillstelle. Neben einem „Bolzplatz" ist ein Kinderspielplatz eingerichtet mit Seilbahn, Sandkasten, Schaukeln, Wippen sowie großzügig gestalteten Sitzmöglichkeiten. Das Familienfreizeitgelände befindet sich an der Ortsrandlage, nicht weit vom Bahnhof Kißlegg entfernt. Die Nutzung des Geländes ist frei. Die Grillhütte kann angemietet werden.

Wangen

Der Bienenlehrpfad

Entlang der Oberen Argen beim Klösterle finden Sie einen wunderschön angelegten Bienenlehrpfad , der nicht nur für Imker, sondern für jeden Naturliebhaber viel Interessantes auf Schautafeln bietet. An 12 Stationen wird auf Tafeln über Bienen und Bienenhaltung sowie über Bienenprodukte informiert. Im neuen, sehr schön gestalteten und für die Öffentlichkeit offenen Klostergarten wird ein Einblick in ein Bienenvolk geboten. Gefahrlos können hier Kinder und Erwachsene das Treiben der Bienen bewundern. Neben der Honigbiene wird auch über Wildbienen, Wespen und Hornissen informiert. Im Bereich des Bienenlehrpfades wurden Trachtpflanzen, Bäume und Sträucher gepflanzt und bezeichnet. Gruppenführungen auf Anmeldung beim Bezirksimkerverein Wangen im Allgäu e.V.

Informationen
Öffnungszeiten: Ende April bis
Mitte Oktober geöffnet
Tel: 07522 5542 und 0163 6507692
www.imker-wangen.de

Die Museumslandschaft in Wangen

Wie Perlen an einer Schnur aufgereiht, so schmiegen sich die Wangener Museen aneinander. Über einen Eingang und mit einem Eintritt sind die sechs Museen in einer ehemaligen Mühle, der „Eselmühle" zu erleben. Betritt man das Erdgeschoss, befindet man sich bereits im Heimatmuseum. In Schaukästen sind Funde aus der Vor- und Frühgeschichte zu bestaunen, auf Tafeln wird die Stadtgeschichte erzählt, historische Schützenscheiben zieren die Wände. Am bürgerlichen Zimmer aus vergangener Zeit vorbei am Waffenraum gelangt man ins Käsereimuseum. Die Herstellung von verschiedenen Käsearten und die geschichtliche Entwicklung der Allgäuer Milchwirtschaft erklärt sich über eine Vielzahl ausgestellter Werkzeuge und Materialien.

Eine bauhistorische Kostbarkeit ist die „Wangener Badstube". Eine massiv kreuzgewölbte Halle mit Kupferkessel, Waschzubern und Lichtnischen versetzt Besucher in die Atmosphäre eines mittelalterlichen Bades. Die Museumsdruckerei zeigt eine originalgetreue eingerichtete Buchdruckerei. Eins der wertvollen Stücke ist der Nachbau einer hölzernen Gutenberg-Druckmaschine aus dem Jahre 1825. Von April bis Oktober besteht immer dienstags von 14 bis 17 Uhr die Möglichkeit, die Druckerei in Aktion zu erleben.

Informationen
Öffnungszeiten: April bis Okt: Di bis Fr, So
und Feiertage: 14-17, Sa 11 bis 17 Uhr
Tel: 07522 912682
www.wangen.de

Singenberger Weiher bei Amtzell

Der von frischem Quellwasser gespeiste „Singenberger Weiher" wurde in den Jahren 2000 bis 2001 von der Gemeinde Amtzell aus einer Lehmsohle geschaffen. Um stets eine gute Wasserqualität gewährleisten zu können, sind regelmäßige Wasserqualitätskontrollen zur Sicherstellung eines ungetrübten Badevergnügens Standard.

Der Weiher liegt in einer kleinen Aue am südwestlichen Ortsrand von Amtzell, idyllisch zwischen Wiesen gelegen, von einer Seite durch einen kleinen Baumgürtel begrenzt. In unmittelbarer Nähe sind Parkmöglichkeiten vorhanden. Neben einer großen, gepflegten Liegewiese findet man auch schöne sanitäre Einrichtungen sowie Umkleidemöglichkeiten vor.

Ein Kiosk gibt es allerdings nicht. Der Singenberger Weiher ist für Jung und Alt geeignet. Die Kleinkinder können in einem gesicherten und nur knietiefen Badebereich herumtollen. Bojen und Seile zeigen an, wo sich der Nichtschwimmerbereich befindet. Eine Badeaufsicht ist jedoch nicht vorhanden und Hunde müssen draußen bleiben. Eintritt frei!

Wiggensbach

Für Kinder und Erwachsene

Ein Ausflug zum neu angelegten Wasserweg in Wiggensbach lohnt sich immer. Dort kann man mit Kindern sehr schön laufen und anschließend vielleicht noch den Spielplatz „Bibertal" besuchen. Beim Reiterhof Kiechle hat man die Möglichkeit eine Schlitten- oder Kutschfahrt zu machen oder auch mal selbst auf Ponys das Reiten zu versuchen. Im Freibad Wiggensbach findet man ein Nichtschwimmer- und Kinderplanschbecken beheizt, sowie ein Schwimmerbecken unbeheizt. Tischtennis, Spielplatz, Kiosk stehen für jeden bereit (Eintritt frei). Aus den Beständen der Wiggensbacher Heimatkundlichen Sammlung entstand 1994 das Heimatmuseum im ehemaligen Schulgebäude (heute Informationszentrum) der Gemeinde.

Heimatgeschichte, Volkskunst und Interessantes aus alter Zeit – das Wiggensbacher Heimatmuseum ist eine Fundgrube für alle, die sich für die Allgäuer Gemeinde und ihren Weg aus der Vergangenheit in die Gegenwart interessieren.

Information
Tel: 08370 8435
www.wiggensbach.de

Waltenhofen bei Kempten

Niedersonthofener See

Als Quelle für gesunde Fitness oder einfach als riesiges Badevergnügen lädt der am Fuße des Stoffelberges (1.063 m.ü.M.) von saftigen Wiesen und grünen Wäldern umrahmt gelegene Niedersonthofener See, auch liebevoll „Nieso" genannt, mit seinen 162 ha zum Schwimmen, Rudern, Segeln, Surfen und Angeln ein. Vier offizielle Badeplätze (mit praktischen Umkleideschnecken) stehen den Badegästen zur Verfügung. Für Campingfreunde gibt es zwei top gepflegte Campingplätze direkt am See. Besonders beliebt ist auch der 10 km lange Rundweg um den See. Hier haben Sie die Möglichkeit, sich bei traumhafter Kulisse in einem unserer Cafés oder Gasthäuser zu verköstigen. Auch Kioske, Kinder-Erlebnisspielplätze, Beachvolleyballplätze, Bootsverleih sowie Bootsliegeplätze finden sie am Nieso.

Zwei neu angelegte Großraumparkplätze bieten Ihnen die Möglichkeit, direkt am See kostenfrei zu parken.

Wasserfall Niedersonthofen

Tief verborgen im Wald finden Sie versteckt gelegen unseren Wasserfall oder auch Falltobel genannt. Ein „mystischer" Weg, begleitet von einer Vielzahl wild wachsender Kräuter, führt Sie dorthin. Vielleicht entdecken Sie bei diesem Weg auch den ein oder anderen Waldgeist, der dort haust, um sein Revier zu bewachen und den Wald und die Tiere zu schützen. Genießen Sie das leise Rauschen des Falltobelbaches und die wunderschöne, unberührte Natur, die Sie bis hin zum faszinierenden Wasserfall begleiten wird. Der Wasserfallweg ist ein wildromantischer Fußweg, der auf und ab durch Hangschluchtwald führt. Sie gelangen über mehrere Brücken über den Falltobelbach. Für diese Wanderung ist Trittsicherheit und festes Schuhwerk erforderlich. Eine verträumte Entdeckungsreise der puren Natur erwartet Sie und ist ein absolutes Muss für Jung und Alt.

Kempten im Allgäu

Stadterkundung mit Witz für Kids:
Für Kempten gibt es einen speziellen Kinder-Stadtplan mit Spielplätzen, Sehenswürdigkeiten, Quiz. Kinder-Stadtführungen für ca. 7 bis 14 jährige Kinder, jeden 2. Samstag eines Monats von Mai bis Oktober, 11 Uhr Treffpunkt: Tourist Information, Rathausplatz 24, Dauer: ca. 1 3/4 bis 2 Stunden

Kinderpfad im Allgäu-Museum:
Großer Kornhausplatz 1, Tel: 0831 540212-0 (Kasse und Shop): Es kann geraten, gespielt und manch anderes unternommen werden. Öffnungszeiten: Dienstag bis Sonntag ganzjährig, 10 bis 16 Uhr

Besichtigung des Archäologischen Parks Cambodunum:
Cambodunumweg 3, Tel: 0831 7973-1 (Hauptkasse APC), mit Gallorömischem Tempelbezirk, den Kleinen Thermen und Teilen des Forums Öffnungszeiten: Dienstag bis Sonntag: Mai bis Oktober, 10 bis 17 Uhr

Badespaß im Freizeitbad CamboMare:
Aybühlweg 58, Tel: 08 31 58121-0, www.cambomare.de. Badespaß und Saunawelt mit ca. 1000 qm Wasserfläche, Schwimmlagune, Sprudelgrotte, Ganzjahresaußenbecken, Black-Hole-Rutsche, Doppelreifenrutsche, Kids-Garden, 25 m-Sportbecken, 11 verschiedene Saunen, Gastronomie u. v. m.; ganzjährig geöffnet: Mo bis Fr: 10 bis 22 Uhr, Sa, So, Feiertage: 9 bis 21 Uhr. Das Freibad, Aybühlweg 58, Tel: 0831 58121-0, ist beheizt und bietet viele Attraktionen, Wellenball, Breitrutsche, Beachvolleyball.

Klettern:
Freiluft-Klettersportanlage im Engelhalde-Park, 18 m Wandhöhe, 700 qm Kletterfläche, zusätzlich 100 qm überdachter Boulderbereich, ganzjährig geöffnet: 9 bis 22 Uhr, Infos beim Deutschen Alpenverein, Sektion Kempten, Tel: 0831 20927.

Jugendbücherei:
in der Stadtbibliothek in der Orangerie, Orangerieweg 20 - 22, Tel: 0831 2525-723, Öffnungszeiten: Dienstag bis Freitag 10 bis 18 Uhr

Allgäuer Burgenmuseum

Das Allgäuer Burgenmuseum auf der Burghalde bietet Besuchern jeden Alters einen faszinierenden und unterhaltsamen Einblick in die Burgenwelt des Allgäus. Gezeigt wird in zahlreichen „Zeitfenstern" die Entwicklungsgeschichte der Burgen vom 12./13. Jahrhundert bis in die Gegenwart. Burgen waren die repräsentativen Wohnsitze der Adelsfamilien, ausgestattet mit allerlei Einrichtungen für Handwerk und Landwirtschaft und somit weitaus mehr als nur „Bauwerke für den Kriegsfall". Dies wird bei der Betrachtung der anschaulichen Modelle, Grafiken und der originalen Alltagsgegenstände deutlich. Für Kinder steht eine Spielburg bereit und es können unter anderem echte Ritterhelme anprobiert werden. Das „Haus für historisches Handwerk" auf dem Burggelände vervollständigt das Angebot des Allgäuer Burgenmuseums in einzigartiger Weise. Hier können Kinder und Erwachsene mittelalterliche Handwerkstechniken kennen lernen und unter Anleitung durchführen. Das Museum ist eingeschränkt behindertengerecht.

Informationen
Öffnungszeiten: Sa, So- und
an Feiertagen 10 bis 16 Uhr
Preise: Erwachsene 2 €, Familienkarte: 4 €.
Tel: 0831 5121468
www.allgaeuer.burgenmuseum.de

Bachtelweiher Kinderspiellandschaft und Minigolf

Kinder fühlen sich hier so richtig wohl – und Eltern auch, denn im eingezäunten Gelände hat man von der großen Terrasse alle Spielbereiche „gut im Blick". Wer genießt nicht gerne ein paar gemütliche Biergarten Stunden, während die Kinder sich mal so richtig austoben können? Ob im 250qm großen Sandspielbereich, im Kriechtunnel, auf der Rutsche, der Schaukel oder im Streichelzoo bei den Hasen, Hühnern und Kühen - hier gibt's Spaß für die ganz Kleinen und Größeren. So manche Eltern erinnern sich noch freudig an ihre ersten Sprünge auf dem „Trampolin am Bachtelweiher" – jetzt endlich wieder: ein richtig großes (4,3m) Trampolin.

Die Minigolfbahnen wurden vor 40 Jahren gebaut, eingerahmt von einem inzwischen wunderschön eingewachsenen Park. Trotz umfangreicher Sanierungen ist das Alter leider nicht ganz spurlos an so mancher Bahn vorübergezogen. Wer also richtige „Turnier Minigolfbahnen" erwartet, ist hier falsch. Die Bahnen sind Freizeit & Familienbahnen, auf denen man laufen und stehen darf, ohne gleich Ärger zu bekommen. Die beiden Boccia-Bahnen wurden in 2007 komplett neu angelegt und eignen sich vortrefflich für Boccia Spiele jeder Art – die passenden, echt italienischen Steinkugeln sind auch dabei.

Aitrang: Der Elbsee

Der Elbsee ist ein Moorbadesee und mit seinem flachen Strand ideal für ein kinderfreundliches Planschvergnügen. Rund um erschließen sich zahlreiche abwechslungsreiche Rad- und Wanderwege, die gut mit Kinderwagen und Fahrradanhänger zu befahren sind. Am nördlichen Seeufer gibt es einen Bootsverleih. Das am nördlichen Ufer gelegene Elbsee-Restaurant hat eine eigene Kinderkarte, ein Kinderspielzimmer und einen großen Kinderspielplatz.

Übernachten: Der Campingplatz ist ein idealer Ausflugstipp, wenn man länger bleiben möchte: Kinderbad, Spielplatz, Bolzplatz mit Seilbahn, Beachvolleyball und Basketball, Wellness- und Erlebnisangebote sind für die ganze Familie. Christa Martin, die Betreiberin des Campingplatzes, ist ausgebildete Märchenerzählerin und entführt ihre kleinen und großen Gäste regelmäßig in das Reich der Phantasie.

Informationen
Familie Martin
Tel: 08343 248 und 330
www.elbsee.de
www.restaurant-elbsee.de

Altusried: Naturlehrpfad Riedbachtal

(Gehzeit: ca. 2,5 Std.) Leichte Talwanderung auf vorbildlichem und überaus informativem Naturlehrpfad, an reizvollem Waldbach (Spielmöglichkeiten) entlang. Baden im Altusrieder Freibad, nebenan Freizeitpark. Ausreichend bezeichneter und instand gehaltener Wanderlehrpfad, kurze weglose Wiesenabschnitte ohne Orientierungsprobleme, anfangs Fußgängerweg. Am kleinen Parkplatz oberhalb der Freilichtbühne befindet sich der „Eingang".

Weitere Tipps in Altusried:
Die Knochenstampfmühle mit ihrem großen Wasserrad und die naturkundliche Sammlung mit präparierten heimischen Tieren und Pflanzen, von denen Sie vielleicht einige bereits auf dem Spazierweg in natura gesehen haben. Außerdem: Versteinerung und vorgeschichtlich Funde. Beides geöffnet nur nach Vereinbarung mit Herrn Winkler, Tel: 08373/662. Genauso interessant ist das Käsereimuseum im Haus des Gastes, Hauptstr. 18. Eine ganze Käserei wurde so eingerichtet, wie sie zur Jahrhundertwende existierte. In Kalden bei Altusried gibt es einen schönen Wanderweg mit einer „wilden" Hängebrücke (Gehzeit ca. 3 Stunden, Start bei der Bergruine).

Informationen
Tel: 08373 7051 (Museum)
www.altusried.de

Dietmannsried: Freibad

Von Mitte Mai bis Mitte September sind Badefreunde im Freibad Dietmannsried herzlich willkommen. Zur besonderen Freude der Kleinen befinden sich in den Kinderbecken ein Wasserpilz und eine Elefantenrutsche. Damit der Aufenthalt auch außerhalb des Wasserbeckens nicht langweilig wird, sind auf der Liegewiese einige Spielgeräte aufgebaut, wie z. B. Schaukel mit Kletterkombination. Für größere Kids und Jugendliche ist im Nichtschwimmerbereich des normalen Schwimmbeckens eine große Rutsche vorhanden. Eine große und ruhige Liegewiese mit natürlichem Baumbestand sowie ein Kiosk mit Cafeteria laden zum Verweilen mit gemütlichem Plausch ein.

Informationen
Tel: 08374 582024
www.dietmannsried.de

Marktoberdorf: Klobunzele- und Terra Nostra-Weg

Diese beiden Pfade sind besonders gut für Familien geeignet, sie bieten auf 11 Stationen schöne Erlebnisse für Kinder. Ausgangs- und Endpunkt ist der Kuhstallweiher, ein idyllischer kleiner Badesee nahe dem Marktoberdorfer Teilort Kohlhunden. Die Strecke ist ca. 4,5 km lang und in 1,5 bis 2 Stunden leicht zu begehen. Etwa auf halber Strecke lädt ein weiterer See, der Ettwieser Weiher zum Verweilen und in den Sommermonaten auch zum Baden und zur Einkehr ein. Die Wege sind nicht für Kinderwagen und Fahrrad geeignet. Dafür können die Kinder während der Wanderung anhand der Tafeltexte an einem Spiel teilnehmen und so ein geheimes Lösungswort finden. Eine kleine Belohnung kann abgeholt werden: im Tourismusbüro Marktoberdorf oder im Römerbad.

Anton-Schmid-Hallen- und Freibad
Hier gibt es eine schwimmende Brücke oder Rutsche. Jederzeit stehen zudem ein Kicker, eine Tischtennisplatte, ein Beachvolleyballplatz, eine Slackline, mehrere Schaukelpferde sowie ein Matschplatz zur Verfügung. Die Temperaturen eignen sich auch optimal für Babys. Erste Schwimmversuche werden im Kinderbecken mit Elefantenrutsche gestartet. Ganz Mutige können ihr Schwimmabzeichen absolvieren. Geburtstagskinder haben freien Eintritt und können Kindergeburtstag feiern.

Informationen
Tel: 08342 895870
www.marktoberdorf.de

Kaufbeuren

Ausflugsziele für Kinder und Familien

Wer mit seinen Kindern Urlaub in und um Kaufbeuren macht, kann sich auf abwechslungsreiche und ausgefüllte Tage freuen, zum Beispiel der Römerturm im Stadtteil Großkemnat. Beim Erkunden des ehemaligen Burggeländes rund um den Bergfried fühlen sich dann auch Mama und Papa ins Mittelalter zurückversetzt.

Pinchincha Lamahof

Auf der Hochebene gleich nebenan kommen die Tierfreunde auf ihre Kosten. Ungezählte Lamas bevölkern die Wiesen südlich von Großkemnat.
Ursula Brinkmann und Walter Egen freuen sich auf Besuch, bitten aber um vorherige Anmeldung. Wenn im Frühsommer wolliger Lamanachwuchs über die Weiden trabt, kennt das Entzücken kaum mehr Grenzen. Hautnah erleben können Kinder die Lamas bei einer geführten Wandertour.

Informationen

Tel: 08341 73318
www.pichincha-llamas.de

Hallen Kartbahn

Die motorbegeisterten Familienmitglieder (ab einer Körpergröße von 140 cm) können sich hier in punkto Geschwindigkeit und Geschicklichkeit bei ein paar Runden mit dem Kart oder einer Supermoto miteinander messen.

Informationen

Preise: 9 Min 10 €, 11 Fahrten 98 €
Tel: 08341 94959
www.all-kart.de

Puppentheatermuseum

In den Abteilungen des Museums werden auf 300 qm und über 70 Vitrinen Figuren und Requisiten aus der Puppentheaterwelt gezeigt. Drehorgelausstellung; historische Plakate; Papiertheater; europäisches und asiatisches Figurentheater; Sonderausstellung „Meister des Puppenspiels“

Informationen

Preise: Kinder 1€, Erwachsene 3€
Tel: 08341 14121 und 14329
www.puppenspielverein.de

Weitere Attraktionen

Für Kletterfreaks ist das neueröffnete, Hightech-Kletterzentrum ein Muss im DAV Kletterzentrum im Wertachpark, Buronstraße 99 (Tel: 08341 73016, täglich von 8 bis 22 Uhr. Das Erlebnisbad Neugablonz (Tel: 08341 98285) lädt in der Freibadsaison zum fröhlichen Plantschen ein, sowie der Jordan Badepark (Tel: 08341 94680).
Dies und vieles mehr wie Minigolf, Feuerwehrmuseum, Puppentheatermuseum, Puppentheater, Eissporthalle, Spielplätze und und und, hat die liebens- und lebenswerte Stadt im Allgäu zu bieten.

Informationen

Tel: 08341 40405

Friesenried: Königsberger Forst

Der LBV Vogellehrpfad

Der Vogellehrpfad des Landesbund für Vogelschutz im Königsberger Forst ist ein Ausflugsziel für die ganze Familie. An 25 Schaukästen werden anhand von originalgetreuen Nachbildungen heimische Vogelarten vorgestellt. In einem Vogelpavillion kann man im Frühjahr und Sommer das Brutgeschehen heimischer Singvögel beobachten, ohne diese zu stören. Der Lehrpfad kann auf einem Rundweg durch den Wald abgelaufen werden. Für den ganzen Pfad benötigt man reine Gehzeit eine Stunde. Beim LBV Vogelquiz (Fragebögen liegen am Beginn des Lehrpfades aus) können große und kleine Naturfans dann ihr Wissen unter Beweis stellen. Für Kinder- und Erwachsenengruppen bietet der LBV auch Führungen durch den Lehrpfad an. Start und Endpunkt: Parkplatz Aschtal im Königsberger Forst bei Friesenried.

Informationen
Tel: 08331 901182
www.lbv.de

Ottobeuren

Die Allgäuer Volkssternwarte

Den interessierten Besuchern wird die Wunderwelt der Planeten und Sterne ein klein wenig näher gebracht. Für die Öffentlichkeit finden jeden Freitag Abend ab 19:30 Uhr Führungen mit wechselnden Vorträgen durch geschultes Personal statt. Bei klarem Wetter kann jeder Besucher am großem 60cm Spiegelteleskop auch einen Blick auf die schönen Objekte des Allgäuer Nachthimmels werfen.

Informationen
Öffnungszeiten: Fr. ab 19:30 Uhr
Tel: 08332 9366058
www.avso.de

Walderlebnispfad Bannwald

Es ist ein erlebnisreicher und spannender Spaziergang durch einen der schönsten Wälder des Allgäus. Sie benötigen etwa 1,5 Stunden, um gemütlich unter schattigen Baumkronen einen mit zahlreichen Überraschungen gespickten, gut gepflegten Weg zu durchwandern. Im Bannwald stehen viele größere Bäume als in normalen Wirtschaftwäldern. Tiere des Waldes: Das ist ein kleines Ratespiel für Kinder. Aber auch Erwachsene können sich hier mal den Kopf zerbrechen!

Informationen
Tel: 83329 21950
www.ottobeuren.de

Bad Wörishofen: Allgäu Skyline Park

Achterbahnfeeling vor Alpenpanorama

Von Pfingsten bis Mitte September heißt es wieder „Menge frei"! Eine sensationelle neue Zirkus Show wird die Besucher begeistern! Der Circus Fantasia lässt den Atem stocken mit seiner spektakulären Show in der Motorradkugel, faszinierender Artistik und den vier majestätischen schwarzen Friesenhengsten. Die riesige Rafting Anlage „Sky Rafting" ist das Familienhighlight im Skyline Park. Diese Top-Attraktion ist der spritzigste Wasserspaß aller Zeiten und Rafting Action für die ganze Familie. Der Allgäu Skyline Park hält für jeden Geschmack die passende Attraktion bereit. „Adrenalin pur" heißt das Motto in den actionreichen Fahrgeschäften. Das Gefühl im Sky Wheel, der höchsten Überkopf-Achterbahn der Welt, ist unvergesslich. Von fast 50 Metern Höhe kopfüber in die Tiefe zu rasen, ist Faszination pur! Genauso spektakulär ist der Sky Shot, in dem die Besucher über 90 Meter hoch in den Himmel katapultiert werden. Insgesamt wollen mehr als 60 Attraktionen entdeckt werden, die meisten Fahrgeschäfte können alle gemeinsam genießen. Funkelnde Augen in der 700 Meter langen Bob Racing Strecke, den Indianerkanus oder der Baustellenbahn sind garantiert. Verpassen Sie nicht das Event-Highlight: Das traditionell, gewohnt spektakuläre „Skyline Park bei Nacht" am 14. August mit vielen Live-Bands, Straßenkünstlern, Öffnungszeiten bis 24 Uhr und sensationellem Hochfeuerwerk!

Informationen

Öffnungszeiten: 9 bis 19 Uhr
Preise: 19 €, Kinder bis 150 cm: 16 €.
(Kinder unter 100 cm haben freien Eintritt)
Familienkarte günstiger
Tel: 08245 9669 22
www.skylinepark.de

THERME Bad Wörishofen

Südseeurlaub

Wer echte Palmen, exotisches Ambiente und wohlig warmes Wasser liebt, ist in der THERME Bad Wörishofen genau richtig. Von Sonntag bis Freitag ist der Besuch der THERME erst ab 16 Jahren möglich. Doch jeden Samstag erobern Familien von 9 bis 18 Uhr das Thermenparadies. Ein spezieller, günstiger Familientarif und die Möglichkeit, mit Kindern auch das Saunaparadies zu besuchen, sorgen für den perfekten Familientag. Hier fühlt man sich wie im Südseeurlaub!

Erkheim: Dorfschulmuseum

Ab ins Schuljahr 1948/49

Manch wehmütige, heitere, aber auch schlimme Erinnerung bei Erwachsenen wird wach, viel Staunen wird bei Kindern sichtbar, die erleben, wie ihre Großeltern zur Schule gingen. Allen wird deutlich, dass wohl manches aus der Zeit der Dorfschule zu bewahren wäre und dass Wertvolles verloren zu gehen droht. Kinder bietet sich ein „Museum zum Anfassen“: Schulwirklichkeit von einst kann praktisch nachvollzogen werden. Mit dem Schiefergriffel in der deutschen Schrift auf der Tafel zu schreiben, ist für Kinder ebenso ein Erlebnis, wie die Schulstrafen von früher kennen zu lernen.

Informationen
Öffnungszeiten: So und Feiertags
von 14 bis 17 Uhr,
Preise: 1,50, Kinder 1 €, bis 6 Jahre frei.
Tel: 08336 7324

Mindelheim

Mindelburg und Museen für Kinder

Burggraben, Brunnen und der Burgfried der Mindelburg sind für junge Ritter und Burgfräulein ein besonderes Erlebnis. Aufregend ist auch der Besuch des Turmuhrenmuseums im Turm der Silvesterkapelle. Bei einer Kinderführung werden einige der rund 50 Turmuhren ratternd und tickend in Gang gesetzt (Führung 30 €, Anmeldung Tel: 08261-8339). Auch das Krippen-, Textil- und Archäologiemuseum bieten spezielle Kinderführungen an. Mit KIM (Kinder Im Museum) stöbern die Kids beispielsweise als Feuerstein und Hinkelstein durchs Museum, entdecken das Gold der Kelten oder machen eine Zeitreise zu den alten Römern. Im MiniMax Kinderpark können sich Kinder bei Regenwetter beim Klettern, im Bällebad, auf dem Trampolin, beim Kickern oder Billardspielen austoben. Bei schönem Wetter empfiehlt sich ein Besuch im Naturlehrgarten im Südwesten der Stadt (Nähe Freibad und Minigolfanlage). Kinder entdecken dabei naturnah die heimische Fauna und Flora (freier Eintritt). Bei der Führung „Stadtgeschichte für Kinder“ erfahren Kinder von 5 bis 12 Jahren altersgerecht die spannende Stadtgeschichte, erkunden eine verborgene Gruft, besteigen Türme und „lesen“ aus alten Gemälden.

Informationen
Tel: 08261 991520
www.mindelheim.de

Dinkelscherben: Waldfreibad

Das Waldfreibad - idyllisch gelegen direkt am Waldrand, ausgestattet mit einem kleinen Kinderspielplatz, Kiosk, beheiztem Kinderplanschbecken, großer Liegewiese und einem 50 m Schwimmerbecken mit Sprungturm und Kinderrutsche.

Informationen
Tel: 08292 2020 und 3455

Jettingen: Arboretum und Torferlebnispfad

Das „Arboretum Freihalden" ist ein ca. 1,4 ha großer Waldlehrpfad und liegt am südöstlichen Waldrand von Freihalden, einem Ortsteil von Jettingen- Scheppach. Hier werden auf einem ca. 500 m langen Rundweg ca. 30 verschiedene, Laub- und Nadelholzarten, sowie verschiedene Sträucher interessant beschrieben. Man erfährt hier viel über den Nutzen und die Verwendung der versch. Holzarten, z. B. dass Robin Hood seine Bögen aus dem giftigen, aber elastischen Eibenholz fertigte. Für Kinder ist ein naturnaher Spielplatz mit Nagelstotzen, Holzwippe, versch. Balancebalken usw. angelegt. Keine Eintrittsgebühr. Der Torferlebnispfad Brementai bei Jettingen-Scheppach bietet sich als erlebnisreiches und informatives Ausflugsziel für Familien an. Er ist ca. 2 km lang und kann bei normalem Wetter auch mit Kinderwagen oder Rollstuhl befahren werden. Ein Bohlenweg durchs Schilf, ein Aussichtsturm, eine Hütte mit Tischen und Bänken und zwei Plattformen bieten Abwechslung. Die Besucher erfahren durch Infotafeln Interessantes zu den Themen Moor, Torf und Natur. Das Torfstecherhandwerk, das den Ort über Jahrhunderte geprägt hat, ist ein Schwerpunktthema, das bei Gruppenführungen oder an den Familiennachmittagen von ehemaligen Torfstechern mit historischen Werkzeugen vorgeführt wird (mithelfen erwünscht!).

Informationen
Tel: 08225 1269
www.torferlebnispfad.de

Ziementshausen: Museen für Jung und Alt

Der Heimatverein Ziemetshausen bietet mit seinen Museen mech. Webereimuseum Gebr. Stegmann und dem Handwerkermuseum bei den Hölzernen bestimmt für Jung und Alt ein interessantes Programm an. Geöffnet sind beide Museen in der Regel jeweils am 1. Sonntag des Monats Juni bis Oktober von 14 bis 17 Uhr.

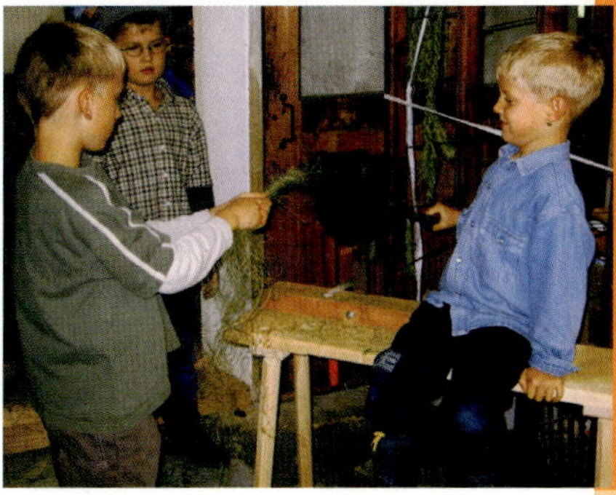

Kinderbasteln: Kinder können unter Anleitung und Aufsicht auf kleinen Tischwebrahmen weben, Bändchen aus Wolle und Garn weben oder flechten, Garn spinnen, Schafe basteln aus Schaffellresten und vieles andere mehr. Bei „ den Hölzernen dürfen Kinder nageln, sägen und hobeln, das Personal bastelt bei Anfrage mit Kindern Schindelhexen, Stelzen und manchmal auch Vogelhäuschen. Führungen speziell für Kinder sind möglich.

Informationen
www.webereimuseum-ziemetshausen.de
www.schreinereimuseum-ziemetshausen.de

Fischach: Naturfreibad

Schmuckstück für die Stauden – das Naturfreibad mit seinem besonderen Flair

Im Jahre 2008 wurde mit der Errichtung des Naturfreibades eine der bedeutendsten und attraktivsten Freizeitanlagen für die gesamte Region geschaffen. Auf einem Areal von 28.000 qm laden 2.400 qm Wasserfläche im Schwimmbereich zum Baden ein. Besonderheit des Fischacher Naturfreibades ist die biologische Selbstreinigung in einem separat angelegten Regenerationsteich, so dass hier gänzlich auf Chemikalien verzichtet werden kann. Die wunderschöne landschaftliche Lage, natürliche Sprungfelsen, eine Wassergrotte, ein Spielbach für Kleinkinder – dies alles lädt zu ungetrübtem Badevergnügen für Jung und Alt ein.

Informationen
Öffnungszeiten: täglich von 9 bis 20 Uhr
Preise: bis 16 Jahre: 1,50 €,
ab 16 Jahre: 2,50 €
Tel: 08236 9589456
www.naturfreibad-fischach.de

Salgen: Fischereihof

Hier kann man Fische beobachten und Gewässer erkunden

In den schwäbischen Gewässern kamen einst über 40 Fischarten vor – die meisten davon gelten heute als gefährdet, einige Arten sind bereits ganz verschwunden. Viele dieser Fischarten sind den meisten gänzlich unbekannt. Die bedrohten Arten zu erhalten und wieder anzusiedeln ist eine der Hauptaufgaben des Schwäbischen Fischereihofs in Salgen. Interessierte haben nun die Möglichkeit, spektakuläre Einblicke in die Unterwasserwelt in dem neu errichteten Beobachtungsteich zu erleben. Dort können durch große Glasscheiben heimische Fische bestaunt werden. In der ca. 1 ha großen Teichlandschaft können weitere Fische und viele andere Tierarten beobachtet werden. Durch den Lehr- und Beispielbetrieb werden nach vorheriger Anmeldung Gruppenführungen angeboten und insbesondere für die jüngeren Besuchergruppen und Schulklassen gibt es Bachsafaris mit einer Einführung in die spannende Welt im Lebensraum „Fließgewässer" (nach Anmeldung). Der Fischereihof liegt ca. 10 km nördlich von Mindelheim, nahe Pfaffenhausen. In der Umgebung weisen Schilder den Weg zum Fischereihof.

Informationen
Öffnungszeiten: Mo bis Fr 9 bis 17 Uhr

Freizeitkarte „Allgäuer Familienland"

Tipps für strahlende Kinderaugen:
Barfuss über Bergwiesen, hüpfende Herzen auf tuckernde Traktoren, wunschlos glücklich im glitzernden Badeweiher, die Sonne im Gesicht und Ferienfreude im Herzen: Das alles und noch viel mehr bedeutet Familienurlaub im Allgäu. Das süddeutsche Naturparadies zwischen sanften Hügeln und alpinen Höhen bietet eine Fülle an Freizeitmöglichkeiten, die Kinder und Eltern gleichermaßen begeistern.

Ferien am Puls der Natur:
Der Allgäuer Familiensommer...

Eine kunterbunte Erlebnisvielfalt für die ganze Familie und das alles leicht im Urlaub zu erreichen: von der geheimnisvollen Sturmannshöhle bis zum faszinierenden Alpenwildpark, von Golf für Nachwuchsstars bis Reiten auf Pferden und Kamelen, von Paddeln und Raften bis hin zu Klettern und Radeln auf familienfreundlichen Routen. Dass Wissen Spaß macht, erleben Kinder etwa auf Themenwanderwegen wie dem Carl Hirnbeinweg bei Missen mit Sinnespfaden, Spielbereichen und Ruheplätzen sowie vielen Infos rund um den Allgäuer Bergkäse und das Leben auf dem Land. Viele Klettergärten und der Baumwipfelpfad in Scheidegg sorgen für eine andere Sichtweise auf die Natur.

Isnyer Kinderferienprogramm 2011

Das neue Programmheft

Vom 28. Juli bis 11. September bietet Isny wieder Sport & Spiel, Bastelaktionen, Exkursionen & Führungen, Puppentheater, Workshops und vieles mehr. Das Programmheft erscheint Mitte Juni und liegt bei der Isny Marketing GmbH – Büro für Tourismus (Kurhaus am Park), den Ortsverwaltungen in Beuren, Großholzleute, Neutrauchburg und Rohrdorf, in Isnyer Grundschulen und Kindergärten, im Einzelhandel sowie im Bürgerbüro, Rathaus und der Stadtbücherei aus. „Wir freuen uns über Programmvorschläge“, so Bianca Steurer vom Büro für Tourismus, auf deren Schreibtisch die Fäden zusammenlaufen.

Informationen
Tel: 07562 975630
www.isny.de

Bauernhofurlaub und Familienfeste im Allgäu:
Einen besonderen Schwerpunkt im Allgäuer Familienangebot bildet der Urlaub auf dem Bauernhof. 1.500 liebenswerte Höfe präsentieren sich als Paradiese zum Herumtollen, Erleben, Lernen und Natur genießen. Eine Besonderheit in diesem Segment bilden die Alpenwellnesshöfe, die Eltern mit Kräuterbädern, Massagen, Sauna und vielem mehr verwöhnen. Welche spannenden Ausflugsmöglichkeiten das Allgäu bietet, zeigt sich auch an den vielen Festen: Historische Kinderfeste in vielen Allgäuer Städten, interessante Museen wie das die beiden Freilichtmuseen Bergbauernmuseum Diepolz oder Schwäbisches Bauernhofmuseum Illerbeuren, Schlösser und Burgen, Abenteuer unter Tage oder die aufregenden Aufführungen der bekannten Freilichtbühne Altusried – Langeweile Fehlanzeige.

Freizeitkarten für Kinder, Rad und Golf:
„Allgäuer Familienland – Familientipps und Urlaubsangebote“ heißt die ganz neu erarbeitete Freizeitkarte für Familien: Auf einer kindgerecht gestalteten Panoramakarte sind die wichtigsten Ausflugstipps für Familien eingezeichnet – vom Fendt-Museum in Marktoberdorf über den Baumwipfelpfad nach Scheidegg und den Skyline Park in Bad Wörishofen bis hin zur Alpsee-Bergwelt in Immenstadt oder der Forggenseeschifffahrt Füssen. Aber nicht nur Freizeittipps finden sich auf der Karte, sondern auch die besten Angebote und Pauschalen für Familien aus den Orten.

Information
Die Freizeitkarte ist kostenlos,
Bestellung unter:
0800 2573678 (kostenfrei)
www.allgaeu.info

Übersicht Region Bodensee

Pfänderbahn Bregenz

Wildpark Allensbach

Zaubergarten auf der Mainau

Museum Humpis Quartier Ravensburg

Die besten Veranstaltungen im Sommer 2011

Region Bodensee

Mai

So 01

Deggenhausertal

Stallgebäude Homberger Str. 5-7. Wahlweiher:
Ponytrekking Tour mit Schatzsuche, 14 Uhr
Wandere gemeinsam mit deinem Pony auf dem alten Tobelpfad und finde den verborgenen Popony-Schatz. Bei unserer Schatzsuche überqueren wir Bäche, wandern durchs Unterholz, klettern über umgestürzte Bäume, lauschen dem Wind, trinken Sonnenwasser und finden mit Hilfe aller den verborgenen Schatz. Eure Partner sind Miniponys, die ihr während der Wanderung führt. Unkostenbeitrag: 25 €, Anmeldung unter Tel: 07555 929088

Mi 04

Markdorf

Eisenbahnstr. 4:
Motorradtraining für Kinder, 15 Uhr, Unkostenbeitrag: 10 €, Anmeldung unter Tel: 07544 3297

Fr 06

Lindau

Limare: Kids for Fun – Jump and Run, 15 Uhr

Sa 07

Ravensburg

Museum Humpis-Quartier:
Papierwerkstatt, 11 Uhr
Stadtbücherei, Kornhaussaal: Lesewelt Ravensburg: Ohren auf – nachgedacht und mitgelacht, 10:30 Uhr. Vorlesepaten lesen Geschichten für Kinder von 4 bis 7 Jahren. Eingeladen sind alle Kinder, die gerne Geschichten hören. Wer regelmäßig kommt, erhält zur Belohnung ein Buchgeschenk. Und natürlich dürfen auch Erwachsene zuhören bei den „Samstagsgeschichten" im Kornhaus.

So 08

Deggenhausertal

Stallgebäude Homberger Str. 5-7. Wahlweiher:
Ponytrekking Tour mit Schatzsuche, 14 Uhr
Wandere gemeinsam mit deinem Pony auf dem alten Tobelpfad und finde den verborgenen Popony-Schatz. Bei unserer Schatzsuche überqueren wir Bäche, wandern durchs Unterholz, klettern über umgestürzte Bäume, lauschen dem Wind, trinken Sonnenwasser und finden mit Hilfe aller den verborgenen Schatz. Eure Partner sind Miniponys, die ihr während der Wanderung führt. Unkostenbeitrag: 25 €, Anmeldung unter Tel: 07555 929088

Mo 09

Ravensburg

Museum Humpis-Quartier:
Erzählwerkstatt, 14.30 Uhr

Di 10

Friedrichshafen

Dornier Museum:
Warum fliegt ein Flugzeug? Hintergründe zum Medium Luft, Physik und zur Geschichte des Fliegens spielerisch vermittelt sowie Lernen anhand eigener Experimente. Workshop für Kinder 8 bis 12 Jahre, nach Anmeldung unter Tel: 07541 4873614

Veranstaltungstermine und Orte in diesem Buch wurden mit größter Sorgfalt recherchiert.
Die Verantwortung für alle Angaben tragen die Veranstalter. Der Verlag übernimmt keine Gewähr.

KINDER Sommer.

Bild: Naturstrandbad Uhldingen am Bodensee

Konstanz

Bodensee Naturmuseum:
Löwenzahn und Pusteblume, 15.30 Uhr Unkostenbeitrag: 2 €, Dauer: 1 Std., Info unter Tel: 07531 133028

Mi 11

Markdorf

Eisenbahnstr. 4: Motorradtraining für Kinder, 15 Uhr Unkostenbeitrag: 10 €, Anmeldung unter Tel: 07544 3297

Fr 13

Ravensburg

Innenstadt:
Perspektive Technik 2011 – Erlebnis Techniknacht, 18 Uhr
Zum ersten Mal findet in Ravensburg die Erlebnisnacht „Perspektive 2011 - Erlebnis Technik" statt. Ziel ist es, die Facetten unternehmerischer Innovationskraft sowie modernster Technologien und Produkte von Ravensburger Unternehmen und Bildungsinstitutionen zu zeigen.

Sa 14

Ravensburg

Museum Humpis-Quartier:
Schreibwerkstatt, 11 Uhr

Stadtbücherei Kornhaussaal:
Lesewelt Ravensburg: Ohren auf – nachgedacht und mitgelacht, 10.30 Uhr. Vorlesepaten lesen Geschichten für Kinder von 4 bis 7 Jahren. Eingeladen sind alle Kinder, die gerne Geschichten hören. Wer regelmäßig kommt, erhält zur Belohnung ein Buchgeschenk. Und natürlich dürfen auch Erwachsene zuhören bei den „Samstagsgeschichten" im Kornhaus.

So 15

Benningen am Neckar

Museum im Adler:
„Benninger Römertag" mit Kinderprogramm, 11 bis 17 Uhr

Friedrichshafen

Park des Karl-Olga-Hauses:
Tag der Familie-
Werkstätten & Spielstationen

Mengen-Ennetach

Römermuseum Mengen:
Die Römer sind im Museum! Die Römergruppe Ennetach präsentiert sich in voller Rüstung. Wer will, kann mal eine ausprobieren! 15 Uhr

Berg

Familientag der Gemeinde Berg
Jugendtreff Berg, 11 Uhr
Wanderung zu „Tobel Ropes". Dort Nutzung des Hochseilgartens für Kinder und Eltern ab 6 Jahren; Unkostenbreitrag: 5 €

Deggenhausertal

Stallgebäude Homberger Str. 5-7. Wahlweiher: Ponytrekking Tour mit Schatzsuche, 14 Uhr. Wandere gemeinsam mit deinem Pony auf dem alten Tobelpfad und finde den verborgenen Popony-Schatz. Bei unserer Schatzsuche überqueren wir Bäche, wandern durchs Unterholz, klettern über umgestürzte Bäume, lauschen dem Wind, trinken Sonnenwasser und finden mit Hilfe aller den verborgenen Schatz. Eure Partner sind Miniponys, die ihr während der Wanderung führt. Unkostenbeitrag: 25 €, Anmeldung unter Tel: 07555 929088

Tettnang

Hopfenmuseum: Familienführung mit Hopfensau Emmi, 15 Uhr. Bastelangebot, Kinder bekommen ihre eigene Hopfenpflanze mit nach Hause. Unkostenbeitrag: 1,50 €/Kind, 5 €/Erwachsene, Bastelmaterial inkl. Pflanze 5 € / Kind

Di 17

Friedrichshafen

Dornier Museum: Warum fliegt ein Flugzeug? Hintergründe zum Medium Luft, Physik und zur Geschichte des Fliegens spielerisch vermittelt sowie lernen anhand eigener Experimente. Workshop für Kinder 8 bis 12 Jahre, nach Anmeldung unter Tel: 07541 4873614

Konstanz

Bodensee Naturmuseum: Fossilien – versteinerte Jahrmillionen, 16 Uhr Unkostenbeitrag: 2 €, Dauer: 1 Std. ab 7 Jahren

Mi 18

Markdorf

Eisenbahnstr. 4: Motorradtraining für Kinder, 15 Uhr Unkostenbeitrag: 10 €, Anmeldung unter Tel: 07544 3297

Fr 20

Meersburg

Burg Meersburg: Mittelalterliches Treiben mit einer Söldnertruppe

Sa 21

Meersburg

Burg Meersburg: Mittelalterliches Treiben mit einer Söldnertruppe

Uhldingen-Mühlhofen

Pfahlbaumuseum Unteruhldingen: ARCHAE-X Tage der experimentellen Archäologie, Herstellung von Rädern und Steinzeitwagen

Friedrichshafen

Dornier Museum: Kinderuni Friedrichshafen - Motto „Vom Riesenflugboot zum Spaceshuttle“, 10 Uhr. Für Kinder von 7 bis 8 Jahren Anmeldung unter: fn.kinderuni@yahoo.de

Ravensburg

Bodensee-Segelcamp Gaienhofen, Mai bis 10. September

Du bist 6 bis 17 Jahre alt und möchtest segeln lernen? Dann komm ins Bodensee-Segelcamp und erlebe eine unvergessliche Freizeit voller Abenteuer! Auf den unterschiedlichen Jollen kannst du zeigen was in dir steckt, und das erfahrene Betreuer-Team sorgt mit einem tollen Rahmenprogramm für jede Menge Spaß. Auf dem Programm steht neben Segeln , Banana-Boat-Fahren, Wasserski –Keeboard-Wakeboard –Fahren, Geländespiele, Spaßregatta, Camp-Disco, Kinoabend, Beachvolleyball, Tischtennis, Lagerfeuer, Tischkicker, Fußball, Baden...Tel. 01781907574, www.segelcamp-bodensee.de

Museum Humpis-Quartier
Druckwerkstatt, 11 Uhr
Stadtbücherei Kornhaussaal: Lesewelt Ravensburg: Ohren auf – nachgedacht und mitgelacht, 10.30 Uhr. Vorlesepaten lesen Geschichten für Kinder von 4 bis 7 Jahren.Eingeladen sind alle Kinder, die gerne Geschichten hören. Wer regelmäßig kommt, erhält zur Belohnung ein Buchgeschenk. Und natürlich dürfen auch Erwachsene zuhören bei den „Samstagsgeschichten" im Kornhaus.

So 22

Meersburg

Burg Meersburg
Mittelalterliches Treiben mit einer Söldnertruppe

Uhldingen-Mühlhofen

Pfahlbaumuseum Unteruhldinge: ARCHAE-X
Tage der experimentellen Archäologie, Herstellung von Rädern und Steinzeitwagen

Konstanz

NABU Konstanz: Vogelstimmenwanderung, 14.30 Uhr Kinder lernen die Natur mit allen Sinnen, Spiel und Spaß am besten kennen. Deshalb bietet der NABU Konstanz Veranstaltungen zu den Themenbereichen Lebensräume, Pflanzen und Tiere im Wollmatinger Ried speziell für Familien und Kinder an. Gehen Sie mit uns auf Entdeckertour! Unkostenbeitrag: 5 € Kind, 15 € Familien, Treffpunkt: Vogelhäusle (befindet sich in der Nähe der Kläranlage Konstanz)

Deggenhausertal

Stallgebäude Homberger Str. 5-7. Wahlweiher: Ponytrekking Tour mit Schatzsuche, 14 Uhr Wandere gemeinsam mit deinem Pony auf dem alten Tobelpfad und finde den verborgenen Popony-Schatz. Bei unserer Schatzsuche überqueren wir Bäche, wandern durchs Unterholz, klettern über umgestürzte Bäume, lauschen dem Wind, trinken Sonnenwasser und finden mit Hilfe aller den verborgenen Schatz. Eure Partner sind Miniponys, die ihr während der Wanderung führt. Unkostenbeitrag: 25 €, Anmeldung unter Tel: 07555 929088

Mi 25

Markdorf

Eisenbahnstr. 4:
Motorradtraining für Kinder, 15 Uhr, Unkostenbeitrag: 10 €, Anmeldung unter Tel: 07544 3297

Sa 28

Ravensburg

Museum Humpis-Quartier:
Textilwerkstatt, 11 Uhr
Stadtbücherei Kornhaussaal: Ohren auf – nachgedacht und mitgelacht, 10.30 Uhr. Vorlesepaten lesen Geschichten für Kinder von 4 bis 7 Jahren. Eingeladen sind alle Kinder, die gerne Geschichten hören. Wer regelmäßig kommt, erhält zur Belohnung ein Buchgeschenk. Und natürlich dürfen auch Erwachsene zuhören bei den „Samstagsgeschichten" im Kornhaus.

So 29

Deggenhausertal

Stallgebäude Homberger Str. 5-7. Wahlweiher: Ponytrekking Tour mit Schatzsuche, 14 Uhr Wandere gemeinsam mit deinem Pony auf dem alten Tobelpfad und finde den verborgenen Popony-Schatz. Bei unserer Schatzsuche überqueren wir Bäche, wandern durchs Unterholz, klettern über umgestürzte Bäume, lauschen dem Wind, trinken Sonnenwasser und finden mit Hilfe aller den verborgenen Schatz. Eure Partner sind Miniponys, die ihr während der Wanderung führt.
Unkostenbeitrag: 25 €, Anmeldung unter Tel: 07555 929088

Juni

Mi 01

Markdorf

Eisenbahnstr. 4:
Motorradtraining für Kinder, 15 Uhr, Unkostenbeitrag: 10 €, Anmeldung unter Tel: 07544 3297

Do 02

Uhldingen-Mühlhofen

Pfahlbaumuseum Unteruhldingen: ARCHAE-X
Tage der experimentellen Archäologie, Herstellung von Rädern und Steinzeitwagen

Fr 03

Uhldingen-Mühlhofen

Pfahlbaumuseum Unteruhldingen: ARCHAE-X
Tage der experimentellen Archäologie, Herstellung von Rädern und Steinzeitwagen

Lindau

Eichwaldbad:
Kids for Fun – Badespaß am schwäbischen Meer, 15 Uhr

Frickingen

Naturatelier Frickingen:
Zeichentrickkino am Buzz Stop, 20 Uhr
Ein Zeichentrick ist komisch, effektvoll, tricky, unterhaltsam. Wir zeigen alte 16-mm-Kurzfilme aus den sechziger Jahren im Open-Air-Kino am Buzz Stop: „Die Maschine", „Der große Mann", „Die verlorene Bombe", „Die Fliege", so einige der Titel der Filme. Politisch, aktuell …

Sa 04

Ravensburg

Museum Humpis-Quartier:
Papierwerkstatt, 11 Uhr

Frickingen

Naturatelier Frickingen:
Schmiedewerkstatt, 14 Uhr
Lernen wie man Funken schlägt, Zunder gibt und Feuer macht. Mit Feuerstein und Eisenschläger zünden wir die Esse an. Dann wird geschürt, geschmiedet und gebogen. Jeder Kursteilnehmer bekommt die Gelegenheit einen Feuerschläger zu schmieden.
Unkostenbeitrag: 15 € zzgl. Material, Dauer: 3 Std., ab 8 Jahren, Anmeldung unter
Tel: 07554 9865683

Ravensburg

Stadtbücherei Kornhaussaal: Lesewelt Ravensburg: Ohren auf – nachgedacht und mitgelacht, 10.30 Uhr Vorlesepaten lesen Geschichten für Kinder von 4 bis 7 Jahren. Eingeladen sind alle Kinder, die gerne Geschichten hören. Wer regelmäßig kommt, erhält zur Belohnung ein Buchgeschenk. Und natürlich dürfen auch Erwachsene zuhören bei den „Samstagsgeschichten" im Kornhaus.

Museum Ravensburger

So 05

Konstanz

Südwestdeutsche Philharmonie Konstanz, Fischmarkt 2: Sitzkissenkonzerte – Die Klarinette und das Buch der Träume, 11.15 / 15 Uhr
Sie beinhalten lustige, traurige oder abenteuerliche Geschichten mit und über Musik. Sie sind speziell auf unsere kleinsten Hörer zugeschnitten, die sich auf einer weichen Matte direkt vor der Bühne im Zentrum des Geschehens aufhalten dürfen. Dauer: 1 Std.

Rielasingen-Worblingen

Kulturpunkt Arlen:
Theaterprojekt „Ferdinand" und „Blauen Frösche", 17 Uhr
In Spanien lebt das Kalb Ferdinand mit seiner Kuhmutter. Anders als die anderen Kälber hat Ferdinand kein Interesse daran, zu kämpfen. Tel: 07734 935948

Deggenhausertal

Stallgebäude Homberger Str. 5-7. Wahlweiher: Ponytrekking Tour mit Schatzsuche, 14 Uhr
Wandere gemeinsam mit deinem Pony auf dem alten Tobelpfad und finde den verborgenen Popony-Schatz. Bei unserer Schatzsuche überqueren wir Bäche, wandern durchs Unterholz, klettern über umgestürzte Bäume, lauschen dem Wind, trinken Sonnenwasser und finden mit Hilfe aller den verborgenen Schatz. Eure Partner sind Miniponys, die ihr während der Wanderung führt. Unkostenbeitrag: 25 €, Anmeldung
unter Tel: 07555 929088

Di 07

Konstanz

Bodensee Naturmuseum: Wo die Tiere wohnen, 15.30 Uhr
Unkostenbeitrag: 2 €,
Dauer: 1 Std. Info unter
Tel: 07531 133028

Rielasingen-Worblingen

Kulturpunkt Arlen: Theaterprojekt „Ferdinand" und „Blauen Frösche", 15.30 Uhr
In Spanien lebt das Kalb Ferdinand mit seiner Kuhmutter. Anders als die anderen Kälber hat Ferdinand kein Interesse daran, zu kämpfen.
Infos unter Tel: 07734 935948

Illmensee

Landgasthof Adler:
Ponys pflegen und reiten,
14 Uhr Unkostenbeitrag: 10 €,
ab 7 Jahren, Anmeldung
unter Tel: 07558 216

Mi 08

Markdorf

Eisenbahnstr. 4:
Motorradtraining für Kinder,
15 Uhr
Unkostenbeitrag: 10 €, Anmeldung unter Tel. 07544 3297

Sa 11

Ravensburg

Museum Humpis-Quartier:
Schreibwerkstatt, 11 Uhr
Stadtbücherei Kornhaussaal:
Lesewelt Ravensburg: Ohren auf – nachgedacht und mitgelacht, 10.30 Uhr Vorlesepaten lesen Geschichten für Kinder von 4 bis 7 Jahren. Eingeladen sind alle Kinder, die gerne Geschichten hören. Wer regelmäßig kommt, erhält zur Belohnung ein Buchgeschenk. Und natürlich dürfen auch Erwachsene zuhören bei den „Samstagsgeschichten" im Kornhaus.

Bild: Dornier Museum Friedrichshafen

So 12

Salem

Schloss Salem: Kinder- und Familienführung: „ Auf den Spuren der weißen Mönche",
15 Uhr

Deggenhausertal

Stallgebäude Homberger Str. 5-7. Wahlweiher: Ponytrekking Tour mit Schatzsuche, 14 Uhr
Wandere gemeinsam mit deinem Pony auf dem alten Tobelpfad und finde den verborgenen Popony-Schatz. Bei unserer Schatzsuche überqueren wir Bäche, wandern durchs Unterholz, klettern über umgestürzte Bäume, lauschen dem Wind, trinken Sonnenwasser und finden mit Hilfe aller den verborgenen Schatz. Eure Partner sind Miniponys, die ihr während der Wanderung führt.
Unkostenbeitrag: 25 €,
Anmeldung unter
Tel: 07555 929088

Di 14

Weingarten

Vorhalle der Basilika:
Kinderführung in der Basilika
Unkostenbeitrag: 2 €, Anmeldung unter Tel: 0751 405232

Illmensee

Landgasthof Adler:
Ponys pflegen und reiten,
14 Uhr
Unkostenbeitrag: 10 €, ab 7 Jahren, Anmeldung unter
Tel. 07558 216

Friedrichshafen

Spielehaus, Meisterhofener Straße 11a:
Mini-FN – Kinderspielstadt

Mi 15

Friedrichshafen

Dornier Museum:
Warum fliegt ein Flugzeug? Hintergründe zum Medium Luft, Physik und zur Geschichte des Fliegens spielerisch vermittelt sowie lernen anhand eigener

Experimente. Workshop für Kinder 8 bis 12 Jahre, nach Anmeldung unter Tel: 07541 4873614

Markdorf

Eisenbahnstr. 4: Motorradtraining für Kinder, 15 Uhr
Unkostenbeitrag: 10 €,
Anmeldung unter
Tel. 07544 3297

Obst- und Urlaubshof Steffelin, Gartenweg 1: Apfelwochen – Stockbrotbacken, 10.30 Uhr beim Kinderbrotbacken bereiten die kleinen Bäcker/-innen den Teig zu, formen den Laib und backen ihr Brot im Steinbackofen. Während der Backzeit bekommt jeder ein Glas leckeren Apfelsaft und es wird eine Engelsgeschichte vorgelesen. Wer möchte, kann für sich das dazugehörende Engelsymbol malen. Inzwischen ist das Brot fertig gebacken und jedes Kind bekommt sein eigenes Brot mit nach Hause.
Unkostenbeitrag: 5 €,
Anmeldung bis zum Vortag
unter Tel: 07544 73400

Friedrichshafen

**Spielehaus,
Meisterhofener Straße 11a:**
Mini-FN – Kinderspielstadt

Tettnang

Hopfenmuseum:
Familienführung mit Hopfensau Emmi, 11 Uhr
Anschließend „Fotoshoot" mit Emmi und Bastelangebot.
Unkostenbeitrag: 1,50 €/Kind, 5 €/Erwachsene, Bastelmaterial inkl. Foto 3 € / Kind

Do 16

Friedrichshafen

Dornier Museum:
Warum fliegt ein Flugzeug? Hintergründe zum Medium Luft, Physik und zur Geschichte des Fliegens spielerisch vermittelt sowie lernen anhand eigener Experimente.
Workshop für Kinder 8 bis 12 Jahre, nach Anmeldung unter Tel: 07541 4873614

Wilhelmsdorf

SHB-Naturschutzzentrum:
Kinder-Kräuter-Nachmittag
Unter der Leitung von Agnes Weiß suchen Kinder in der Natur verschiedene Kräuter und lernen diese und ihre Besonderheiten kennen. Aus den gemeinsam gesammelten Kräutern werden anschließend verschiedene Produkte hergestellt. Lasst euch überraschen! Bitte mitbringen: Holzbrett und Messer, Trinkbecher. 14 Uhr
Unkostenbeitrag: 7 €, Anmeldung unter Tel: 07503 739

Füssen

Füssener Altstadt:
Fackelwanderung, 20 Uhr
Unkostenbeitrag: 2 €

Friedrichshafen

**Spielehaus,
Meisterhofener Straße 11a:**
Mini-FN – Kinderspielstadt

Fr 17

Friedrichshafen

**Spielehaus,
Meisterhofener Straße 11a:**
Mini-FN – Kinderspielstadt

Frickingen

Naturatelier Frickingen:
Bildhauerwerkstatt, 17 Uhr
Spurensuche oder Spuren im Holz. Dieser Kurs bietet die Möglichkeit erste Einblicke in die Holzbildhauerei zu bekommen. Bis zu drei Personen werden an einem lebensgroßen Holzstamm ganz individuell ihre Spuren mittels traditionellem Schnitzwerkzeug hinterlassen. Die entstandenen Werke sind fester Bestandteil des Areals des Naturateliers und dienen als Kunst im öffentlichen Raum dem Allgemeinwohl. Gemeinsam gestalten, Kreativität entfalten. Findet bei jedem Wetter statt.
Unkostenbeitrag: 35 € inkl.

Wasserski in Illmensee für Kinder ab 10 Jahre

12. bis 26. Juni und 29. Juli bis 12. September

Pfullendorf, Seepark Linzgau, Wasserskipark Pfullendorf. Auf Nachfrage: „Wasserskikurse für Kinder ab 10 J. und Erwachsene", Montag und Mittwoch, 9 bis 11 Uhr, Voraussetzung: sicheres Schwimmen. Die Ausrüstung wird im Kurs gestellt. Kosten: Erwachsene: 1 Kurs (2 Std.) 30 €, 2 Kurse (4 Std.) 50 €, Kinder u. Jugendliche bis einschl. 16 J. 1 Kurs (2 Std.) 25 €, 2 Kurse (4 Std.) 40 €. Anmeldung unbedingt erforderlich. Tel: 07552 938741

Material, ab 12 Jahren, Anmeldung unter Tel: 07554 9865683

Sa 18

Ravensburg

Museum Humpis-Quartier:
Druckwerkstatt, 11 Uhr

Frickingen

Naturatelier Frickingen:
Bildhauerwerkstatt, 10 Uhr
Spurensuche oder Spuren im Holz. Dieser Kurs bietet die Möglichkeit erste Einblicke in die Holzbildhauerei zu bekommen. Bis zu drei Personen werden an einem lebensgroßen Holzstamm ganz individuell ihre Spuren mittels traditionellem Schnitzwerkzeug hinterlassen. Die entstandenen Werke sind fester Bestandteil des Areals des Naturateliers und dienen als Kunst im öffentlichen Raum dem Allgemeinwohl. Gemeinsam gestalten, Kreativität entfalten. Findet bei jedem Wetter statt.
Unkostenbeitrag: 35 € inkl. Material, ab 12 Jahren, Anmeldung unter Tel: 07554 9865683

Ravensburg

Stadtbücherei Kornhaussaal:
Lesewelt Ravensburg: Ohren auf – nachgedacht und mitgelacht, 10.30 Uhr Vorlesepaten lesen Geschichten für Kinder von 4 bis 7 Jahren. Eingeladen sind alle Kinder, die gerne Geschichten hören. Wer regelmäßig kommt, erhält zur Belohnung ein Buchgeschenk. Und natürlich dürfen auch Erwachsene zuhören bei den „Samstagsgeschichten" im Kornhaus.

Bild: Museum Humpis-Quartier in Ravensburg

So 19

Frickingen

Naturatelier Frickingen:
Bildhauerwerkstatt, Zeiten nach Absprache
Spurensuche oder Spuren im Holz. Dieser Kurs bietet die Möglichkeit erste Einblicke in die Holzbildhauerei zu bekommen. Bis zu drei Personen werden an einem lebensgroßen Holzstamm ganz individuell ihre Spuren mittels traditionellem Schnitzwerkzeug hinterlassen. Die entstandenen Werke sind fester Bestandteil des Areals des Naturateliers und dienen als Kunst im öffentlichen Raum dem Allgemeinwohl. Gemeinsam gestalten, Kreativität entfalten. Findet bei jedem Wetter statt.
35 € inkl. Material, ab 12 Jahren, Anmeldung Tel: 07554 9865683

Deggenhausertal

Stallgebäude Homberger Str. 5-7. Wahlweiher:
Ponytrekking Tour mit Schatzsuche, 14 Uhr
Wandere gemeinsam mit deinem Pony auf dem alten Tobelpfad und finde den verborgenen Popony-Schatz. Bei unserer Schatzsuche überqueren wir Bäche, wandern durchs Unterholz, klettern über umgestürzte Bäume, lauschen dem Wind, trinken Sonnenwasser und finden mit Hilfe aller den verborgenen Schatz. Eure Partner sind Miniponys, die ihr während der Wanderung führt.
Unkostenbeitrag: 25 €, Anmeldung unter Tel: 07555 929088

Mo 20

Sigmarszell

Karibu Lern- und Erlebnisbauernhof: Spiel und Spaß rund um die Tiere des Hofes (Pferde, Esel, Kühe, Ziegen, ...), Bauen, Basteln und Baden.
9 –16 Uhr
Unkostenbeitrag: ca. 70 € (inklusive Essen und Getränke), Anmeldung unter Tel:
08389 984702, ab 6 Jahren

Friedrichshafen

Wissenswerkstatt FN e.V:
Wissenswerkstatt – Rückstoßprinzip/Raketenbau

Di 21

Sigmarszell

Karibu Lern- und Erlebnisbauernhof: Spiel und Spaß rund um die Tiere des Hofes

(Pferde, Esel, Kühe, Ziegen, ...), Bauen, Basteln und Baden. 9 –16 Uhr
Unkostenbeitrag: ca. 70 € (inklusive Essen und Getränke), Anmeldung unter Tel: 08389 984702, ab 6 Jahren

Weingarten

Münsterplatz, vor dem Amt für Kultur und Tourismus
Kinder auf Entdeckungsreise im geheimnisvollen Weingarten
Unkostenbeitrag: 2 €, Anmeldung unter Tel: 0751 405232

Illmensee

Landgasthof Adler: Ponys pflegen und reiten, 14 Uhr
Unkostenbeitrag: 10 €, ab 7 Jahren, Anmeldung unter Tel: 07558 216

Mi 22

Sigmarszell

Karibu Lern- und Erlebnisbauernhof: Spiel und Spaß rund um die Tiere des Hofes (Pferde, Esel, Kühe, Ziegen, ...), Bauen, Basteln und Baden. , 9 –16 Uhr
Unkostenbeitrag: ca. 70 € (inklusive Essen und Getränke), Anmeldung unter Tel: 08389 984702, ab 6 Jahren

Langenargen

Gondelhafen bei der Tourist-Information: Piratenfahrt, 9.30 Uhr Unkostenbeitrag: 8 €, verkleidet mit Piratenkostüm 6 €, Anmeldung: 07543 9330-92

Friedrichshafen

Wissenswerkstatt FN e.V.: Robotik/Programmieren

Tettnang

Hopfenmuseum:
Familienführung mit Hopfensau Emmi, 11 Uhr
Anschließend „Fotoshoot“ mit Emmi und Bastelangebot.
Unkostenbeitrag: 1,50 €/Kind, 5 €/Erwachsene, Bastelmaterial inkl. Foto 3 € / Kind

Markdorf

Eisenbahnstr. 4:
Motorradtraining für Kinder, 15 Uhr, Unkostenbeitrag: 10 €, Anmeldung unter Tel: 07544 3297

Do 23

Meersburg

Burg Meersburg:
Mittelalterliches Treiben mit einer Söldnertruppe

Uhldingen-Mühlhofen

Pfahlbaumuseum Unteruhldingen: ARCHAE-X
Tage der experimentellen Archäologie, Herstellung von Rädern und Steinzeitwagen

Füssen

Tourist-Information:
Fackelwanderung Füssener Altstadt, 20 Uhr
Unkostenbeitrag: 2 €

Fr 24

Uhldingen-Mühlhofen

Pfahlbaumuseum Unteruhldingen: ARCHAE-X
Tage der experimentellen Archäologie, Herstellung von Rädern und Steinzeitwagen

Meersburg

Burg Meersburg:
Mittelalterliches Treiben mit einer Söldnertruppe

Sa 25

Meersburg

Burg Meersburg:
Mittelalterliches Treiben mit einer Söldnertruppe

Sipplingen

Tourist-Information Sipplingen: Kirschen, Kräuter und Natur – Sipplinger Schätze entdecken und schmecken, 10 Uhr
Lassen Sie sich bei einem gemütlichen Picknick unterm Kirschbaum mit kleinen kulinarischen Überraschungen verwöhnen und probieren Sie frisch gepflückte Kirschen. Von dem Bodensee-Guide Moni Maria Müller erfahren Sie allerhand Wissenswertes über die Streuobstwiese und ihre Bedeutung für die Artenvielfalt. Und nebenbei nehmen wir typische Wiesenbewohner mal genauer unter die Lupe. Unkostenbeitrag: Kinder 4 €, Erw. 8 €, Familie 18 €

Ravensburg

Museum Humpis-Quartier:
Textilwerkstatt, 11 Uhr
Stadtbücherei Kornhaussaal: Lesewelt Ravensburg: Ohren auf – nachgedacht und mitgelacht, 10.30 Uhr Vorlesepaten lesen Geschichten für Kinder von 4 bis 7 Jahren. Eingeladen sind alle Kinder, die gerne Geschichten hören. Wer regelmäßig kommt, erhält zur Belohnung ein Buchgeschenk. Und natürlich

dürfen auch Erwachsene zuhören bei den „Samstagsgeschichten" im Kornhaus.

So 26

Konstanz

NABU Konstanz: Lebensraum Wollmatinger Ried, 14.30 Uhr Kinder lernen die Natur mit allen Sinnen, Spiel und Spaß am besten kennen. Deshalb bietet der NABU Konstanz Veranstaltungen zu den Themenbereichen Lebensräume, Pflanzen und Tiere im Wollmatinger Ried speziell für Familien und Kinder an. Gehen Sie mit uns auf Entdeckertour! Unkostenbeitrag:
5 € Kind, 15 € Familien,
Treffpunkt: Vogelhäusle
(befindet sich in der Nähe der Kläranlage Konstanz)

Anregungen für die Ausgabe 2012 nehmen wir gerne entgegen: redaktion@kindersommer-online.de

Meersburg

Burg Meersburg:
Mittelalterliches Treiben
mit einer Söldnertruppe

Ludwigshafen

Hafenfest mit Kinderflohmarkt mit Skytrampolin und Comedy Zauberer Mike Magic

Deggenhausertal

Stallgebäude Homberger Str. 5-7. Wahlweiher: Ponytrekking Tour mit Schatzsuche, 14 Uhr Wandere gemeinsam mit deinem Pony auf dem alten Tobelpfad und finde den verborgenen Popony-Schatz. Bei unserer Schatzsuche überqueren wir Bäche, wandern durchs Unterholz, klettern über umgestürzte Bäume, lauschen dem Wind, trinken Sonnenwasser und finden mit Hilfe aller den verborgenen Schatz. Eure Partner sind Miniponys, die ihr während der Wanderung führt. Unkostenbeitrag: 25 €, Anmeldung unter
Tel: 07555 929088

Gaienhofen

Hermann-Hesse-Höri-Museum: Reise in die Steinzeit, 11 Uhr, Kinder erforschen das Leben auf der Höri während der Steinzeit und experimentieren im Anschluss mit selbst hergestellten Erdfarben.
Ab 7 Jahren, Dauer: ca. 2 Std., Infos unter Tel: 07735 440949

Di 28

Konstanz

Bodensee Naturmuseum: Die Herren im Frack – Pinguine, 15.30 Uhr, Unkostenbeitrag: 4,50 € inkl. Besichtigung einzelner Becken des Sea Life und Bastelmaterial, Dauer: 1,5 Std, Anmeldung unter Tel:
07531 133028, ab 7 Jahren

Illmensee

Landgasthof Adler:
Ponys pflegen und reiten,
14 Uhr. Unkostenbeitrag: 10 €, ab 7 Jahren, Anmeldung unter Tel. 07558 216

Sealife in Konstanz

Mi 29

Markdorf

Eisenbahnstr. 4: Motorradtraining für Kinder, 15 Uhr, Unkostenbeitrag: 10 €, Anmeldung unter Tel. 07544 3297

Do 30

Füssen

Tourist-Information: Fackelwanderung Füssener Altstadt, 20 Uhr, Unkostenbeitrag: 2 €

Juli 2011

Fr 01

Lindau

Kinderstadtführung: Treffpunkt: Tourist-Information, 14.30 Uhr

Sa 02

Ravensburg

Museum Humpis-Quartier Papierwerkstatt, 11 Uhr

Frickingen

Naturatelier Frickingen: Die Geburt des Clowns – Heute schon gelacht? 14 Uhr Wahrnehmungs-, Bewegungs-, Ausdrucks- und Improvisationsspiele. Du tauchst in einen geschützten Spielraum ein, um deinen eigenen Clown kennen zu lernen. In diesem kindlichen Komiker lebt nur eine Wahrheit - die des Augenblicks. Mit Leichtigkeit überwindet er Schwierigkeiten, nimmt Herausforderungen an und verändert seine Sichtweise. Dadurch bist du im „Jetzt" und offen für die Inspiration. Sooo, kannst du dich von Dir selbst überraschen lassen, dich mit Humor neu entdecken, liebevoll auf Deine Macken schauen und ihnen mit Freude begegnen. Eben ein Clown sein! Ein Workshop für alle, die Spaß und Freude in Ihren Alltag bringen wollen. Unkostenbeitrag: 20 €, ab 12 Jahren, Anmeldung unter Tel: 07554 9865683

So 03

Uhldingen-Mühlhofen

Pfahlbaumuseum Unteruhldingen: Steinzeitparcours mit Uhldi, Pfahlbaukino geöffnet

Langenargen

Franz-Anton-Maulbertsch-Schule (bei schlechter Witterung in der Festhalle): LA-in Action – Kinder und Familienfest vom „Runden Tisch", 11 Uhr

Deggenhausertal

Stallgebäude Homberger Str. 5-7. Wahlweiher: Ponytrekking Tour mit Schatzsuche, 14 Uhr Wandere gemeinsam mit deinem Pony auf dem alten Tobelpfad und finde den verborgenen Popony-Schatz. Bei unserer Schatzsuche überqueren wir Bäche, wandern durchs Unterholz, klettern über umgestürzte Bäume, lauschen dem Wind, trinken Sonnenwasser und finden mit Hilfe aller den verborgenen Schatz. Eure Partner sind Miniponys, die ihr während der Wanderung führt. Unkostenbeitrag: 25 €, Anmeldung unter Tel: 07555 929088

Di 05

Illmensee

Landgasthof Adler: Ponys pflegen und reiten, 14 Uhr Unkostenbeitrag: 10 €, ab 7 Jahren, Anmeldung unter Tel: 07558 216

Mi 06

Meersburg

Kinderstadtführung: 5 bis 10 Jahre, Dauer 1,5 h, kostenlos, Treffpunkt: Gästeinformation, 10.30 Uhr

Markdorf

Obst- und Urlaubshof Steffelin, Gartenweg 1: Apfelwochen-Stockbrotbacken, 10.30 Uhr, beim Kinderbrotbacken bereiten die kleinen Bäcker/-innen den Teig zu, formen den Laib und backen ihr Brot im Steinbackofen. Während der Backzeit bekommt jeder ein Glas leckeren Apfelsaft und es wird eine Engelsgeschichte vorgelesen. Wer möchte, kann für sich das dazugehörende Engelsymbol malen. Inzwischen ist das Brot fertig gebacken und jedes Kind bekommt sein eigenes Brot mit nach Hause. Unkostenbeitrag: 5 €, Anmeldung bis zum Vortag unter Tel: 07544 73400

Eisenbahnstr. 4: Motorradtraining für Kinder, 15 Uhr Unkostenbeitrag: 10 €, Anmeldung unter Tel: 07544 3297

Do 07

Füssen

Tourist-Information: Fackelwanderung Füssener Altstadt, 20 Uhr, Unkostenbeitrag: 2 €

Gaienhofen

Hermann-Hesse-Höri-Museum: Reise in die Steinzeit, 15 Uhr. Kinder erforschen das Lebens auf der Höri während der Steinzeit und experimentieren im Anschluss mit selbst hergestellten Erdfarben.
Ab 7 Jahren, Dauer: ca. 2 Std.
Into unter Tel: 07735 440949

Singen

Kulturzentrum GEMS:
Knastkinder, 19 Uhr.
Das Theaterstück spricht die Situation von Straßenkindern an, die in vielen Ländern grundlos oder wegen Bagatellen ins Gefängnis gesteckt werden. Unter unsäglichen Bedingungen sind sie dort monatelang eingesperrt: krank, hungrig, hilflos der Gewalt von Mithäftlingen und Wärtern ausgeliefert und dabei von der Welt vergessen. Allein in den Philippinen sollen es über 20.000 Kinder sein, wie die Kinderrechtsorganisation PREDA mitteilt. UNICEF spricht weltweit von über einer Million Gefängniskindern.
Infos unter Tel.: 07734 935948

Fr 08

Lindau

Kinderstadtführung:
Treffpunkt: Tourist-Information, 14.30 Uhr
Eichwaldbad: Kids for Fun – Piraten Action, 15 Uhr

Singen

Kulturzentrum GEMS:
Knastkinder, 19 Uhr
Das Theaterstück spricht die Situation von Straßenkindern an, die in vielen Ländern grundlos oder wegen Bagatellen ins Gefängnis gesteckt werden. Unter unsäglichen Bedingungen sind sie dort monatelang eingesperrt: krank, hungrig, hilflos der Gewalt von Mithäftlingen und Wärtern ausgeliefert und dabei von der Welt vergessen. Allein in den Philippinen sollen es über 20.000 Kinder sein, wie die Kinderrechtsorganisation PREDA mitteilt. UNICEF spricht weltweit von über einer Million Gefängniskindern.
Infos unter Tel: 07734 935948

Sa 09

Ravensburg

Museum Humpis-Quartier:
Schreibwerkstatt, 11 Uhr

So 10

Uhldingen-Mühlhofen

Pfahlbaumuseum Unteruhldingen:
Steinzeitparcours mit Uhldi, Pfahlbaukino gegöffnet

Konstanz

NABU: Neophyteneinsatz, 14.30 Uhr. Kinder lernen die Natur mit allen Sinnen, Spiel und Spaß am besten kennen. Deshalb bietet der NABU Konstanz Veranstaltungen zu den Themenbereichen Lebensräume, Pflanzen und Tiere im Wollmatinger Ried speziell für Familien und Kinder an. Gehen Sie mit uns auf Entdeckertour!
Unkostenbeitrag: 5 € Kind,

Malen für Kinder und junge Erwachsene in Überlingen

Ab 2011 bietet die Kunstakademie Überlingen Malkurse für Kinder und junge Erwachsene. Immer donnerstags von 15 bis 17 Uhr wird unter der Leitung von Claudia Rusydah Ziesel der Umgang mit Farben und Formen gelehrt. 6 bis 11 Jährige üben das richtige Anmischen von Farben und den Farbauftrag mit realistischen Bildern bis hin zu Traumlandschaften. Für ab 12Jährige werden neue Maltechniken ausprobiert und wir schlagen eine Brücke zu berühmten Malern und ihren Bildern. Nachdem die Sommerkurse für Kinder in den Ferien seit Jahren großen Zulauf hatten, hat die Kunstakademie nun diese Kurse in ihr laufendes Jahresprogramm aufgenommen. Die Teilnehmer sollten ein (Maler)Hemd, leere Plastikbecher für Wasser und einige Pinsel mitbringen. Staffelei, Papier und Farben werden von der Akademie gestellt bzw. sind in den Materialkosten enthalten.
Tel: 07551 9370698,
www.freie-kunstakademie-ueberlingen.de

Bild: Hopfenmuseum in Tettnang

15 € Familien, Treffpunkt: Vogelhäusle (befindet sich in der Nähe der Kläranlage Konstanz)

Deggenhausertal

Stallgebäude Homberger Str. 5-7. Wahlweiher: Ponytrekking Tour mit Schatzsuche, 14 Uhr
Wandere gemeinsam mit deinem Pony auf dem alten Tobelpfad und finde den verborgenen Popony-Schatz. Bei unserer Schatzsuche überqueren wir Bäche, wandern durchs Unterholz, klettern über umgestürzte Bäume, lauschen dem Wind, trinken Sonnenwasser und finden mit Hilfe aller den verborgenen Schatz. Eure Partner sind Miniponys, die ihr während der Wanderung führt.
Unkostenbeitrag: 25 €, Anmeldung unter Tel: 07555 929088

Singen

Kulturzentrum GEMS:
Knastkinder, 19 Uhr.
Das Theaterstück spricht die Situation von Straßenkindern an, die in vielen Ländern grundlos oder wegen Bagatellen ins Gefängnis gesteckt werden. Unter unsäglichen Bedingungen sind sie dort monatelang eingesperrt: krank, hungrig, hilflos der Gewalt von Mithäftlingen und Wärtern ausgeliefert und dabei von der Welt vergessen. Allein in den Philippinen sollen es über 20.000 Kinder sein, wie die Kinderrechtsorganisation PREDA mitteilt. UNICEF spricht weltweit von über einer Million Gefängniskindern. Infos unter
Tel: 07734 935948

Mo 11

Ravensburg

Museum Humpis-Quartier:
Erzählwerkstatt, 14.30 Uhr

Di 12

Illmensee

Landgasthof Adler: Ponys pflegen und reiten, 14 Uhr
Unkostenbeitrag: 10 €,
ab 7 Jahren, Anmeldung unter
Tel: 07558 216

Mi 13

Meersburg

Kinderstadtführung:
5 bis 10 J., Dauer 1,5 h, kostenlos, Gästeinformation, 10.30 Uhr

**Annahmeschluss für 2012 ist im Februar 2010
Tel. 07522 795030**

Markdorf

Eisenbahnstr. 4: Motorradtraining für Kinder, 15 Uhr
Unkostenbeitrag: 10 €, Anmeldung unter Tel. 07544 3297

Füssen

Walderlebniszentrum Ziegelwies: Erste Hilfe im Wald, 14 Uhr. Unkostenbeitrag: 3 €, Anmeldung unter
Tel: 08362 9387550

Tettnang

Hopfenmuseum:
Familienführung, 11 Uhr
Anschließend Bastelangebot
Unkostenbeitrag: 1,50 €/Kind

Do 14

Füssen

Tourist-Information: Fackelwanderung Füssener Altstadt, 20 Uhr. Unkostenbeitrag: 2 €
Walderlebniszentrum:
Gewässerexkursion, 14 Uhr
Junge Naturforscher sind eingeladen zu einem erlebnisreichen Tümpelspaß. Gemeinsam ergründen wir die tierischen und pflanzlichen Lebensräume im Bach. Bitte denkt an Proviant, Getränke, Gummistiefel/Wasserschuhe, Handtuch und falls ihr habt Kescher. Unkostenbeitrag: 3 €, Anmeldung unter
Tel: 08362 9387550

Fr 15

Meersburg

Burg Meersburg:
Mittelalterliches Treiben
mit einer Söldnertruppe

Lindau

Kinderstadtführung: Treffpunkt: Tourist-Information, 14.30 Uhr

Gaienhofen

Hermann-Hesse-Höri-Museum: Mal einen Brief, 15 Uhr, ab 7 Jahre, Dauer: ca. 2 Std. Infos unter Tel: 07735 440949

Sa 16

Ravensburg

Museum Humpis-Quartier: Druckwerkstatt, 11 Uhr

Meersburg

Burg Meersburg: Mittelalterliches Treiben mit einer Söldnertruppe

Friedrichshafen

Uferanlage Seehasenfest: Spielwiese

Nonnenhorn

Bahnhof: Nonnenhorner Erlebnisrallye, 9.30 Uhr Unkostenbeitrag: 3€ inkl. Obst und Getränke

So 17

Meersburg

Burg Meersburg: Mittelalterliches Treiben mit einer Söldnertruppe

Uhldingen-Mühlhofen

Pfahlbaumuseum Unteruhldingen: Steinzeitparcours mit Uhldi, Pfahlbaukino geöffnet

Friedrichshafen

Uferanlage Seehasenfest: Spielwiese

Deggenhausertal

Stallgebäude Homberger Str. 5-7. Wahlweiher: Ponytrekking Tour mit Schatzsuche, 14 Uhr Wandere gemeinsam mit deinem Pony auf dem alten Tobelpfad und finde den verborgenen Popony-Schatz. Bei unserer Schatzsuche überqueren wir Bäche, wandern durchs Unterholz, klettern über umgestürzte Bäume, lauschen dem Wind, trinken Sonnenwasser und finden mit Hilfe aller den verborgenen Schatz. Eure Partner sind Miniponys, die ihr während der Wanderung führt. Unkostenbeitrag: 25 €, Anmeldung unter Tel: 07555 929088

Pfullendorf

Seepark Linzgau: Familientag, ganztägig

Mo 18

Friedrichshafen

Dornier Museum: Warum fliegt ein Flugzeug? Hintergründe zum Medium Luft, Physik und zur Geschichte des Fliegens spielerisch vermittelt sowie lernen anhand eigener Experimente. Workshop für Kinder 8 bis 12 Jahre, nach Anmeldung unter Tel: 07541 4873614

Nonnenhorn

Im Paradies 7: Besichtigung der Fischbrutanstalt, 10.30 Uhr

Friedrichshafen

Uferanlage Seehasenfest: Spielwiese

Di 19

Konstanz

Bodensee Naturmuseum: Sonne, Mond und Sterne - unser Platz im Universum , 16 Uhr Unkostenbeitrag: 2 €, Dauer: 1 Std. ab 7 Jahren

Illmensee

Landgasthof Adler: Ponys pflegen und reiten, 14 Uhr Unkostenbeitrag: 10 €, ab 7 Jahren, Anmeldung unter Tel: 07558 216

Mi 20

Meersburg

Kinderstadtführung: 5 bis 10 Jahre, Dauer 1,5 h, kostenlos, Treffpunkt: Gästeinformation, 10.30 Uhr

Markdorf

Obst- und Urlaubshof Steffelin, Gartenweg 1: Apfelwochen-Stockbrotbacken, 10.30 Uhr. Beim Kinderbrotbacken bereiten die kleinen Bäcker/-innen den Teig zu, formen den Laib und backen ihr Brot im Steinbackofen. Während der Backzeit bekommt jeder ein Glas leckeren Apfelsaft und es wird eine Engelsgeschichte vorgelesen. Wer möchte, kann für sich das dazugehörende Engelsymbol malen. Inzwischen ist das Brot fertig gebacken und jedes Kind bekommt sein eigenes Brot mit nach Hause. Unkostenbeitrag: 5 €, Anmeldung bis zum Vortag unter Tel: 07544 73400

Tettnang

Hopfenmuseum:
Familienführung, 11 Uhr
Anschließend Bastelangebot
Unkostenbeitrag: 1,50 €/Kind

Markdorf

Eisenbahnstr. 4:
Motorradtraining für Kinder, 15 Uhr Unkostenbeitrag: 10 €, Anmeldung unter
Tel: 07544 3297

Do 21

Füssen

Tourist-Information: Fackelwanderung Füssener Altstadt, 20 Uhr, Unkostenbeitrag: 2 €

Walderlebniszentrum:
Gewässerexkursion, 14 Uhr
Junge Naturforscher sind eingeladen zu einem erlebnisreichen Tümpelspaß. Gemeinsam ergründen wir die tierischen und pflanzlichen Lebensräume im Bach. Bitte denkt an Proviant, Getränke, Gummistiefel/Wasserschuhe, Handtuch und falls ihr habt Kescher. Unkostenbeitrag: 3 €, Anmeldung unter
Tel: 08362 9387550

Fr 22

Lindau

Kinderstadtführung:
Treffpunkt: Tourist-Information, 14.30 Uhr

Nonnenhorn

Tennisplatz: Schnuppertennis für Kinder, 10 Uhr Unkostenbeitrag: 3,50 €, ab 6 Jahren

Gaienhofen

Hermann-Hesse-Höri-Museum: Schatzkarten weisen den Weg, 15 Uhr
Im Museum befinden sich alte Landkarten der Region, mit deren Hilfe Kinder ab 5 Jahren nach vergessenen Wegen und unbekannten Orten suchen. Im Anschluss können eigene Schatzkarten gestaltet werden. Ab 5 Jahren, Dauer: ca. 2 Std., Infos unter Tel: 07735 440949

Schloss Achberg (bei Lindau) für Kinder

Mit Sonderausstellung von 2. Juli bis 16. Oktober 2011

Das ehemalige Deutschordensschloss Achberg erfreut sich als Kultur- und Veranstaltungsstätte ebenso großer Beliebtheit wie als attraktives Ausflugsziel für die ganze Familie. Durch seine Lage im wildromantischen Argental stellt es einen idealen Ausgangspunkt für Wanderungen und Radtouren dar.

Von April bis Oktober finden in den Räumen des Schlosses Kunstausstellungen und Konzerte statt. Ein fantasievolles Kinderprogramm begeistert auch die kleinen Schlossbesucher mit Zeitreisen ins Mittelalter, Zeitreisen in die Barockzeit, kindgerechte Führungen durch die Ausstellung und anschließendem Kreativworkshop und LandArt-Projekten im Freien. Im Rahmen von Familien-Schlossführungen lässt sich das Schloss spielerisch gemeinsam erkunden. Eine eigens für Familien konzipierte Kunstausstellung ist ab Juli 2011 zu sehen und lädt zum Mitmachen ein: „schaumal! Künstler und junge Menschen im Dialog“ – 2. Juli bis 16. Oktober. Ein erweitertes Begleitprogramm in Form von Workshops mit den beteiligten Künstlerinnen und Künstlern sowie ein pädagogisch ausgerichtetes Ausstellungskonzept lassen zeitgenössische Kunst auch für die jungen Schlossbesucher zu einem anregenden und inspirierenden Erlebnis werden. Für das leibliche Wohl sorgen die Allgäuer Landfrauen mit regionalen Spezialitäten in der „Alten Schlossküche“.
www.schloss-achberg.de

Sa 23

Ravensburg

Museum Humpis-Quartier: Textilwerkstatt, 11 Uhr

Nonnenhorn

Surfschule im Strandbad Wasserburg: Surf und SUP Schnupperkurs, 10 Uhr. Unkostenbeitrag: 9 €, ab 8 Jahren

So 24

Konstanz

Archäologisches Landsmuseum: Sommerfest im ALM. Aktionen, Präsentationen, Führungen und noch viel mehr rund um die Archäologie der Eiszeit.Der Eintritt an diesem Tag ist frei!!!

Uhldingen-Mühlhofen

Pfahlbaumuseum Unteruhldingen: Steinzeitparcours mit Uhldi, Pfahlbaukino geöffnet

Deggenhausertal

Stallgebäude Homberger Str. 5-7. Wahlweiher: Ponytrekking Tour mit Schatzsuche, 14 Uhr Wandere gemeinsam mit deinem Pony auf dem alten Tobelpfad und finde den verborgenen Popony-Schatz. Bei unserer Schatzsuche überqueren wir Bäche, wandern durchs Unterholz, klettern über umgestürzte Bäume, lauschen dem Wind, trinken Sonnenwasser und finden mit Hilfe aller den verborgenen Schatz. Eure Partner sind Miniponys, die ihr während der Wanderung führt. Unkostenbeitrag: 25 €, Anmeldung unter Tel: 07555 929088

Mo 25

Füssen

Feuerwehrhaus in Weißensee-Wiedmar: Feuerwehr zum Anfassen, 19 Uhr. Die Feuerwehr kommt mit dem Einsatzfahrzeug, Blaulicht und ihren Wasserspritzen an den Weißensee.

Friedrichshafen

Dornier Museum: Warum fliegt ein Flugzeug? Hintergründe zum Medium Luft, Physik und zur Geschichte des Fliegens spielerisch vermittelt sowie lernen anhand eigener Experimente. Workshop für Kinder 8 bis 12 Jahre, nach Anmeldung unter Tel: 07541 4873614

Di 26

Konstanz

Bodensee Naturmuseum: Schwerarbeiter unter der Erde: Regenwürmer, 15.30 Uhr Unkostenbeitrag: 2 €, Dauer: 1 Std. Info unter Tel: 07531 133028

Illmensee

Landgasthof Adler: Ponys pflegen und reiten, 14 Uhr, 10 €, ab 7 Jahren, Anmeldung Tel: 07558 216

Mi 27

Meersburg

Kinderstadtführung: 5 bis 10 J., Dauer 1,5 h kostenlos, Gästeinformation, 10.30 Uhr

Füssen

Walderlebniszentrum Ziegelwies: Erste Hilfe im Wald, 14 Uhr, Unkostenbeitrag: 3 €, Anmeldung unter Tel: 08362 9387550

Markdorf

Eisenbahnstr. 4: Motorradtraining für Kinder, 15 Uhr Unkostenbeitrag: 10 €, Anmeldung unter Tel: 07544 3297

Tettnang

Hopfenmuseum: Familienführung, 11 Uhr Anschließend Bastelangebot Unkostenbeitrag: 1,50 €/Kind

Do 28

Füssen

Tourist-Information: Fackelwanderung Füssener Altstadt, 20 Uhr, Unkostenbeitrag: 2 €

Hagnau

Gwandhaus im Hof: Kindertheater: Clown Paul spielt Circus / Rote Nase, 17 Uhr. Mitmachtheater für Kinder ab 4 Jahre Clown Paul freut sich mit den Zuschauern auf die Zirkusvorstellung. Super, denn im Circus gibt es viel zu erleben: Löwenbändiger, Seiltänzer, Akrobaten, Zauberer, Jongleure. Schon kann es losgehen. Aber wo sind alle Artisten, Akrobaten und wilden Tiere? Muss die Vorstellung ausfallen? - Nein, das darf sie nicht! Denn dann spielt Clown Paul selbst Circus! Die Kinder müssen helfen und mitmachen, damit es schließlich heißt: Mangege frei! Unkostenbeitrag: 3 €

Füssen

Walderlebniszentrum:
Gewässerexkursion, 14 Uhr
Junge Naturforscher sind eingeladen zu einem erlebnisreichen Tümpelspaß. Gemeinsam ergründen wir die tierischen und pflanzlichen Lebensräume im Bach. Bitte denkt an Proviant, Getränke, Gummistiefel/Wasserschuhe, Handtuch und falls ihr habt Kescher.
Unkostenbeitrag: 3 €, Anmeldung unter Tel: 08362 9387550

Gaienhofen

Hermann-Hesse-Höri-Museum: Schatzkarten weisen den Weg, 11 Uhr
Im Museum befinden sich alte Landkarten der Region, mit deren Hilfe Kinder ab 5 Jahren nach vergessenen Wegen und unbekannten Orten suchen. Im Anschluss können eigene Schatzkarten gestaltet werden.
Ab 5 Jahren, Dauer: ca. 2 Std.
Infos unter Tel: 07735 440949

Fr 29

Nonnenhorn

Hafen:
Schnuppersegeln, 14 Uhr

Lindau

Kinderstadtführung:
Treffpunkt: Tourist-Information, 14.30 Uhr

Langenargen

Uferfest: Fallschirmspringen
11 und 14.30 Uhr

Sipplingen

Wanderparkplatz Süßenmühle: Abenteuer Hödinger Tobel, 10 Uhr
Auf schmalen Pfaden wandern wir mit dem Bodensee Guide Moni Maria Müller durch diese wilde Eiszeitschlucht. Wir entdecken die Geheimnisse dieses Naturschutzgebietes: Türkenbundlilie, Silberblatt, Kalktuff und Sternmoose und suchen nach Spuren von Tieren.
Unkostenbeitrag: Kinder 4 €, Erw. 8 €, Familie 18 €
Bei starkem Regen wird die Tour auf Mittwoch, 3. August verschoben (gleiche Uhrzeit)

Illmensee

Neues Feuerwehrhaus:
Besuch bei der Feuerwehr, 14.30 Uhr. Spritztour mit dem Feuerwehrauto, Spritz-Probe „Wasser marsch!"
Unkostenbeitrag: 1,50 €

Bild: Zeppelin Musuem in Friedrichshafen

Sa 30

Langenargen

Uferfest: Kinderflohmarkt 8 Uhr, Modellflug-Show 10 Uhr, Kinderaktionswiese 11 Uhr Fallschirmspringen, Mitfahrt auf dem Schleusenrammler 14 Uhr

Nonnenhorn

Bahnhof: Nonnenhorner Erlebnisrallye, 9.30 Uhr Unkostenbeitrag: 3 € inkl. Obst und Getränke, ab 8 Jahren

Surfschule im Strandbad Wasserburg: Surf und SUP Schnupperkurse für Kinder, 10 Uhr, Unkostenbeitrag: 9 €, ab 8 Jahren

Ravensburg

Museum Humpis-Quartier: Kochwerkstatt, 11 Uhr

So 31

Langenargen

Uferfest: Kinderaktionswiese 11 Uhr Mitfahrt auf dem Schleusenrammler 14 Uhr

Uhldingen-Mühlhofen

Pfahlbaumuseum Unteruhldingen: Museumsfest - Steinzeitparcours mit Uhldi, Pfahlbaukino geöffnet

Gaienhofen

Hermann-Hesse-Höri-Museum: Sommerfest – Tag der offenen Tür, 11 Uhr Schatzkisten bergen - Bastelaktion für Kinder u.a. Aktionen rund um das Museum.

Deggenhausertal

Stallgebäude Homberger Str. 5-7. Wahlweiher: Ponytrekking Tour mit Schatzsuche, 14 Uhr Wandere gemeinsam mit deinem Pony auf dem alten Tobelpfad und finde den verborgenen Popony-Schatz. Bei unserer Schatzsuche überqueren wir Bäche, wandern durchs Unterholz, klettern über umgestürzte Bäume, lauschen dem Wind, trinken Sonnenwasser und finden mit Hilfe aller den verborgenen Schatz. Eure Partner sind Miniponys, die ihr während der Wanderung führt.
Unkostenbeitrag: 25 €, Anmeldung unter Tel: 07555 929088

August

Mo 01

Öhningen

Bootsstüble Wangen: Zirkuswochen 1. bis 6. August Jonglage, Akrobatik, Artistik, Clownerie, Musik ... alles was dazu gehört kann ausprobiert und geübt werden. Am Ende der Woche gibt es eine gemeinsame Show.
Betreut werden die kleinen Artisten von ausgebildeten Zirkus- und Theaterpädagogen vom Zirkus Risolino. 6 bis 12 Jahre

Sigmarszell

Karibu Lern- und Erlebnisbauernhof: Spiel und Spaß rund um die Tiere des Hofes (Pferde, Esel, Kühe, Ziegen, ...), Bauen, Basteln und Baden. , 9 bis 18 Uhr Donnerstag auf Freitag Übernachtung. Unkostenbeitrag: ca. 90 € (inklusive Essen und Getränke), ab 8 Jahren, Anmeldung unter Tel: 08389 984702

Di 02

Sigmarszell

Karibu Lern- und Erlebnisbauernhof: Spiel und Spaß rund um die Tiere des Hofes (Pferde, Esel, Kühe, Ziegen, ...), Bauen, Basteln und Baden. , 9 bis 18 Uhr Donnerstag auf Freitag Übernachtung. Unkostenbeitrag: ca. 90 € (inklusive Essen und Getränke), ab 8 Jahren, Anmeldung unter Tel: 08389 984702

Nonnenhorn

Tourist-Info Nonnenhorn: Vicy´s Zaubershow, 11 Uhr Unkostenbeitrag: 3 €

Weingarten

Münsterplatz, vor dem Amt für Kultur und Tourismus: Kinder auf Entdeckungsreise im geheimnisvollen Weingarten Unkostenbeitrag: 2 €, Anmeldung unter Tel: 0751 405232

Illmensee

Landgasthof Adler: Ponys pflegen und reiten, 14 Uhr Unkostenbeitrag: 10 €, ab 7 Jahren, Anmeldung unter Tel: 07558 216

Mi 03

Friedrichshafen

Zeppelin Museum: Familienführung: Wasser-Straße-Schiene-Luft - Mobilität am Boden-

Rundfahrt mit der Kapitänsschaluppe in Langenargen

see, 14.30 Uhr. Dauer: 90 min.

Sigmarszell

Karibu Lern- und Erlebnisbauernhof:
Spiel und Spaß rund um die Tiere des Hofes (Pferde, Esel, Kühe, Ziegen, ...), Bauen, Basteln und Baden. , 9 bis 18 Uhr Donnerstag auf Freitag Übernachtung. Unkostenbeitrag: ca. 90 € (inklusive Essen und Getränke), ab 8 Jahren, Anmeldung unter Tel: 08389 984702

Meersburg

Kinderstadtführung:
5 bis 10 Jahre, Dauer 1,5 h, kostenlos, Treffpunkt: Gästeinformation, 10.30 Uhr

Friedrichshafen

Dornier Museum:
Kreativ-Workshop, 10 Uhr
Für alle, die Visionen haben: Gemeinsam bauen wir den Flughafen von morgen! Aus verschiedenen Materialien entstehen Gebäude, Flugzeuge und alles, was nötig ist, um sicher in die Luft und wieder heil auf die Erde zu gelangen. Nach dem Workshop wird das Ergebnis bis zum Ferienende ausgestellt mit der Einladung an alle Besucher, weiter daran zu bauen. Unkostenbeitrag: 8 €, ab 6 Jahren

Öhningen

Bootsstüble Wangen:
Touren auf dem Untersee
Indianertour mit Schminken, Feuerwasser,... 5 bis 12 Jahren

Sipplingen

Kinderführung in der Bodensee-Wasserversorgung:
Teilnahme ist nur nach Voranmeldung in der Tourist-Information möglich, 9.30 Uhr.

Friedrichshafen

Dornier Museum:
Kinderuni Friedrichshafen - Motto „Vom Riesenflugboot zum Spaceshuttle", 10 Uhr
Für Kinder von 5 bis 6 Jahren
Anmeldung unter:
fn.kinderuni@yahoo.de

Langenargen

Gondelhafen bei der Tourist-Information:
Piratenfahrt, 9.30 Uhr
Unkostenbeitrag: 8 €, verkleidet mit Piratenkostüm 6 €,
Anmeldung: 07543 9330-92

Wilhelmsdorf

SHB-Naturschutzzentrum:
Outdoorcooking, 10 Uhr
Wie bereite ich unter freiem Himmel ganz einfach schmackhafte und gesunde Speisen? Was muss ich beim Feuer machen beachten? Welche Pflanzen kann ich essen und welche muss ich meiden? Unkostenbeitrag: 10 €, Anmeldung unter Tel: 07503 739

Weingarten

Vorhalle der Basilika:
Kinderführung in der Basilika
Unkostenbeitrag: 2 €, Anmeldung unter Tel: 0751 405232

Tettnang

Hopfenmuseum:
Familienführung, 11 Uhr
Anschließend Bastelangebot
Unkostenbeitrag: 1,50 €/Kind

Markdorf

Eisenbahnstr. 4: Motorradtraining für Kinder, 15 Uhr
Unkostenbeitrag: 10 €, Anmeldung unter Tel: 07544 3297

Illmensee

Berggasthof Höchsten:
Klettern an der Kletterwand und an Bäumen, 15 Uhr
Unkostenbeitrag: 3 €, Anmeldung unter Tel: 07558 938076

Do 04

Füssen

Tourist-Information:
Fackelwanderung Füssener Altstadt, 20 Uhr
Unkostenbeitrag: 2 €

Nonnenhorn

Surfschule im Strandbad Wasserburg: Surf und SUP Schnupperkurs für Kinder, 10 Uhr Unkostenbeitrag: 9 €, ab 8 Jahren

Friedrichshafen

Dornier Museum: Kreativ-Workshop, 10 Uhr Gemeinsam bauen wir den Flughafen von morgen! Aus verschiedenen Materialien entstehen Gebäude, Flugzeuge und alles, was nötig ist, um sicher in die Luft und wieder heil auf die Erde zu gelangen. Nach dem Workshop wird das Ergebnis bis zum Ferienende ausgestellt mit der Einladung an alle Besucher, weiter daran zu bauen. Unkostenbeitrag: 8 €, ab 6 Jahren

Sigmarszell

Karibu Lern- und Erlebnisbauernhof: Spiel und Spaß rund um die Tiere des Hofes (Pferde, Esel, Kühe, Ziegen, ...), Bauen, Basteln und Baden. , 9 bis 18 Uhr Donnerstag auf Freitag Übernachtung. Unkostenbeitrag: ca. 90 € (inklusive Essen und Getränke), ab 8 Jahren, Anmeldung unter Tel: 08389 984702

Füssen

Walderlebniszentrum: Gewässerexkursion, 14 Uhr Junge Naturforscher sind eingeladen zu einem erlebnisreichen Tümpelspaß. Gemeinsam ergründen wir die tierischen und pflanzlichen Lebensräume im Bach. Bitte denkt an Proviant, Getränke, Gummistiefel/Wasserschuhe, Handtuch und falls ihr habt Kescher. Unkostenbeitrag: 3 €, Anmeldung unter Tel: 08362 9387550

Fr 05

Lindau

Kinderstadtführung: Treffpunkt: Tourist-Information, 14.30 Uhr

Anregungen für die Ausgabe 2012 nehmen wir gerne entgegen: redaktion@kindersommer-online.de

Eichwaldbad: Kids for Fun – Wasser Spaß und Spiel, 15 Uhr

Allensbach

Seegarten Allensbach, Bühne am See: Abschlussaufführung des Musical-Projekts „Ameisenkäfer und co."
Ein Insektenmusical mit Katrin Orth und Ralf Siebenand vom Musiktheater LUPE

Sigmarszell

Karibu Lern- und Erlebnisbauernhof: Spiel und Spaß rund um die Tiere des Hofes: Bauen, Basteln und Baden. , 9 bis 18 Uhr Donnerstag auf Freitag Übernachtung Unkostenbeitrag: ca. 90 € (inklusive Essen und Getränke), ab 8 Jahren, Anmeldung unter Tel: 08389 984702

Nonnenhorn

Schäfflerplatz: Kinderflohmarkt, 9 €

Illmensee

Neues Feuerwehrgerätehaus: Bobbycar Rennen, 9.30 Uhr

Pfingstferien Programm: Zeughaus Lindau-Insel

„Das Zottelmammut",
Pfingstmontag, 13. Juni, 15 Uhr
Ein Bilderbuchtier möchte einmal wirklich bei den Kindern sein... und steigt aus dem Bilderbuch heraus. Hier beginnt die Geschichte, die der Puppenspieler Ferdinand Resch zusammen mit den Kindern auf der Zeughausbühne entstehen lässt. Eintritt 5 €
(Für Kinder ab 4 Jahren)

„Die Duftsammlerin", Sonntag, 19. Juni, 15 Uhr
Eine bezaubernde Geschichte über das Riechen und darüber, wie Atem und Duft in die Welt kamen, wie man mit Düften reisen kann, über Großmutter und Großmutters Nase... (Sabine Zieser / Landestheater Vorarlberg) Eintritt 5 € (Für Kinder ab 6 Jahren)

„Klapperbeins Märchenbuch",
Sonntag, 26. Juni, 15 Uhr
Und auch in diesem Jahr gibt's eine Kasperkomödie für große und vor allem kleine Leute. Da heißt es wieder Mitfiebern, Daumendrücken, Spaßhaben mit Kasper, Wurstl & Co. (Sven „Max" von Falkowski, Kasperhaus Wangen) Eintritt 5 € (Für Kinder ab 4 Jahren)

Bild: Deggenhausertal

Unkostenbeitrag: 1,50 €, ab 3 Jahren

Sa 06

Friedrichshafen

Zeppelin Museum: Stadtführung für Kinder – Wir entdecken unsere Stadt

Illmensee

Seglerparkplatz: Schnuppersegeln, 10 Uhr Anmeldung unter Tel: 07552 251131, ab 8 Jahren

So 07

Uhldingen-Mühlhofen

Pfahlbaumuseum Unteruhldingen: Steinzeitparcours mit Uhldi, Pfahlbaukino geöffnet

Deggenhausertal

Stallgebäude Homberger Str. 5-7. Wahlweiher: Ponytrekking Tour mit Schatzsuche, 14 Uhr. Wandere gemeinsam mit deinem Pony auf dem alten Tobelpfad und finde den verborgenen Popony-Schatz. Bei unserer Schatzsuche überqueren wir Bäche, wandern durchs Unterholz, klettern über umgestürzte Bäume, lauschen dem Wind, trinken Sonnenwasser und finden mit Hilfe aller den verborgenen Schatz. Eure Partner sind Miniponys, die ihr während der Wanderung führt. Unkostenbeitrag: 25 €, Anmeldung unter Tel: 07555 929088

Illmensee

Seglerparkplatz: Schnuppersegeln, 10 Uhr. Anmeldung unter Tel: 07552 251131, ab 8 Jahren

Mo 08

Füssen

Feuerwehrhaus in Weißensee-Wiedmar: Feuerwehr zum Anfassen, 19 Uhr. Die Feuerwehr kommt mit dem Einsatzfahrzeug, Blaulicht und ihren Wasserspritzen an den Weißensee.

Illmensee

Seefreibad: Kleines Einmaleins des Angelns, 18 Uhr. Anmeldung unter Tel: 07552 251131

Di 09

Friedrichshafen

Dornier Museum: Warum fliegt ein Flugzeug? Hintergründe zum Medium Luft, Physik und zur Geschichte des Fliegens spielerisch vermittelt sowie lernen anhand eigener Experimente. Workshop für Kinder 8 bis 12 Jahre, nach Anmeldung unter Tel: 07541 4873614

Illmensee

Landgasthof Adler: Ponys pflegen und reiten, 14 Uhr Unkostenbeitrag: 10 €, ab 7 Jahren, Anmeldung unter Tel: 07558 216

Ravensburg

Stadtbücherei Kornhaussaal: Kinderliedermacher Ferri mit dem Programm „Wer hat die schönste Gänsehaut", 16 Uhr

Illmensee

Seefreibad: Kleines Einmaleins des Angelns, 18 Uhr Anmeldung unter Tel: 07552 251131

Mi 10

Meersburg

Kinderstadtführung: 5 bis 10 Jahre, Dauer 1,5 h, kostenlos, Treffpunkt: Gästeinformation, 10.30 Uhr

Öhningen

Bootsstüble Wangen: Touren auf dem Untersee Wikingertour, 5 bis 12 Jahren

Sipplingen

Kinderführung in der Bodensee-Wasserversorgung: Teilnahme ist nur nach Voranmeldung in der Tourist-Information möglich, 9.30 Uhr.

Friedrichshafen

Dornier Museum: Warum fliegt ein Flugzeug? Hintergründe zum Medium Luft, Physik und zur Geschichte des Fliegens spielerisch vermittelt sowie lernen anhand eigener Experimente. Workshop für Kinder 8 bis 12 Jahre, nach Anmeldung unter Tel: 07541 4873614

Markdorf

Eisenbahnstr. 4: Motorradtraining für Kinder, 15 Uhr Unkostenbeitrag: 10 €, Anmeldung unter Tel: 07544 3297

Friedrichshafen

Wissenswerkstatt FN e.V.: Rückstoßprinzip/Raketenbau

Zeppelin Museum: Familienführung: Wasser-Straße-Schiene-Luft - Mobilität am Bodensee, 14.30 Uhr. Dauer: 90 min.

Tettnang

Hopfenmuseum: Familienführung, 11 Uhr, 1,50 € Anschließend Bastelangebot

Do 11

Bermatingen

Ziegeleistr. 28, Töpferei Fr. Neumann: Modellieren mit Ton für Kinder und Eltern Unkostenbeitrag: 7 €, Anmeldung unter Tel: 07544 3901

Füssen

Walderlebniszentrum: Gewässerexkursion, 14 Uhr Junge Naturforscher sind eingeladen zu einem erlebnisreichen Tümpelspaß. Gemeinsam ergründen wir die tierischen und pflanzlichen Lebensräume im Bach. Bitte denkt an Proviant, Getränke, Gummistiefel/Wasserschuhe, Handtuch und falls ihr habt Kescher. Unkostenbeitrag: 3 €, Anmeldung unter Tel: 08362 9387550

Füssener Altstadt: Fackelwanderung, 20 Uhr Unkostenbeitrag: 2 €

Nonnenhorn

Surfschule im Strandbad Wasserburg: Surf und SUP Schnupperkurs für Kinder, 10 Uhr. Unkostenbeitrag: 9 €, ab 8 Jahren

Fr 12

Lindau

Kinderstadtführung: Treffpunkt: Tourist-Information, 14.30 Uhr

Nonnenhorn

Tennisplatz: Schnuppertennis für Kinder, 10 Uhr Unkostenbeitrag: 3,50 €, ab 6 Jahren

So 14

Uhldingen-Mühlhofen

Pfahlbaumuseum Unteruhldingen Steinzeitparcours mit Uhldi, Pfahlbaukino geöffnet

Konstanz

NABU: Vogelkinder, 14.30 Uhr Kinder lernen die Natur mit allen Sinnen, Spiel und Spaß am besten kennen. Deshalb bietet der NABU Konstanz Veranstaltungen zu den Themenbereichen Lebensräume, Pflanzen und Tiere im Wollmatinger Ried speziell für Familien und Kinder an. Gehen Sie mit uns auf Entdeckertour! Unkostenbeitrag: 5 € Kind, 15 € Familien, Treffpunkt: Vogelhäusle (befindet sich in der Nähe der Kläranlage Konstanz)

Langenargen

Schloss-Park: Mini-LA, Kinderspielstadt

Nonnenhorn

Strandbad Nonnenhorn: Geräte Schnupper Tauchen für Kinder, 10 Uhr. Unkostenbeitrag: 4 €, ab 8 Jahren

Deggenhausertal

Stallgebäude Homberger Str. 5-7. Wahlweiher: Ponytrekking Tour mit Schatzsuche, 14 Uhr Wandere gemeinsam mit deinem Pony auf dem alten Tobelpfad und finde den verborgenen Popony-Schatz. Bei unserer Schatzsuche überqueren wir Bäche, wandern durchs Unterholz, klettern über umgestürzte Bäume, lauschen dem Wind, trinken Sonnenwasser und finden mit Hilfe aller den verborgenen Schatz. Eure Partner sind Miniponys, die ihr während der Wanderung führt. Unkostenbeitrag: 25 €, Anmeldung unter Tel: 07555 929088

Mo 15

Langenargen

Schloss-Park: Mini-LA, Kinderspielstadt

Allensbach

Seegarten Allensbach, Bühne am See:
Puppen- und Drehorgelspiel Kauter & Sauter „ Tischlein deck dich“. Das Figurentheater Kauter und Sauter spielt das Märchen vom „ Tischlein Deck Dich “
Die Geschichte erzählt vom Schneider, der seine drei Söhne aus dem Hause jagt. So in die Welt hinausgeworfen, erlernen sie ihr Handwerk und verdienen sich mit Fleiß und Können ein „Tischlein deck dich“, den „Goldesel“ und den „Knüppel aus dem Sack “. Auf dem Weg zurück zu ihrem Vater begegnet ihnen ein seltsamer Wirt.
Ein schwäbisches Tabula rasa.
Unkostenbeitrag: 3 €

Di 16

Hagnau

Gwandhaus im Hof:
Kindertheater:
Tischlein deck dich / Figurentheater Kauter & Sauter, 17 Uhr
Die Geschichte erzählt vom Schneider, der seine drei Söhne aus dem Hause jagt. So in die Welt hinausgeworfen erlernen sie ihr Handwerk und verdienen sich mit Fleiß und Können ein „Tischlein deck dich“, den „Goldesel“ und den „Knüppel aus dem Sack “. Auf dem Weg zurück zu ihrem Vater begegnet ihnen ein seltsamer Wirt. Ein schwäbisches Tabula rasa. Das Figurenspiel ist mit einer guten Portion Humor in Szene gesetzt.
Unkostenbeitrag: 3 €

Illmensee

Landgasthof Adler: Ponys pflegen und reiten, 14 Uhr
Unkostenbeitrag: 10 €,
ab 7 Jahren, Anmeldung unter Tel: 07558 216

Langenargen

Schloss-Park:
Mini-LA, Kinderspielstadt

Weingarten

Münsterplatz, vor dem Amt für Kultur und Tourismus:
Kinder auf Entdeckungsreise im geheimnisvollen Weingarten
Unkostenbeitrag: 2 €, Anmeldung unter Tel: 0751 405232

Ravensburg

Stadtbücherei Kornhaussaal:
Igraine Ohnefurcht - das mutige Rittermädchen, 16 Uhr

Mi 17

Meersburg

Kinderstadtführung:
5 bis 10 Jahre, Dauer 1,5 h, kostenlos, Treffpunkt: Gästeinformation, 10.30 Uhr

Sipplingen

Kinderführung in der Bodensee-Wasserversorgung:
Teilnahme ist nur nach Voranmeldung in der Tourist-Information möglich, 9.30 Uhr.

Langenargen

Schloss-Park:
Mini-LA, Kinderspielstadt

Friedrichshafen

Zeppelin Museum: Familienführung: Wasser-Straße-Schiene-Luft - Mobilität am Bodensee, 14.30 Uhr. Dauer: 90 min.

Markdorf

Eisenbahnstr. 4: Motorradtraining für Kinder, 15 Uhr
Unkostenbeitrag: 10 €, Anmeldung unter Tel: 07544 3297

Tettnang

Hopfenmuseum:
Familienführung, 11 Uhr.
Anschließend Bastelangebot.
Unkostenbeitrag: 1,50 €/Kind

Do 18

Langenargen

Schloss-Park:
Mini-LA, Kinderspielstadt

Füssen

Walderlebniszentrum:
Gewässerexkursion, 14 Uhr
Junge Naturforscher sind eingeladen zu einem erlebnisreichen Tümpelspaß. Gemeinsam ergründen wir die tierischen und pflanzlichen Lebensräume im Bach. Bitte denkt an Proviant, Getränke, Gummistiefel/Wasserschuhe, Handtuch und falls hr habt Kescher. Unkostenbeitrag: 3 €, Anmeldung unter
Tel. 08362 9387550

Nonnenhorn

Surfschule im Strandbad Wasserburg:
Surf und SUP Schnupperkurs für Kinder, 10 Uhr, Unkostenbeitrag: 9 €, ab 8 Jahren

Füssen

Tourist-Information: Fackelwanderung Füssener Altstadt, 20 Uhr, Unkostenbeitrag: 2 €

Bild: Pfahlbauten in Unterhuldingen

Bermatingen

Ziegeleistr. 28, Töpferei Fr. Neumann: Modellieren mit Ton für Kinder und Eltern
Unkostenbeitrag: 7 €, Anmeldung unter Tel: 07544 3901

Fr 19

Ravensburg

Feuerwehrwache Salzstadel: Ferienprogramm rund um die Feuerwehr, 14 Uhr
Dauer: ca. 2 Std.

Meersburg

Burg Meersburg: Mittelalterliches Treiben mit einer Söldnertruppe

Lindau

Kinderstadtführung: Treffpunkt: Tourist-Information, 14.30 Uhr

Langenargen

Schloss-Park: Mini-LA, Kinderspielstadt

Sa 20

Meersburg

Burg Meersburg: Mittelalterliches Treiben mit einer Söldnertruppe

So 21

Meersburg

Burg Meersburg: Mittelalterliches Treiben mit einer Söldnertruppe

Uhldingen-Mühlhofen

Pfahlbaumuseum Unteruhldingen: Steinzeitparcours mit Uhldi, Pfahlbaukino geöffnet

Deggenhausertal

Stallgebäude Homberger Str. 5-7. Wahlweiher: Ponytrekking Tour mit Schatzsuche, 14 Uhr. Wandere gemeinsam mit deinem Pony auf dem alten Tobelpfad und finde den verborgenen Popony-Schatz. Bei unserer Schatzsuche überqueren wir Bäche, wandern durchs Unterholz, klettern über umgestürzte Bäume, lauschen dem Wind, trinken Sonnenwasser und finden mit Hilfe aller den verborgenen Schatz. Eure Partner sind Miniponys, die ihr während der Wanderung führt.
Unkostenbeitrag: 25 €, Anmeldung unter Tel: 07555 929088

Mo 22

Uhldingen-Mühlhofen

Pfahlbaumuseum Unteruhldingen: ARCHAE-X Tage der experimentellen Archäologie, Herstellung eines Einbaums, Steinzeitmann „Blumammu"

Friedrichshafen

Im Spielehaus: Kinder Sommer Camp

Illmensee

Tennisplatz: Schnuppertennis, 9.30 Uhr. Anmeldung unter Tel: 07552 251131, ab 8 Jahren

Bild: Bodensee Naturmuseum in Konstanz

Di 23

Uhldingen-Mühlhofen

Pfahlbaumuseum Unteruhldingen: ARCHAE-X Tage der experimentellen Archäologie, Herstellung eines Einbaums, Steinzeitmann „Blumammu"

Illmensee

Landgasthof Adler: Ponys pflegen und reiten, 14 Uhr
Unkostenbeitrag: 10 €,
ab 7 Jahren, Anmeldung
unter Tel: 07558 216

Nonnenhorn

Feuerwehrhaus: Wasserspiele mit der Feuerwehr, 17.30 Uhr

Konstanz

Bodensee Naturmuseum: Mutig, mutig - eine Bilderbuchgeschichte von Tieren, die sich was trauen, 15.30 Uhr
Unkostenbeitrag: 2 €,
Dauer: 1 Std. Info unter
Tel: 07531 133028

Friedrichshafen

Im Spielehaus:
Kinder Sommer Camp

Tettnang

Hopfenmuseum:
Hopfenernte erleben und Museumsführung, 11 und 15 Uhr. Von der Besichtigung der großen Hopfenpflückmaschine geht es zum Hopfenbrocken von Hand. Anschließend Bastelangebot. Unkostenbeitrag: 1,50 €/Kind, 5 €/Erwachsene, Bastelmaterial zwischen 1,50 € & 5 €.

Mi 24

Uhldingen-Mühlhofen

Pfahlbaumuseum Unteruhldingen: ARCHAE-X Tage der experimentellen Archäologie, Herstellung eines Einbaums, Steinzeitmann „Blumammu"

Meersburg

Kinderstadtführung:
5 bis 10 Jahre, Dauer 1,5 h,
kostenlos, Treffpunkt:
Gästeinformation, 10.30 Uhr

Markdorf

Eisenbahnstr. 4: Motorradtraining für Kinder, 15 Uhr
Unkostenbeitrag: 10 €, Anmeldung unter Tel: 07544 3297

Sipplingen

Kinderführung in der Bodensee-Wasserversorgung:
Teilnahme ist nur nach Voranmeldung in der Tourist-Information möglich, 9.30 Uhr.

Langenargen

Gondelhafen bei der Tourist-Information:
Piratenfahrt, 9.30 Uhr
Unkostenbeitrag: 8 €,
verkleidet mit Piratenkostüm 6 €,
Anmeldung: Tel: 07543 9330-92

Sipplingen

Parkplatz Landhaus Sternen:
Wunderwelt der Insekten
für Kinder, 13 Uhr. Im Ökomobil des Regierungspräsidiums Tübingen wird so manches unscheinbares Käferchen unter die Lupe genommen. Da die Teilnehmerzahl begrenzt ist, ist eine Voranmeldung bei der Tourist-Information notwendig.

Friedrichshafen

Im Spielehaus:
Kinder Sommer Camp

Zeppelin Museum:
Familienführung: Wasser-Straße-Schiene-Luft - Mobilität am Bodensee, 14.30 Uhr
Dauer: 90 min.

Tettnang

Hopfenmuseum:
Hopfenernte erleben und Museumsführung, 11 und 15 Uhr. Von der Besichtigung der großen Hopfenpflückmaschine geht es zum Hopfenbrocken von Hand. Anschließend Bastelangebot. Unkostenbeitrag:
1,50 €/Kind, 5,00 €/ Erwachsene, Bastelmaterial zwischen 1,50 € und 5 €.

Do 25

Uhldingen-Mühlhofen

Pfahlbaumuseum Unteruhldingen: ARCHAE-X Tage der experimentellen Archäologie, Herstellung eines Einbaums, Steinzeitmann „Blumammu"

Nonnenhorn

Surfschule im Strandbad Wasserburg: Surf und SUP Schnupperkurs für Kinder, 10 Uhr. Unkostenbeitrag: 9 €, ab 8 Jahren

Füssen

Tourist-Information: Fackelwanderung Füssener Altstadt, 20 Uhr, Unkostenbeitrag: 2€

Friedrichshafen

Im Spielehaus: Kinder Sommer Camp

Tettnang

Hopfenmuseum: Hopfenernte erleben und Museumsführung, 11 und 15 Uhr. Besichtigung der großen Hopfenpflückmaschine geht es zum Hopfenbrocken von Hand. Anschließend Bastelangebot. Unkostenbeitrag: 1,50 €/Kind, 5 €/Erwachsene, Bastelmaterial zwischen 1,50 € und 5 €.

Fr 26

Lindau

Kinderstadtführung: Treffpunkt: Tourist-Information, 14.30 Uhr

Uhldingen-Mühlhofen

Pfahlbaumuseum Unteruhldingen: ARCHAE-X Tage der experimentellen Archäologie, Herstellung eines Einbaums, Steinzeitmann „Blumammu"

Friedrichshafen

Im Spielehaus: Kinder Sommer Camp

Frickingen

Naturatelier: Mosaikwerkstatt, 17 Uhr. Wir gestalten bei diesem Workshop mehrere Skulpturen, die zum Teil als Trägerform schon vorgefertigt sind. Die Unterwasserwelt wird lebendig in der Gestalt eines überdimensionalen Krebses und anderen Wasserwesen. Sie lernen dabei die verschiedenen Techniken und Materialien kennen und erhalten Anregungen für ihre eigenen Projekte. Es sind keine Vorkenntnisse erforderlich. Die Skulpturen werden nach Fertigstellung im Naturatelier ausgestellt. Bei trockenem Wetter können Sie den Tag am Buzz Stopp mit Getränken und Gegrilltem ausklingen lassen. Unkostenbeitrag: 35 €, ab 6 Jahren, Anmeldung unter Tel: 07554 9865683

Sa 27

Mengen-Ennetach: Römermuseum Mengen Museumsfest „Die Götter sind unter uns!". Wir feiern unser 10jähriges Jubiläum mit vielen Aktionen z.B. einem Römer- und einem Alemannenlager, Vorführungen, Kinderspielen und vielem mehr.

Frickingen

Naturatelier: Mosaikwerkstatt, 10 Uhr. Wir gestalten bei diesem Workshop mehrere Skulpturen, die zum Teil als Trägerform schon vorgefertigt sind. Die Unterwasserwelt wird lebendig in der Gestalt eines überdimensionalen Krebses und anderen Wasserwesen. 35 €, ab 6 Jahren, Anmeldung unter Tel: 07554 9865683

So 28

Uhldingen-Mühlhofen

Pfahlbaumuseum Unteruhldingen: Steinzeitparcours mit Uhldi, Pfahlbaukino geöffnet

Mengen-Ennetach

Römermuseum Mengen: Museumsfest „Die Götter sind unter uns!". 10jähriges Jubiläum mit vielen Aktionen z.B. einem Römer- und einem Alemannenlager, Vorführungen, Kinderspielen und vielem mehr.

Deggenhausertal

Stallgebäude Homberger Str. 5-7. Wahlweiher: Ponytrekking Tour mit Schatzsuche, 14 Uhr Wandere gemeinsam mit deinem Pony auf dem alten Tobelpfad und finde den verborgenen Popony-Schatz. Bei unserer Schatzsuche überqueren wir Bäche, wandern durchs Unterholz, klettern über umgestürzte Bäume, lauschen dem Wind, trinken Sonnenwasser und finden mit Hilfe aller den verborgenen Schatz. Eure Partner sind Miniponys, die ihr während der Wanderung führt. Unkostenbeitrag: 25 €, Anmeldung unter Tel: 07555 929088

Frickingen

Naturatelier: Mosaikwerkstatt, 11 Uhr. Wir gestalten bei diesem Workshop mehrere Skulpturen, die zum Teil als Trägerform schon vorgefertigt sind. Die Unterwasserwelt wird lebendig in der Gestalt eines überdimensionalen Krebses und anderen Wasserwesen. 35 €, ab 6 J., Anmeldung Tel: 07554 9865683

Mo 29

Friedrichshafen

Im Spielehaus:
Kinder Sommer Camp

Di 30

Friedrichshafen

Im Spielehaus:
Kinder Sommer Camp

Tettnang

Hopfenmuseum:
Hopfenernte erleben und Museumsführung, 11 und 15 Uhr
Besichtigung der großen Hopfenpflückmaschine.
Anschließend Bastelangebot.
Unkostenbeitrag: 1,50 €/Kind, 5,00 €/Erwachsene, Bastelmaterial zwischen 1,50 € und 5 €.

Illmensee

Landgasthof Adler: Ponys pflegen und reiten, 14 Uhr
Unkostenbeitrag: 10 €,
ab 7 Jahren, Anmeldung unter Tel: 07558 216

Tennisplatz
Schnuppertennis, 9.30 Uhr
Anmeldung unter
Tel: 07552 251131,
ab 8 Jahren

Mi 31

Meersburg

Kinderstadtführung:
5 bis 10 Jahre, Dauer 1,5 h, kostenlos, Treffpunkt: Gästeinformation, 10.30 Uhr

Füssen

Walderlebniszentrum Ziegelwies: Erste Hilfe im Wald, 14 Uhr. Unkostenbeitrag: 3 €, Anmeldung unter
Tel: 08362 9387550

Sipplingen

Kinderführung in der Bodensee-Wasserversorgung:
Teilnahme ist nur nach Voranmeldung in der Tourist-Information möglich, 9.30 Uhr.

Friedrichshafen

Im Spielehaus:
Kinder Sommer Camp

Medienhaus am See:
Märchenstunde – Walfischmärchen

Zeppelin Museum:
Familienführung: Wasser-Straße-Schiene-Luft - Mobilität am Bodensee, 14.30 Uhr
Dauer: 90 min.

Tettnang

Hopfenmuseum:
Hopfenernte erleben und Museumsführung, 11 und 15 Uhr
Besichtigung der großen Hopfenpflückmaschine geht es zum Hopfenbrocken von Hand. Anschließend Bastelangebot.
Unkostenbeitrag: 1,50 €/Kind, 5,00 €/Erwachsene, Bastelmaterial zwischen 1,50 € und 5 €.

Markdorf

Eisenbahnstr. 4: Motorradtraining für Kinder, 15 Uhr
Unkostenbeitrag: 10 €, Anmeldung unter Tel: 07544 3297

September

Do 01

Füssen

Füssener Altstadt:
Fackelwanderung, 20 Uhr, 2 €

Nonnenhorn

Surfschule im Strandbad Wasserburg:
Surf und SUP Schnupperkurs für Kinder, 10 Uhr
Unkostenbeitrag: 9 €,
ab 8 Jahren

Friedrichshafen

Im Spielehaus:
Kinder Sommer Camp

Tettnang

Hopfenmuseum:
Hopfenernte erleben und Museumsführung, 11 und 15 Uhr
Von der Besichtigung der großen Hopfenpflückmaschine geht es zum Hopfenbrocken von Hand. Anschließend Bastelangebot. Unkostenbeitrag: 1,50 €/Kind, 5 €/Erwachsene, Bastelmaterial zwischen 1,50 € & 5 €.

Fr 02

Lindau

Kinderstadtführung:
Treffpunkt: Tourist-Information, 14.30 Uhr

Nonnenhorn

Tennisplatz: Schnuppertennis für Kinder, 10 Uhr Unkostenbeitrag: 3,50 €, ab 6 Jahren

Friedrichshafen

Im Spielehaus:
Kinder Sommer Camp

So 04

Uhldingen-Mühlhofen

Pfahlbaumuseum Unteruhldingen:
Steinzeitparcours mit Uhldi,

Deggenhausertal

Stallgebäude Homberger Str. 5-7. Wahlweiher: Ponytrekking Tour mit Schatzsuche, 14 Uhr Wandere gemeinsam mit deinem Pony auf dem alten Tobelpfad und finde den verborgenen Popony-Schatz. Bei unserer Schatzsuche überqueren wir Bäche, wandern durchs Unterholz, klettern über umgestürzte Bäume, lauschen dem Wind, trinken Sonnenwasser und finden mit Hilfe aller den verborgenen Schatz. Eure Partner sind Miniponys, die ihr während der Wanderung führt. Unkostenbeitrag: 25 €, Anmeldung unter Tel: 07555 929088

Mo 05

Friedrichshafen

Im Spielehaus:
Kinder Sommer Camp

Di 06

Sigmarszell

Karibu Lern- und Erlebnisbauernhof:
Alles rund und die Ponys und Esel, 9 bis 16 Uhr. Unkostenbeitrag: 70 € (inklusive Essen und Getränke), Anmeldung unter Tel: 08389 984702, ab 6 Jahren

Friedrichshafen

Medienhaus am See:
Mittelalterworkshop – Ritter, Priester, Bauern und Bettler

Weingarten

Münsterplatz, vor dem Amt für Kultur und Tourismus:
Kinder auf Entdeckungsreise im geheimnisvollen Weingarten Unkostenbeitrag: 2 €, Anmeldung unter Tel: 0751 405232

Wilhelmsdorf

SHB-Naturschutzzentrum:
Brot backen wie in der Steinzeit, 14 Uhr. Sommerzeit – Erntezeit, doch vom Getreide auf dem Feld bis zum fertigen Brot ist noch viel Arbeit: dreschen, worfeln, mahlen – kneten, backen - und genießen! Wer schon immer mal selbst Brot machen wollte wie die Pfahlbauern ist hier genau richtig. Komm und probier´s aus! Unkostenbeitrag: 8 €, Anmeldung unter Tel: 07503 739

Friedrichshafen

Im Spielehaus:
Kinder Sommer Camp

Naturstrandbad in Sipplingen

Tettnang

Hopfenmuseum:
Hopfenernte erleben und Museumsführung, 11 und 15 Uhr. Von der Besichtigung der großen Hopfenpflückmaschine geht es zum Hopfenbrocken von Hand. Anschließend Bastelangebot. Unkostenbeitrag: 1,50 €/Kind, 5 €/Erwachsene, Bastelmaterial zwischen 1,50 € und 5 €.

Mi 07

Markdorf

Eisenbahnstr. 4: Motorradtraining für Kinder, 15 Uhr
Unkostenbeitrag: 10 €, Anmeldung unter Tel: 07544 3297

Friedrichshafen

Medienhaus am See: Steinzeitworkshop – Feueramulett

Meersburg

Kinderstadtführung:
5 bis 10 Jahre, Dauer 1,5 h, kostenlos, Treffpunkt: Gästeinformation, 10.30 Uhr

Sipplingen

Kinderführung in der Bodensee-Wasserversorgung:
Teilnahme ist nur nach Voranmeldung in der Tourist- Information möglich, 9.30 Uhr

Sigmarszell

Karibu Lern- und Erlebnisbauernhof:
Alles rund und die Ponies und Esel, 9 -16 Uhr. Unkostenbeitrag: 70 € (inklusive Essen und Getränke), ab 6 Jahren, Anmeldung unter Tel: 08389 984702

Friedrichshafen

Im Spielehaus:
Kinder Sommer Camp

Zeppelin Museum:
Familienführung: Wasser-Straße-Schiene-Luft - Mobilität am Bodensee, 14.30 Uhr
Dauer: 90 min.

Tettnang

Hopfenmuseum:
Hopfenernte erleben und Museumsführung, 11 und 15 Uhr
Besichtigung der großen Hopfenpflückmaschine geht es zum Hopfenbrocken von Hand. Anschließend Bastelangebot.
Unkostenbeitrag: 1,50 €/Kind, 5,00 €/Erwachsene, Bastelmaterial zwischen 1,50 € und 5 €.

Segelcamp für Kinder von Mai bis September
In Gaienhofen-Horn (Untersee) gibt es das Segelcamp: Segelfreizeiten, Segelkurse, Schnupperkurse für alle von 6 bis 17 Jahren, Tel: 0178 1907574
15. Mai bis 11. September: Segelcamp für Kinder und Jugendliche von 10 bis 17 Jahren (4, 7 oder 14 Tage möglich, mit Übernachtung im Zeltlager) oder Tagessegelkurse für Kinder von 6 bis17 Jahren mit dem BeOneTeam bei Campingplatz/Strandbad Horn.
Tel: 07735 88 91
www.schiffahrtlang.de

Do 08

Füssen

Füssener Altstadt:
Fackelwanderung, 20 Uhr
Unkostenbeitrag: 2 €

Nonnenhorn

Surfschule im Strandbad Wasserburg:
Surf und SUP Schnupperkurs für Kinder, 10 Uhr
Unkostenbeitrag: 9 €, ab 8 Jahren

Sigmarszell

Karibu Lern- und Erlebnisbauernhof:
Alles rund um die Ponys und Esel, 9 bis 16 Uhr. Unkostenbeitrag: 70 € (inklusive Essen und Getränke), Anmeldung unter Tel: 08389 984702, ab 6 Jahren

Friedrichshafen

Im Spielehaus:
Kinder Sommer Camp

Tettnang

Hopfenmuseum:
Hopfenernte erleben und Museumsführung, 11 und 15 Uhr
Von der Besichtigung der großen Hopfenpflückmaschine geht es zum Hopfenbrocken von Hand. Anschließend Bastelangebot. Unkostenbeitrag: 1,50 €/ Kind, 5 €/Erwachsene, Bastelmaterial zwischen 1,50 € & 5 €.

Fr 09

Lindau

Kinderstadtführung:
Treffpunkt: Tourist-Information, 14.30 Uhr

Friedrichshafen

Im Spielehaus:
Kinder Sommer Camp

Sa 10

Ravensburg

Innenstadt:
Ravensburg spielt, 11 Uhr. Eine Stadt im Spielefieber: Alljährlich verwandelt sich die Ravensburger Altstadt am letzten Sommerferien-Wochenende in eine riesige Spielemeile. Unter dem Motto „Komm, macht mit!“ wird die Stadt ihrem Ruf als Stadt der Spiele gerecht. Zwei Tage lang folgen über 25.000 Besucher diesem Ruf - und spielen: Vom kleinen Brettspiel bis zum großen Spiel im XXL-Format ist alles dabei. Groß spielt mit Klein, Alt spielt mit Jung.

So 11

Deggenhausertal

Stallgebäude Homberger Str. 5-7. Wahlweiher: Ponytrekking Tour mit Schatzsuche, 14 Uhr
Wandere gemeinsam mit deinem Pony auf dem alten Tobelpfad und finde den verborgenen Popony-Schatz. Bei unserer Schatzsuche überqueren wir Bäche, wandern durchs Unterholz, klettern über umgestürzte Bäume, lauschen dem Wind, trinken Sonnenwasser und finden mit Hilfe aller den verborgenen Schatz. Eure Partner sind Miniponys, die ihr während der Wanderung führt. Unkostenbeitrag: 25 €, Anmeldung unter Tel: 07555 929088

Burg Meersburg (Altes Schloss) und Burgmuseum

Konstanz

NABU: Wasservögel, 14.30 Uhr
Kinder lernen die Natur mit allen Sinnen, Spiel und Spaß am besten kennen. Deshalb bietet der NABU Konstanz Veranstaltungen zu den Themenbereichen Lebensräume, Pflanzen und Tiere im Wollmatinger Ried speziell für Familien und Kinder an. Gehen Sie mit uns auf Entdeckertour! Unkostenbeitrag: 5 € Kind, 15,00 € Familien, Treffpunkt: Vogelhäusle (befindet sich in der Nähe der Kläranlage Konstanz)

Ravensburg

Innenstadt:
Ravensburg spielt, 11 Uhr. Eine Stadt im Spielefieber: Alljährlich verwandelt sich die Ravensburger Altstadt am letzten Sommerferien-Wochenende in eine riesige Spielemeile. Unter dem Motto „Komm, macht mit!“ wird die Stadt ihrem Ruf als Stadt der Spiele gerecht. Zwei Tage lang folgen über 25.000 Besucher diesem Ruf - und spielen: Vom kleinen Brettspiel bis zum großen Spiel im XXL-Format ist alles dabei. Groß spielt mit Klein, Alt spielt mit Jung.

Mi 14

Markdorf

Eisenbahnstr. 4: Motorradtraining für Kinder, 15 Uhr
Unkostenbeitrag: 10 €, Anmeldung unter Tel: 07544 3297

Fr 16

Friedrichshafen

Dornier Museum: Warum fliegt ein Flugzeug? Hintergründe zum Medium Luft, Physik und zur Geschichte des Fliegens spielerisch vermittelt sowie lernen anhand eigener Experimente.
Workshop für Kinder 8 bis 12 Jahre, nach Anmeldung unter Tel: 07541 4873614

KINDER Sommer.

Di 20

Konstanz

Bodensee Naturmuseum: Buchenbaum, wer lebt auf dir?, 15.30 Uhr, Unkostenbeitrag: 2 €, Dauer: 1 Std, Info unter Tel: 07531 133028

Mi 21

Markdorf

Eisenbahnstr. 4: Motorradtraining für Kinder, 15 Uhr Unkostenbeitrag: 10 €, Anmeldung unter Tel: 07544 3297

Fr 23

Meersburg

Burg Meersburg: Mittelalterliches Treiben mit einer Söldnertruppe

Friedrichshafen

Dornier Museum: Warum fliegt ein Flugzeug? Hintergründe zum Medium Luft, Physik und zur Geschichte des Fliegens spielerisch vermittelt sowie lernen anhand eigener Experimente.
Workshop für Kinder 8 bis 12 Jahre, nach Anmeldung unter Tel: 07541 4873614

Sa 24

Meersburg

Burg Meersburg: Mittelalterliches Treiben mit einer Söldnertruppe

Friedrichshafen

Schulmuseum: Friedrich, Olga und Ferdinand – wie Unterricht früher ausgesehen hat, 12 Uhr
Wie schrieb es sich auf einer Schiefertafel? Und wie fühlte es sich an, in der Schulbank zu sitzen? Waren die Lehrer strenger als heute? Diese und andere Fragen werden im historischen Klassenzimmer beantwortet.

So 25

Meersburg

Burg Meersburg: Mittelalterliches Treiben mit einer Söldnertruppe

Mengen-Ennetach

Römermuseum Mengen: „Wir kneten kleine Götterfiguren", Familientag, 11 Uhr

Deggenhausertal

Stallgebäude Homberger Str. 5-7. Wahlweiher: Ponytrekking Tour mit Schatzsuche, 14 Uhr Wandere gemeinsam mit deinem Pony auf dem alten Tobelpfad und finde den verborgenen Popony-Schatz. Bei unserer Schatzsuche überqueren wir Bäche, wandern durchs Unterholz, klettern über umgestürzte Bäume, lauschen dem Wind, trinken Sonnenwasser und finden mit Hilfe aller den verborgenen Schatz. Eure Partner sind Miniponys, die ihr während der Wanderung führt.
Unkostenbeitrag: 25 €, Anmeldung unter Tel: 07555 929088

Di 27

Konstanz

Bodensee Naturmuseum: Mammuts – zottelige Riesen aus der Vergangenheit, 16 Uhr Unkostenbeitrag: 2 €, Dauer: 1 Std, ab 7 Jahren

Mi 28

Markdorf

Eisenbahnstr. 4: Motorradtraining für Kinder, 15 Uhr. Unkostenbeitrag: 10 €, Anmeldung unter Tel: 07544 3297

Oktober

Sa 01

Frickingen

Naturatelier: Trommelwerkstatt, 10 Uhr. Die Rahmentrommel (Frame Drum) ist eine weltweit sehr verbreitete Form des Trommelbaus. Sie wird sowohl im keltischen Kulturkreis wie im Persien oder Thailand gespielt. Durch die zierlichen Maße und das geringe Gewicht bietet sie eine Reihe von raffinierten Spiel- und Klangeigenschaften. Bei der Herstellung werden die Hölzer für den Rahmen durch Hitze gebogen und miteinander verleimt. Dann wird das Ziegenleder darüber gespannt. Maximale Teilnehmerzahl 5 Personen.
Unkostenbeitrag: 19 € ohne Material, ab 8 Jahren, Anmeldung unter Tel: 07554 9865683

Sa 08

Frickingen

Naturatelier: Trommelwerkstatt, 10 Uhr. Die Rahmentrom-

mel (Frame Drum) ist eine weltweit sehr verbreitete Form des Trommelbaus. Sie wird sowohl im keltischen Kulturkreis wie im Persien oder Thailand gespielt. Durch die zierlichen Maße und das geringe Gewicht bietet sie eine Reihe von raffinierten Spiel- und Klangeigenschaften.
Unkostenbeitrag: 19 € ohne Material, ab 8 Jahren, Anmeldung unter Tel: 07554 9865683

So 09

Unteruhldingen

Pfahlbaummuseum:
4. Steinzeit-Apfelfest

Do 13

Füssen

Füssener Altstadt:
Fackelwanderung, 20 Uhr
Unkostenbeitrag: 2 €

Mi 19

Ravensburg

Stadtbücherei Kornhaussaal:
theater en miniature spielt.
„Der Grüffelo", 15 Uhr

Do 20

Füssen

Füssener Altstadt:
Fackelwanderung, 20 Uhr, 2 €

So 23

Konstanz

NABU: Vogelzug, 14.30 Uhr

Kinder lernen die Natur mit allen Sinnen, Spiel und Spaß am besten kennen. Deshalb bietet der NABU Konstanz Veranstaltungen zu den Themenbereichen Lebensräume, Pflanzen und Tiere im Wollmatinger Ried speziell für Familien und Kinder an. Gehen Sie mit uns auf Entdeckertour! Unkostenbeitrag:
5 € Kind, 15 € Familien,
Treffpunkt: Vogelhäusle
(befindet sich in der Nähe der Kläranlage Konstanz)

Di 25

Konstanz

Bodensee Naturmuseum:
Was lebt im Wasser außer Fische? 15.30 Uhr, Unkostenbeitrag: 4,50 € inkl. Besichtigung einzelner Becken des Sea Life und Bastelmaterial, Dauer: 1,5 Std, ab 7 Jahren, Anmeldung unter Tel: 07531 133028

Do 27

Füssen

Füssener Altstadt:
Fackelwanderung, 20 Uhr
Unkostenbeitrag: 2 €

Fr 28

Meersburg

Burg Meersburg:
Mittelalterliches Treiben mit einer Söldnertruppe

Sa 29

Meersburg

Burg Meersburg:
Mittelalterliches Treiben
mit einer Söldnertruppe

So 30

Meersburg

Burg Meersburg:
Mittelalterliches Treiben
mit einer Söldnertruppe

Markdorf

Stadthalle: D Städtle Cup
Info unter Tel: 07544 912965

Annahmeschluss für 2012 ist im Februar 2010
Tel. 07522 795030
kindersommer-online.de

Bild: Deggenhausertal

Öhningen

Klingenbachschlucht

Entlang des Bachlaufs des Klingenbachs kann man durch die wildromantische „Klingenbachschlucht" gehen - über holzbefestigte Wege und Brückle, die vom Schwarzwaldverein erstellt und gepflegt werden, um diese geologisch und botanisch interessante Route begehbar und erlebbar zu machen.

Strandbad

Öhningen verfügt über zwei Strandbäder, die sehr schön am Untersee gelegen sind. Das Strandbad in Öhningen hat einen Sandstrand, Kinderspielplatz, Kinderbecken, Tischtennisplatten und ein Beach-Volleyballfeld. Vor zwei Jahren wurden die Neubauten, sanitäre Einrichtungen und Umkleidekabinen sowie das Restaurant mit großer Seeterrasse eröffnet. In Öhningen-Wangen gibt es einen Indianerbootsverleih (Tel: 07735 44 06 62)

Information
Tel: 07735 81920
www.oehningen.de

Friedrichshafen: Corvus

Natur- und Wildnisschule

Die Kraft des flammenden Feuers, die erste Nacht in einer selbst gebauten Schutzhütte, die Herstellung einfacher Gebrauchsgegenstände, Nahrung aus Wildpflanzen: diese Erfahrung prägt Kinder, Jugendliche, Eltern und Berufstätige.

Kurse mit Kindern 2011:

Sohn und Vater: 26. bis 28. August 2011

Sich aus dem gewohnten Umfeld zu verabschieden und sich Zeit nehmen, kann überraschendes zu Tage fördern. Die Einfachheit der Natur wirken zu lassen und ungewohnte Tätigkeiten zusammen ausführen, bringt ein tiefes Verständnis füreinander.

Drachinnenzeit: 20. bis 22. Mai2011

In einem gemeinsamen Frauenkreis von Müttern, Töchtern, Großmüttern, Tanten, Freundinnen u. a. eine kraftvolle Zeit erleben. Das Feuer der Drachin entfachen, sich an den wilden, tanzenden Flammen erfreuen, der Bau einer Drachenhöhle für eine Nacht in Geborgenheit....ein ganz besonderes weibliches Erlebnis.

Jongomero-Wildniscamps für Kinder und Jugendliche schwerkranker oder verstorbener Eltern (auf Anfrage).

Information
Tel: 07553 2463362
www.corvus-bodensee.de

Singen

Festungsruine Hohentwiel

Weitläufige neun Hektar groß ist die Festungsanlage, die der markante Berggipfel über Singen trägt. Sie gilt als größte Festungsruine Deutschlands: Ihre Verteidigungsmauern und Kasematten, ihre mächtigen Turmstümpfe und die großen Häuserruinen geben heute noch einen guten Eindruck davon, wie dieses Bollwerk noch im 18. Jahrhundert gewirkt haben muss. Die Ruinen lassen die große Geschichte ahnen: ein Ort von verwunschener Grandezza. Und für Kinder sind die geheimnisvollen Mauern, Schlupfwinkel und Treppen ein absolutes Paradies!
Der Hohentwiel selbst, ein ehemaliger Vulkan, steht unter Naturschutz. Und wer einmal bei einem Ausflug an einem schönen Tag den imposanten Blick bis zum Bodensee genossen hat, wird bestätigen: Das ist die schönste Aussicht Baden-Württembergs!

Information
Öffnungszeiten: 9.00 bis 19.30 Uhr, ab 16. September 10 bis 18 Uhr
Tel: 07731 69178
www.schloesser-und-gaerten.de

Das Archäologische Hegau-Museum

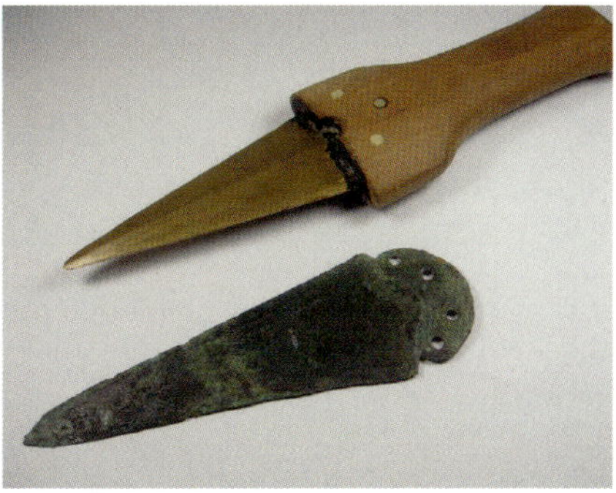

Seit seiner Gründung in den dreißiger Jahren wurde das Hegau-Museum der Stadt Singen systematisch zu einem der größten regionalen Museen für Vor- und Frühgeschichte des Landes Baden-Württemberg ausgebaut. Die Sammlung archäologischer Funde belegt beinahe lückenlos die menschliche Siedlungsgeschichte der westlichen Bodenseeregion. Das ist eine Seltenheit, denn üblicherweise sind solche chronologisch durchgängigen Ausstellungen den Landesmuseen vorbehalten. In den 13 Räumen präsentieren sich dem Besucher Fundstücke und detaillierte Informationen über die Lebenswelt der Menschen, die den Hegau seit dem Ende der letzten Eiszeit vor etwa 15000 Jahren bis ins frühe Mittelalter besiedelten.
Überregional bekannt ist das Haus durch sein breites Bildungsangebot, das Schulen, Familien, Kindergärten und allen erdenklichen Gruppen zur Verfügung steht.

Information
Öffnungszeiten: Di bis Sa: 14 bis 18 Uhr, So- und Feiertag bis 17 Uhr
Preise: Eintritt frei
Tel: 07731 85268
www.hegau-museuem.de

Allensbach

Der Wild- und Freizeitpark

Das Ausflugsziel für unvergessliche Stunden am Bodensee: die wunderschöne, weitläufige rund 740.000 qm große Parkanlage bietet naturnahen Lebensraum für über 300 Wildtiere und bietet Besuchern herrliche Einblicke in die überwiegend heimische, europäische Tierwelt. Bären, Wisente, Damwild, Rotwild, Steinböcke, aber auch Mufflons, Wildschweine und Sikahirsche können aus nächster Nähe bestaunt werden.

Die Jüngsten haben ihren Spaß im Streichelzoo, beim Kleintierhaus oder bei einer (kostenlosen) Fahrt mit der Wildpark-Eisenbahn. Ein großer Abenteuerspielplatz mit Trampolin, Seilbahn, Karussell, Mega-Hüpfkissen und Riesenrutsche lädt zum Spielen und Toben ein. Und für richtige Action sorgen die Wasserspringboote Nautic-Jet, die aus über 8 Metern Höhe ins Wasser schanzen. Ein Riesen Spaß für kleine Rennfahrer ist der Kettcar-Parcours. Der große Grillplatz steht zur Verfügung, Holz gibt es im Park. Zudem bietet der Wild- und Freizeitpark Allensbach Einblick in die faszinierende Welt der großen Greifvögel bei den Flugvorführungen der Falknerei. Auch das Bärengehege ist eine Attraktion für Groß und Klein. Erholsame Pausen können die Parkbesucher im Landgasthaus Mindelsee, dem SB-Restaurant Wildparkhalle und dem Wildpark-Kiosk einlegen.

Information
Öffnungszeiten: Mai bis September
täglich 9 bis 17 Uhr
Preise: Erwachsene € 8,00, Kinder
(4 bis 16 Jahre) € 6,50,
Geburtstagskinder freier Eintritt!
Tel: 07533 931619
www.wildundfreizeitpark.de

Die Mariaschlucht

Das touristische Highlight... am romantischsten Teil des Bodensees! Die Marienschlucht ist eine grandiose Naturschönheit am südlichen Steilufer des Bodensees. Zwischen Bodman und Wallhausen fällt das Ufer steil zu See hin ab. Beide Orte sind mit einem Uferweg verbunden. Dieser ist für Fahrradfahrer nicht befahrbar! Im Bereich der Marienschlucht hat sich der Bach tief in den Sandstein eingegraben und die Schlucht und den Tobel geschaffen. Ein Pfad führt gewunden zwischen über 35m hohen Felswänden zum See hinab. An einigen Stellen rauscht der kleine Bach direkt unter den Besuchern. Das Kiosk, eine Feuerstelle, ein kleiner Badestrand sowie ein Steg für die Schiffe laden zum Verweilen ein. Zu Fuß gelangen die Wanderer von Bodman (etwa 6km), ab Wallhausen (etwa 4km) zum unteren Ende der Schlucht. Der obere Einstieg befindet bei einem großen Waldparkplatz in der Nähe des Golfclubs bei Langenrain. Eine Schifffahrt? Es gibt Verbindungen nach Wallhausen, Bodman, Ludwigshafen, Sipplingen und Überlingen.

Bade- und Campingplatz Himmelreich

Der freundliche Familienbetrieb befindet sich 5 Gehminuten vom Ortskern Allensbach entfernt. Direkt am See gelegen mit 150 m eigenem kinderfreundlichem, flachem Ufer, Strandbad und Liegewiese, Kinder-Wasserspielanlage. Stellplätze für Wohnwagen und Campingfahrzeuge jeder Größe, Zeltwiese mit direktem Seezugang, Wohnwagenvermietung, Radlerzimmer (kleine Doppelzimmer). Trockenliegeplätze für Boote, Slipanlage für Jollen. Neben herrlichen Ausflugfahrten mit vielen Sehenswürdigkeiten haben Sie die Möglichkeit zum Segeln, Kanufahren und Surfen (eigener Bootsverleih), Angeln. Oder einfach im Strandbad relaxen. Es gibt hier: Wasserstellen, Duschen mit warmen Wasser, WC, Stromanschlüsse, Platzbeleuchtung, Gasflaschenstation, Wasch- und Trockenautomat, Mietkühlschränke, Internetcafe, Caravanzufahrt, Kinderspielplatz. Kiosk mit guten Einkaufsmöglichkeiten für den täglichen Bedarf, Restaurant mit Seeterrasse, deutsche und asiatische Küche. Beachball, Badminton, Boccia und Tischtennis.

Im Herzen der Anlage befindet sich der Junior Bereich. Wasserstraßen anlegen, kleine Stauseen bauen, Wasser in die Kanäle pumpen - hier werden selbst Papas gerne zu Ingenieuren. Dabei wird spielerisch die Kreativität und der sozialen Umgang mit anderen Kindern gefördert.

Information

Preise Freibad: Eintritt frei.

Preise Übernachtung: Erwachsene 5,50 €, Jugendliche (6-15) 2,40 €, Kinder (0-5) frei

Tel: 07533 9361285

www.campingplatz-himmelreich.de

Tengen: Hegipark

Im Hegipark kann die ganze Familie bei jedem Wetter baden, spielen und jede Menge Spaß haben:

- baden im Hallenbad (mit Vulkangrotte) oder im Espelsee.
- spielen auf dem großzügigen Spielplatz oder im Vulkanzelt (600 qm).
- Spaß haben bei Minigolf, Boccia, Tischtennis und noch mehr.

Besonders wohl fühlen sich hier Kinder zwischen 4 und 12 Jahren.Verpflegen kann man sich im Bistro Campino mit schöner Terrasse, am Kiosk oder an der Grillstelle mit eigenem Picknick. Der Hegipark ist der ideale Ort zum Feiern – sei es ein Kindergeburtstag oder eine andere Familienfeier. Die Einrichtungen befinden sich auf dem Campingplatz Hegau-Familien-Camping in Tengen. Vom Parkplatz aus laufen Sie zur Rezeption, wo Sie die Eintrittskarten erhalten (einfach dem blauen Drachen folgen). Und wenn ein Tag zu kurz ist, kann man natürlich auch im eigenen Zelt, Wohnwagen oder Wohnmobil übernachten. Außerdem kann man rustikale Holzhäusle und komfortablen Mobilheime mieten.

Information
Öffnungszeiten: Im Sommer 9 bis 20 Uhr (Fr und Sa bis 21 Uhr)
Preise: Familien-Ganztags-Ticket (für 4 Personen): 31 €
Tel: 07736 92470
www.hegipark.de

Engen

Packtiertouren
Geführte Wanderungen mit Ziege und Esel ist etwas Besonderes. Tiere haben ihre eigene Geschwindigkeit. Damit geben sie uns die Chance, etwas langsamer durch die Zeit zu gehen. Mit Tieren zu wandern ist ein unvergessliches Erlebnis! Die Packtiere tragen einen Teil des Gepäcks und die Wegzehrung. Während der Wanderung durch den Hegau werden Sie begleitet von fachkundigen Informationen zum Umgang mit diesen alten Nutztieren sowie zu Kultur und Natur.

Information
Preise: Erwachsene 24 €,
Kinder (6 bis 13) 10 €
Tel: 07733 506466
www.packtiertouren.de

Eigeltingen

Einen herrlichen Ferientag können Familien mit Kindern in der Lochmühle erleben, einem originalalten Bauernhof aus dem 15. Jh. Abseits – im wunderschönen Krebsbachtal. Es locken Attraktionen wie ein Tierpark mit Streichelzoo, Ponyreiten, Minitraktoren, Mini-Quads, oder ein Eisenbähnle und vieles mehr mit definitiver Kurzweilgarantie. Erwachsene kommen bei idyllischen Gespann-Ausfahrten auf ihre Kosten oder seilen sich beim „Abenteuer im Steinbruch" 40 m an der Felswand ab, überwinden eine Schlucht über die Seilhängebrücke oder Deutschlands längstem Flying Fox, einer Seilbahn, die Sie in einer rauschenden Schussfahrt quer über das Krebsbachtal und wieder zurück befördert. Nach so viel Adrenalinschub kann man sich im Lochmühlen-Restaurant aufs beste verköstigen lassen. Eingebettet in den faszinierenden Tier- und Freizeitpark, dazu die Szenerie eines pittoresken Bauernhofs, kann man in der Lochmühle vorzüglich dinieren.

Information
Öffnungszeiten: Ferienzeit (BW) und Wochenende 10 bis 18 Uhr, Schulzeit und unter der Woche 14 Uhr bis 18 Uhr. Bei schlechtem Wetter sind Änderungen vorbehalten!
Preise: Eintritt frei
Tel: 07774 93930
www.lochmuehle-eigeltingen.de

Hohenfels: Naturbad

Badefreuden ohne Chemie

Mit viel Eigenleistung und Engagement eines Bürgervereins ist das wunderschöne Naturbad Hohenfels entstanden. Im Gegensatz zu den gechlorten Freibädern durchfließt das Wasser im Naturbad Hohenfels zur Reinigung einen Laubfang, zwei Pflanzenkläranlagen sowie einen Pufferteich. Die Wasserqualität wird regelmäßig von einem Institut geprüft. Vor allem Familien mit Kleinkindern genießen die Übersichtlichkeit im Bad. Für die Kleinsten gibt es ein beschattetes Spielbecken. Die Größeren amüsieren sich auf der Wasserrutsche oder springen von einem Naturfelsen in die Tiefe. Die Attraktion im Sommer 2011 wird das neue Beachvolleyballfeld. Auch für das leibliche Wohl ist bestens gesorgt.

Information
www.naturbad-hohenfels.de

Pfullendorfer Seeparkgolf

Deutschlands verrückteste Abenteuer-Golfanlage

Ein Freizeitspaß für die Familie (Kinder ab Grundschulalter), für den man keine Vorkenntnisse benötigt. Die Abenteuer-Golfanlage ist bis Mitte Oktober jeden Tag geöffnet. Über 40.000 Besucher jährlich tummelten sich auf den insgesamt 18 Bahnen. Sie überwanden kreative Hindernisse wie die Seilbahn an der „Säntis-Bahn", den Aufzug in der „Ritterburg" oder das wandernde Golfloch bei der Bahn „Badischer Kreisel". Gespannt sein darf man natürlich auf die Neuheit 2011: die Bahn „Ravensburger Spieleland". Zirkusgolf, Felsenkeller, Soundeffekte und vieles mehr bieten pfiffige Elemente, die es in dieser Form in Deutschland bisher nicht gab. Ein künstlicher Bachlauf mit Teichen und Wasserfall rundet diesen Eindruck ab. Auf der Anlage kann auch nach Einbruch der Dunkelheit gespielt werden.

Informationen
www.seepark-golf.de
www.werkstaettle.de

Illmensee

Das Seefreibad am Illmensee (auch mit Kinderbadebereich) mit Spielplatz, Wasserrutsche, Sprunganlage, Minigolfplatz, Bootsvermietung, Beachvolleyballfeld, Liegewiese, Kiosk und Naturlehrpfad um den Illmensee (4,5 km) bietet vielseitige Möglichkeiten, einen Ausflug an den Illmensee zum Erlebnis werden zu lassen. Der Illmensee ist außerdem ein Angelgewässer und bietet Hobby-Anglern (Väter u. Söhne) idyllische Angelmöglichkeiten (Ufer oder Boot / auch Tageskarten). Auch der Aussichtspavillon auf dem Höchsten mit Blick zum Bodensee sowie den Schweizer- u. Österreicher Alpen ist ein Ausflug wert. Ebenfalls auf dem Höchsten gibt es den Schwäbisch-Alemannischen Mundartweg mit Promipfad, sowie ein herrlich angelegter Duft- und Kräutergarten.

Informationen
Preise: Erwachsene 2,50 €, Familien 5 €
www.illmensee.de

Stockach

Heidenhöhlen

Die Heidenhöhlen bei Zizenhausen sind ein beliebtes Ausflugsziel. Der schmale Pfad im steilen Gelände sollte mit gutem Schuhwerk begangen werden. Für die Besichtigung der Höhlen ist eine Taschenlampe notwendig. Für Familien mit Kleinkindern im Kinderwagen ist der Weg nicht geeignet. Die Anfahrt mit dem PKW erfolgt von Stockach über die Kreisstraße 6180 Richtung Zoznegg. Bei der „Berlinger Siedlung" biegt man links ab und fährt hinauf zu einem Parkplatz. Dort beginnt ein Rundweg zu den Heidenhöhlen. Die Wanderung führt direkt in die Vorgeschichte des Bodenseeraumes.

Stockacher Quellerlebniswege

Mit den Quellerlebniswegen wurde rund um Stockach ein interaktives Wegenetz erschlossen. Zwei Themenwege mit Längen zwischen 4 und 5,5 Kilometern sind mit mehreren Stationen als familienfreundliche Wanderungen angelegt. Für Räder und Kinderwägen sind die Wege nicht geeignet.

Wanderung zur Kuony-Quelle: Der 4 km lange Rundweg führt zur Kuony-Quelle mit ihren beeindruckenden Kalktreppen und durch ein wunderschönes Waldquellgebiet im Tobelgraben. Start- und Endpunkt ist der Parkplatz am Freibad. Eine Abkürzung des Rundweges ist möglich. Der 1,3 km lange Rundweg beginnt gegenüber der „Berlinger Siedlung".

Wanderung zur Friedensquelle: Der 5,5 km lange Rundweg führt auf gut befestigten Wegen entlang der Mahlspürer Aach und eines kleinen Quellbachs zur Friedensquelle und zurück zum Eisweiher. Start- und Endpunkt ist der Parkplatz am Freibad.

Seehäsleradweg

Der Seehäsleradweg führt vom Bahnhof Stockach nach Radolfzell am Bodensee. Durch die Zustiegsmöglichkeit an den einzelnen Haltestellen des Zuges „seehäsle" ist der Radweg besonders für Familien geeignet. Er führt entlang der Stockacher Aach, vorbei an den Bierkeller–Höhlen, welche in den weichen Sandstein gehauen wurden und der Lagerung von Bier und Vorräten dienten. Heute dienen sie seltenen Fledermausarten als Winterquartier. Der Radweg führt weiter zum Hexenbrünnele, eine gefasste Quelle mit Mühlrad und Vesperplatz und entlang dem Schanderied, ein Naturschutzgebiet, wo man mit Glück Störche sehen kann.

Freibad Stockach

Der Schwimmbereich unterteilt sich in ein Nichtschwimmerbecken mit Kleinkindrutsche und großer Wellenrutsche, ein Schwimmerbecken mit 50m Bahnen, sowie einem Sprungbecken mit 1m-Brett, 3m- und 5m-Turm. Ein Doppel-Babybecken mit Rutsche, Kreisel und Kriechtunnel macht den Besuch im Freibad auch für die kleinen Gäste zu einem Erlebnis.

Information
Tel: 07771 802300
www.stockach.de

Wilhelmsdorf

SHB-Naturschutzzentrum Pfrunger-Burgweiler Ried

Ohne Moos nix los – ein Sommer im Moor

Das Pfrunger-Burgweiler Ried ist das zweitgrößte Moor in Südwestdeutschland. Moore sind super-spannende Lebensräume für viele seltene Pflanzen und Tiere, die sonst nirgends überleben können. Hier gibt es zum Beispiel Pflanzen, die ihren Hunger mit Insekten stillen, Vögel, die wie Ziegen meckern und Stellen, wo man im „Moorpudding" einsinken kann und wo der Wald wackelt. Das Naturschutzzentrum am nördlichen Ortsrand von Wilhelmsdorf wird vom Schwäbischen Heimatbund e. V. (SHB) betrieben und bietet ein abwechslungsreiches, auf die jeweilige Altersgruppe abgestimmtes Programm für Kinder, Jugendliche und Erwachsene. Eine Natur-Kindergruppe trifft sich regelmäßig, eine Bienen-AG betreut ihre eigenen Bienenvölker und bei Natur-Kindergeburtstagen ist ganz schön was geboten. Auch in den Schulferien lassen wir keine Langeweile aufkommen. Ob in unserer Naturerlebnisschule, im Sommerklassenzimmer oder auf dem Riederlebnispfad – unsere Ferienveranstaltungen finden – je nach Thema und Wetter – sowohl drinnen als auch draußen statt.

Information
Öffnungszeiten: Mo. bis Fr. 9 bis 12 und 14 bis 17 Uhr, Sa. & So. 14 bis 17 Uhr
Tel: 07503 739
www.schwaebischer-heimatbund.de

Heiligenberg

Heiligenberger Höhenfreibad

Das Höhenfreibad im Linzgau, in 730 m Höhe mit herrlichem Blick bis zu den Alpen.

Ein 30m großes, angenehm warmes Schwimmbecken mit Nichtschwimmerbereich, ein Kinderbecken, Wickelraum und eine große mit Bäumen bestückte Liegewiese laden zum Entspannen für die ganze Familie ein. Eine moderne Turnier-Minigolfanlage ist im Freibad integriert.

Informationen
Öffnungszeiten: täglich 9 bis 21 Uhr
Preise: Kinder (6 bis 16) 1,50 €,
Erwachsene 3,00 €
Tel: 07554 8446 oder 07554 998312
www.heiligenberg.de

Frickingen

Mit einer Schleife von 6,5 km nach Altheim und einer weiteren nach Leustetten von 5,5 km, ist der Rundweg insgesamt 12 km lang. Der Weg verläuft zum Teil auf der Trasse der ehemaligen Salemer Talbahn, vorbei an Streuobstwiesen und Obstbaumplantagen, die im Frühling mit ihrem Blütenreichtum bestechen und im Herbst mit knackigen Früchten locken. Die abwechslungsreichen 19 Stationen entlang des Weges thematisieren unter anderem den Obstbau. Im Landschaftszimmer kann der Besucher die Umgebung auf sich wirken lassen und im Feuchtbiotop »Himmelreich« den Artenreichtum der Natur bestaunen.
Der Wissbegierige kann seinen Durst in den Museen der Gemeinde Frickingen stillen. Dort gibt es das Bodensee-Obstmuseum in Frickingen, das Gerbermuseum Lohmühle in Leustetten und das Tüftler-Werksatt-Museum in Altheim. Der Apfelrundweg verbindet die Orte und Museen miteinander und unterwegs wird zusätzlich über Benvenut Stengele, den alten Friedhof in Altheim und die Geschichte der Pestsäule informiert.

Information
Tel: 07554 98300
www.frickingen.de

Naturbad Leustetten

Das Frickinger „Naturerlebnisbad-Leustetten" ist ein künstlich angelegtes, naturnahes Freibad, das ohne den Einsatz von Chemikalien auskommt. Das Planschbecken für die Kleinkinder ist nur ca. 30 cm tief. Auf den Sitzsteinen können Muttis oder Papis ihrem Nachwuchs zuschauen. Eine Rutsche mit nicht zu großem Gefälle endet im 45 cm tiefen Flachwasserbereich. Für die Sportlichen steht eine Tischtennisplatte zur Verfügung und die Schläger und Bälle können kostenlos ausgeliehen werden.

Information
Öffnungszeiten: je nach Witterung täglich von 9 bis 20 Uhr
Preise: Kinder (6 bis 18) 1,50 €, Erwachsene 3,00 €,
Tel: 07554 990566
www.naturbad-leustetten.de

Konstanz

Archäologisches Landesmuseum

Das ALM bietet für Kinder, Jugendliche und Erwachsene gleichermaßen spannende Stunden in der Welt der Archäologie. Gräber und Skelette, steinzeitliche Kaugummis, skurrile keltische Totensteine, römischer Luxus sowie knallhartes und völlig unromantisches mittelalterliches Ritterleben; all dies und viel viel mehr ist wunderbar leicht und fesselnd in den luftigen Räumen des ehemaligen Benediktinerklosters Petershausen dargeboten. Eine besondere Attraktion ist der Konstanz-Raum, in dem die aktuellsten Forschungsergebnisse zur Stadtentwicklung von Konstanz von den Kelten bis zu den mittelalterlichen Bischöfen modern und anschaulich dargestellt sind.Sonderausstellung: 1. Juni bis 30. Oktober: „Mensch und Tier in der Eiszeit"

Informationen
Öffnungszeiten: Di. bis So.
und feiertags 10 bis18 Uhr
Preise: Erwachsene 4 €, ermäßigt: 3€,
Familienpreis 8 €,
Tel: 07531 98040
www.konstanz.alm-bw.de

Das Rheinstrandbad

Von der Liegewiese aus hat man direkten Zugang zum Rhein, der aus dem Bodensee sanft flussaufwärts strömt. Beim Schwimmen ist man dort weit weg von jeglichem Stress und dennoch ganz nah am Treiben in der historischen Altstadt. Weil es flach in den Rhein hineingeht, ist das Strandbad auch sehr gut für Kinder geeignet, egal ob mit oder ohne Schwimmhilfe. Wer sich an Land vergnügen möchte, für den stehen Tischtennisplatten und Badmintonfelder zur Verfügung.

Informationen
Öffnungszeiten: täglich 10 bis 21 Uhr
Preise: Einzeleintritt 2,60 €
Tel: 07531 66268
www.konstanzer-baeder.de

Bodensee-Naturmuseum

Das Bodensee-Naturmuseum zeigt als „Fenster zum See" dessen einzigartige Landschaft. Besonders sehenswert ist der Blick auf See und Alpen aus dem großen Panoramafenster. Die Entstehung des Bodensees und seine vielfältigen Lebensräume bilden mit liebevoll ausgestellten Tieren und informativen Modellen das Kernstück der anschaulichen Ausstellung. Vieles ist zum Mitmachen und Anfassen konzipiert: beispielsweise die Streicheltiere Wildschwein und Dachs, das Quakophon zum Anhören von Froschrufen oder die Mikroskope, unter denen die kleinsten Bewohner des Bodensees zu entdecken sind.

Informationen
Öffnungszeiten: täglich 10 bis 18/ bzw. 19 Uhr
Preise: Kinder (4 bis 14 Jahre): 1 €, Erwachsene 2 €, Familien 4,50 €
Tel: 07531 900915
www.konstanz.de/naturmuseum/index.html

Rosgartenmuseum & Städt. Wessenberg-Galerie

Das Rosgartenmuseum und die Städt. Wessenberg-Galerie in Konstanz werden museumspädagogisch gemeinsam betreut. Zu jeder Wechselausstellung in den beiden Häusern wird eine Vielzahl an Aktionen für Kinder (schon ab 4 Jahren) angeboten. Die verschiedenen Sammlungsinhalte zu Kunst, Kultur, Geschichte und Kulturgeschichte der Bodenseeregion bieten viele Möglichkeiten unterschiedlichster Aktionen für Kinder und Jugendliche. So können Kinder z.B. bei den Steinzeit-Workshops Steine sägen und schleifen, spinnen, weben, töpfern, flechten, Getreide mahlen oder Feuer schlagen. In den Ferien gibt es spezielle Angebote und in den Sommerferien ein gemeinsames Programm in Zusammenarbeit mit anderen Konstanzer Institutionen (KIKUZ Ferienprogramm).

Informationen Rosengartenmuseum
Öffnungszeiten: Di. bis Fr. 10 bis 18 Uhr, Sa. und So. 10 bis 17 Uhr
Preise: Kinder (ab 6) 1,50 €, Erwachsene 3 €
Tel: 07531 900 246 oder -249
www.rosengartenmuseum-konstanz.de

Informationen Städt. Wessenberg-Galerie:
Öffnungszeiten: Siehe Rosengartenmuseum
Preise: 3 €
Tel: 07531 900 376 oder -249
www.konstanz.de/wessenberg/index.html

Botanischer Garten der Universität Konstanz

In den letzten 10 Jahren hat sich der Garten zunehmend der Bevölkerung geöffnet und bietet den interessierten großen wie kleinen Bürgern vielfältige Möglichkeiten der selbständigen wie auch geführten Weiterbildung. **Für Kinder sind folgende Abteilungen/Sammlungen interessant:**
Gewächshäuser: fleischfressende Pflanzen (Kalthaus), Mimose und Lotus(blatt), Ameisenpflanzen und Aasfliegenblumen, Schwimmpflanzen (und ihre Schwimmvorrichtungen), tropische Nutzpflanzen (Papaya, Banane, Vanille, Baumwolle usw.), Kakteen und Lebende Steine.

Informtionen
Öffnungszeiten: werktags 8 bis 15.45 Uhr (freitags bis 14 Uhr)

Insel Mainau für Kinder

Jede Menge Naturerlebnis, Spaß und Abwechslung

Die Insel bietet jede Menge Naturerlebnis, Spaß und Abwechslung für Kinder. Hier gibt es eines der größten Schmetterlingshäuser Deutschlands. Die Spielplätze „Wasserwelt", „Blumis Uferwelt" und „Zwergendorf", welche zu den schönsten am Bodensee zählen, laden zum Toben und Entdecken ein. Und die Mainau zeigt sich bei den Eintrittspreisen familienfreundlich: Kinder sind bis einschließlich 12 Jahre gratis. 2009 wurde die Mainau mit der Qualitätsmarke „familienferien" von der Tourismus-Marketing GmbH Baden-Württemberg und dem Deutschen Hotel- und Gaststättenverband ausgezeichnet. Das begehrte Siegel bekommen Orte und Betriebe, in denen Familien mit Kindern herzlich willkommen sind und in denen besonders attraktive Angebote auf Sie warten.

Schmetterlingshaus

Seit seiner Eröffnung 1996 zählt das Schmetterlingshaus – eines der größten in Deutschland – zu den Höhepunkten eines Mainau-Besuchs. Auf einem Rundgang durch eine tropische Landschaft – mit 26 Grad Raumtemperatur und zirka 80 Prozent Luftfeuchtigkeit – kann man mehr als 40 Arten farbenprächtiger Tagfalter aus Asien, Afrika und Mittel- und Südamerika sowie eine einzigartige Vegetation bestaunen.

Mainau-Kinderland

Die „Wasserwelt" im Mainau-Kinderland ist ein Spielbereich, der die Bodenseeregion vergangener Zeiten widerspiegeln soll. Um einen See, in dessen Mitte sich eine Insel befindet, gruppiert sich eine Pfahlbausiedlung. Kleine Häuser und Türme schmiegen sich eng aneinander und sind auf unterschiedliche Weise miteinander verbunden. So ist es möglich, sich über Hängebrücken oder Kettenstege von einem Haus zum nächsten zu hangeln, ohne den Boden zu berühren. Von einer Seeseite zur anderen gelangen die Kinder mit Seilfähre oder Flößen. Der Spielplatz hat eine Gesamtgröße von 1100 Quadratmeter. Tipp: Für nasse Kleidung steht am Eisstand „Eisbrecher" ein Trockner zur Verfügung.

Der Themenspielplatz „Blumis Uferwelt“ für 3 bis 6-jährige bietet viel Platz für den Bewegungs- und Entdeckungsdrang der Kinder: Eine realistisch nachempfundene Uferlandschaft mit Treibholz, Kletternetzen und Balancierbalken, Biberbauten zum Entdecken und Verstecken und vieles mehr. Hier wird die Motorik der Kinder speziell gefordert und gefördert, jedoch auf eine ganz natürliche und spielerische Art und Weise. Der zweite Teil der neuen Spiellandschaft widmet sich der Phänomenologie, einem Forschungsbereich speziell für Kinder. Einzelne Räume laden zum Staunen, Erleben und Forschen ein.

Das „Zwergendorf“ mit einer Vielfalt an schönen Spielgelegenheiten wurde speziell für Kinder zwischen eins und vier konzipiert. Hier gibt es verschiedene Spielbereiche: Höhlenartige Hütten, Holzeisenbahn und Wasserspielzonen lassen das Herz der Kinder höher schlagen.

Bauernhof

Die wenigsten Kinder kennen heutzutage grasende Kühe, meckernde Ziegen oder gackernde Hennen aus nächster Nähe. Umso größer die Begeisterung, wenn sie die Mainau-Tiere entdecken. Im großzügig angelegten Tiergehege gibt es alte Haustierrassen, Zwergponys, Zwergesel und Zwergrinder; im Mainau-Bauernhof mit Bauerngarten tummeln sich Hühner und Kaninchen und im Streichelzoo ist Streicheln ausdrücklich erlaubt – den Ziegen gefällt's. Herrlich gelegen zwischen Bauernhof und See ist die Ponyreitbahn mit fünf Shetlandponys. Hier sind Kinder bis 12 Jahre zum Reiten willkommen.

Zaubergarten – Von sprechenden Pflanzen und Waldgeistern

Der Zaubergarten ist geprägt von Pfaden, die teilweise von Weidengeflechten flankiert werden, und Pflanzen wie Bambus, Waldgeißbart und Geiskraut. Beim Durchstreifen des verwunschenen Gartens entdeckt man so manchen Waldgeist und sogar sprechende Pflanzen. Mehr soll an dieser Stelle jedoch nicht verraten werden. Denn jeder Besucher, ob groß oder klein, ist eingeladen, selbst zu erkunden, was uns die Pflanzen zu erzählen haben.

Information
Tel: 07531 303254
www.mainau.de

Sea Life Konstanz

Das Großaquarium am Bodensee

Trockenen Fußes tauchen Sie ein in die faszinierende Welt der rund 3.000 Süß- und Salzwasserfische. Mehr als 40 naturgetreu gestaltete Becken ermöglichen den Besuchern einen anschaulichen Einblick in den Lebensbereich der heimischen und tropischen Gewässer.

Eine Gletscherhöhle in den Alpen und Gebirgsbach

Die Reise beginnt hoch oben in den Bergen, in einer Gletscherhöhle. Wenn das Eis in den Bergen schmilzt und in rauschenden Bächen den Fels hinab ins Tal rauscht, vereinigen sich diese zu flinken Stromschnellen.

Der Bodensee vor Konstanz

Der 540 Quadratmeter große Bodensee im „Dreiländereck" beherbergt eine Vielzahl von Süßwasserfischen: Mächtige Karpfen und Welse, die das stehende Wasser lieben, auch Rotfedern und Barben, die typischen Bewohner der Voralpen-Seen, ziehen hier ihre Kreise.

Der Rotterdamer Hafen im Mittelalter

Kais aus Holz und Steinen bieten im Hafenbereich dem Wolfsbarsch, der Meeräsche und der Goldbrasse Schutz. Unweit der Küste liegt eine auf Grund gelaufene, historische Galeone auf den Klippen. Der Weg führt direkt durch den Schiffskörper hindurch, gefolgt von den Blicken des Großen Roten Drachenkopfs.

Der Nordseegrund

Durch das Wrack hindurch „tauchen" die Besucher auf den Grund der Nordsee, wo Katzenhaie und Plattfische warten. Nagel- und Marmorrochen schweben mit majestätischen Flossenbewegungen durch das Becken. Mit etwas Glück kann man auf dem Nordseegrund ein frisch gelegtes Hai- oder Rochen-Ei entdecken.

Das Meerwasser-Becken und Unterwasser-Tunnel

Aus der geheimnisvollen Seepferdchen-Grotte gelangen die Besucher durch einen acht Meter langen Acryltunnel, der quer durch das riesige 320.000 Liter-Salzwasserbecken führt, direkt ins Rote Meer. „Pinguine - Abenteuer Antarktis" Klirrende Kälte und glitzernde Eisschollen erwarten die Besucher am Ende des Rundgangs. Beobachten Sie die drolligen Frackträger in ihrer antarktischen Umgebung und wie sie mühelos durch Wasser gleiten und springen.

Sonderausstellung 2011:

In der neuen Sonderausstellung „Octopus Garden" erwartet Sie die faszinierende Welt der Kraken.

Information

Öffnungszeiten: täglich ab 10 Uhr geöffnet, Heilig Abend geschlossen
Tel: 01805 666 90 101
www.sealife.de

Bodman

Ruine Alt Bodman

Wahrzeichen des Überlinger Sees ist die markante Silhouette der Ruine Altbodman auf einer Kuppe des Bodanrücks westlich des Frauenbergs. Die Ruine ist von der Bergseite her zu Fuß von dem oberhalb bei der Vesperstube Bodenwald gelegenen Parkplatz in wenigen Minuten zu erreichen. Vom Ort aus benötigt man vom Parkplatz oberhalb des Königweingartens etwa eine Dreiviertelstunde.
Oberhalb der Ruine befindet sich, umgeben von Weiden, das Hofgut Bodenwald. Um 1900 ließ Graf Franz von und zu Bodman eine Aussichtsplattform an die Reste des Wohnturms anfügen. Inzwischen ist die Ruine renoviert und für die Öffentlichkeit zugänglich. In dem um 1711 errichteten Wohnhaus befindet sich eine Vesperstube.
Auf den weitläufigen Koppeln züchten die Brüder Biehler aus Konstanz seit 1973 nordamerikanische Bisons.

Sipplingen

Badespaß für große und kleine Wasserratten garantiert der neugestaltete Naturbadestrand mit einem flach abfallenden Seezugang, einer großen Liegewiese, Wasserspielplatz, Piratenspielplatz, verschiedenen Schwimminseln und einem Schwimmsteg. Es gibt Umkleidemöglichkeiten mit Naturduschen und WC´s. Im angrenzenden Gastronomiebereich kann man sich am Kiosk mit Snacks und kühlen Drinks wieder Energie holen. Außerdem befindet sich angrenzend an den Naturbadestrand ein Beachvolleyballfeld und eine Boulebahn. Und wer seinen Spaß auch auf dem Wasser sucht, ist bei der Wassersportstation Funsportarena richtig. Ob Surfen, Wasserski, Bananenboot fahren, es steht eine große Auswahl an Wassersportarten zur Verfügung.

Informationen
Tel: 07551 949937-12
www.sipplingen.de

Überlingen

Sternwarte Überlingen

Sonne, Mond, Planeten und die Sterne einmal mit eigenen Augen am Fernrohr zu erleben, dazu bietet die Sternwarte Überlingen eine gute Gelegenheit. An den Beobachtungsabenden (freitags) steht das Beobachten am Fernrohr im Vordergrund. Bei schlechter Witterung, großer Besucherzahl oder um die Zeit bis zum Dunkelwerden zu überbrücken wird ein Vortrag zu allgemeinen astronomischen Themen gehalten. Für diese Vorträge steht ein gut ausgestatteter Vortragsraum zur Verfügung. Die Führungen sind auch für Kinder geeignet.

Informationen
Öffnungszeiten: 21 Uhr
Preise: Eintritt frei
Tel: 07551 68062
www.sternwarte-ueberlingen.de

Städtische Museum Überlingen mit Deutschlands größter Puppenstubensammlung

Das Museum in einem alten Patrizierpalast, ist für Familien mit Kindern ein absolutes Muss: Hier hat man manchmal das Gefühl, als seien die einstigen Bewohner nur eben ausgegangen. 55 historische Puppenstuben, von der Renaissance bis zum Jugendstil, entführen in eine zauberhafte Märchenwelt. Sonderausstellung bis 30. Oktober 2011: Von Asterix bis Zeppelin (Hubert Siegmund – ein Überlinger Meister des Kartonmodells) Hubert Siegmund war der einzige hauptberufliche Modellbaubogenkonstrukteur Deutschlands. Für Kinder und Erwachsene entwarf er von 1956 bis 1989 Flug- und Fahrzeuge, Schiffe, Burgen, Häuser, Figuren und vieles mehr – von Asterix bis Zeppelin. Die Ausstellung präsentiert die Lebensleistung des „Tüftlers“ und macht Kinder und Jugendliche zugleich mit einem populären Spielzeug ihrer Eltern und Großeltern bekannt.

Informationen
Öffnungszeiten: Di. bis Sa. 9 bis 12.30 und 14 bis 17, sonn- und feiertags 10 -15 Uhr
Preise: Kinder (ab 6) 1 €, Erwachsene 5 €, Familien (Kinder bis 14) 10 €
Tel: 07551-991079
www.museum-ueberlingen.de

Haustierhof „Reutemühle“

Der idyllische Erlebnis-Bauernhof mit über 200 verschiedenen Haustierrassen und kuriosen Exoten zum Streicheln, Füttern, Beobachten und vielen lustigen Spielgeräten zum Klettern macht einfach Spaß.

Informationen
Öffnungszeiten: täglich 10 bis 20 Uhr
Tel: 07551 970785
www.haustierhof-reutemühle.de

Überlinger Strandbäder

Was gibt's Schöneres, als einen heißen Sommertag im Strandbad zu verbringen und ins kühle Nass zu springen!? In Überlingen gibt es gleich drei Strandbäder, die mit großen Liegewiesen, Spielplätzen zum Rumtollen, Sprungturm, Tischtennis, Beachvolleyball und allerlei anderen Angeboten besonders für Familien viel zu bieten haben.

Informationen
Strandbad West: Tel: 07551 301990,
www.strandbad-west.de
Strandbad Ost: Tel: 07551 6006956
Strandbad Nussdorf: Tel: 07551 915329

Überlinger Stadtgarten

Der Überlinger Stadtgarten gilt als die „kleine Insel Mainau" am Bodensee und beherbergt eine Vielzahl seltener Pflanzen und exotischer Bäume. Besonders sehenswert auch für Kinder sind die zahlreichen „stachligen Gesellen" des Kakteen-Freigeländes, dem Herzstück der Stadtgartenanlage.

Informationen
Öffnungszeiten: täglich
Tel: 07551 9471522
www.ueberlingen.de

Bodensee-Therme Überlingen

Im großen Thermal- und Erlebnisbereich befinden sich neben Thermalinnen- und -außenbecken zahlreiche Wasserattraktionen wie Sprudelliegen, Strömungskanal u.v.m. Das Sportschwimmbecken, die rasante Reifenrutsche und der liebevoll gestaltete Eltern-Kind-Bereich garantieren Spaß für Groß und Klein.

Informationen
Öffnungszeiten: täglich von 10 bis 22 Uhr, freitags und samstags von 10 bis 23 Uhr
Preise: 4 Stunden: Kinder 5,50 €, Erwachsene 9,50 €
Tel: 07551 301990
www.bodensee-therme.de

Uhldingen

Reptilienhaus

Das Reptilienhaus Unteruhldingen führt Sie in die letzten Refugien unserer Erde. Reisen Sie in die Biotope der Sonorawüste, Australiens Outback, Amazonien oder die Savanne Afrikas. Die Informationen bekommen Besucher meist aus erster Hand von den Tierpflegern oder den Betreibern selbst. Die Echsen, Schildkröten und Schlangen sind nicht nur in artgerechten Wüsten- und Regenwaldanlagen untergebracht, an manchen Tagen bewegt sich zwischen den Besuchern eine Schildkröte oder Sie können sogar hautnahen Kontakt zu einer Schlange aufnehmen oder eine Fütterung erleben. Ein Wickeltisch und kindgerechte Informationen machen das Reptilienhaus zu einem beliebten Ausflugsziel für Familien mit Kindern. Auch Hunde sind herzlich willkommen und werden sogar mit einem „Leckerli" begrüßt.

Informationen
Öffnungszeiten: täglich 9.30 bis 18.00 Uhr
Preise: Kinder (4 bis 14) 3 €,
Erwachsene 5 €, Familien 14 €
Tel: 07556 929700
www.reptilienhaus.de

Pfahlbauten Unteruhldingen - eine spannende Zeitreise in die Steinzeit

In Unteruhldingen haben Spezialisten sechs dieser Dörfer von damals nachgebaut. Direkt am See. Die Häuser sind aus Holz, Lehm und Schilf gebaut worden, ohne einen einzigen Nagel aus Metall. Das Pfahlbaumuseum ist kein langweiliges Museum. Dort können Besucher genau sehen, wie der Alltag damals ausgesehen hat. Damals, das war in der Jungsteinzeit und in der Bronzezeit vor 6000 und vor 3000 Jahren. Hier erfährt man auch, warum die Steinzeit so heißt und ob es damals auch schon eine Schule gegeben hat. Hier dürfen Kinder die exakten Nachbildungen der Waffen und Werkzeuge von damals auch mal selbst in die Hand nehmen. In den Ferienzeiten gehen die Pfahlbaubesucher auf Entdeckungsreise. Beim Hands-on Programm dürfen junge Besucher mit dem

Feuerstein schneiden und bohren, Kämme schleifen und sich eigenen Schmuck herstellen. Mit 23 rekonstruierten Bauten sind die Pfahlbauten Unteruhldingen eines der größten Freilichtmuseen in ganz Europa. Auf hölzernen Stegen geht der Weg direkt über den Bodensee in die Welt von damals.

Informationen
Öffnungszeiten: täglich 9 bis 19 Uhr
Preise: Kinder (6 bis 15) 5 €, Jugendliche (ab 16) 6,00 €, Erwachsene 7,50 €
Tel: 07556 928900
www.pfahlbauten.de

Naturstrand Unteruhldingen

In unmittelbarer Nähe zu den Pfahlbauten lädt der kostenfreie Naturstrand mit großer Liegewiese, Schatten spendendem Baumbestand, Beachvolleyball, Spielplatz und barrierefreiem Seezugang mit flach abfallendem Sand/Kiesstrand zum Badespaß ein. Gegen den kleinen Hunger hilft ein Besuch im angrenzenden Imbiss oder ein Besuch in der nahe gelegenen Gastronomie. Sanitär- und Umkleidemöglichkeiten sind vorhanden.

Informationen
Öffnungszeiten: täglich
Tel: 07556 92160
www.seeferien.com

Salem

Affenberg Salem - Das besondere Tiererlebnis mit den Berberaffen

Es ist schon ungewöhnlich: Man spaziert durch ein fast 20 Hektar großes Waldstück und darin tummeln sich frei über 200 Berberaffen. Keine trennenden Gitter oder Gräben – der Besucher spaziert als Gast durch das Heimgebiet dieser aufgeweckten Tiere und darf sie sogar mit speziell zubereitetem, gratis ausgeteiltem Popcorn füttern. Dieser hautnahe Kontakt mit unseren tierischen Verwandten ist nicht nur für Kinder ein Riesenspaß, sondern auch für Erwachsene ein ganz besonderes Erlebnis: auf Du und Du mit den Affen.

Im Eintrittspreis inbegriffen sind noch weitere Attraktionen: der malerische Storchenweiher mit riesigen Karpfen und verschiedenen Wasservögeln, daneben eine imposante, frei fliegende Brutkolonie von Störchen. Zudem sorgt die Damwildanlage für eine beobachtenswerte Nachbarschaft zu den Berberaffen. Ein reich bebilderter Informationsraum, den man sich am besten schon vor dem Besuch des Freigeheges ansieht, gibt eingehend über Leben, Gefährdung und Erforschung der Berberaffen Auskunft. Im Filmraum wird die Kurzversion eines Filmes über den Affenberg und seine Bewohner gezeigt.

Informationen
Öffnungszeiten: täglich von 9 bis 18 Uhr
Preise: Kinder (6 bis 15) 5 €, Erw. 8 €
Tel: 07553 381
www.affenberg-salem.de

Schlosssee Salem

Wer Lust auf kühles Nass hat, dem bietet der zur Saison 2011 neu gestaltete Naturerlebnispark Schlosssee mit weitläufiger Wasserfläche, ausgedehnten Liegewiesen und vielfältigen Sportmöglichkeiten unbegrenzten Badespaß für die ganze Familie. Der neu angelegte und liebevoll gestaltete Wasserspielplatz lädt die kleinen Gäste zum ausgiebigen Spielen und Toben ein. Wer die Natur am See ruhiger genießen möchte, kann auf dem im Herbst 2010 angelegten Rundweg spazieren, dessen verschiedene Stationen und Stege die Fauna und Flora am Schlosssee den Gästen näher bringen. Und als besonderes Angebot für die Gäste sind alle Einrichtungen im Naturerlebnispark Schlosssee kostenlos nutzbar.

Informationen
Öffnungszeiten: täglich 9 Uhr bis 21 Uhr
Preise: kostenfrei
Tel: 07553 8230
www.salem-baden.de

Deggenhausertal

Den Bodensee mit all seinen Vorzügen direkt vor der Tür und trotzdem abseits vom Rummel! Ferienhöfe bieten Ferien mit direktem Kontakt zu großen und kleinen Tieren und viel Platz zum Spielen und Toben in freier Natur. Im Ortsteil Wittenhofen liegt das Ozon-Hallenbad mit separatem Kinderbecken und neuem, großem Wellnessbereich. In den Sommerferien wird ein großes Programm für alle Kinder geboten mit Kinderkochkurs, Brot & Dinnele backen, Töpfern, Spiel & Spaß bei der Feuerwehr, Schnuppergolf, Indianerspurensuche, Fußballturnier u.v.m.

Schaukelweg

Der Schaukelweg stellt mit 13 verschiedenen Schaukelmöglichkeiten und der herrlichen Landschaft der Gemeinde Deggenhausertal einen ca. 5 km langen Rundwanderweg für die ganze Familie dar. An den 13 Schaukel-Stationen kann man sich vergnügen – und das auf vielfältigste Art: Auf traditionellen, in Vergessenheit geratenen oder modernen Varianten können Kinder wie Erwachsene wippen und hin und her schwingen. Der Rundwanderweg führt von Roggenbeuren über Urnau und ist auch mit Kinderwagen gut begehbar.

Kletterfels

Beim Hallenbad in Wittenhofen

Ein Kletterfelsen ohne Gefahr! Hier können Kinder als „Bergsteiger" ihre Kraft und Geschicklichkeit testen. Auch für Erwachsene, die sich einmal beim Klettern erproben möchten, bietet sich der Kletterfelsen für die ersten Versuche an.

Aquatal Wittenhofen

Spaß und Entspannung für die ganze Familie garantiert das Aquatal in Wittenhofen.
Die Wasserwelt bietet unter anderem Unterwassermassagedüsen, Schwallbrause und sep. Kinderbecken.

Information
Tel: 07555 920013
www.deggenhausertal.de

Markdorf

Ferienlandschaft Gehrenberg-Bodensee

In der Ferienlandschaft Gehrenberg-Bodensee kommt keine Langeweile auf: Kinder lieben die Abwechslung: Auf dem Bauernhof beim Melken helfen, mit Ponys einen Ausritt wagen, auf dem Kletterfelsen sein Können zeigen oder bei einer Familienwanderung die Gegend erkunden. Mit ihren vielseitigen Freizeitmöglichkeiten und familienfreundlichen Unterkünften hat die Ferienlandschaft Gehrenberg-Bodensee, die nur wenige Kilometer vom Bodensee entfernt liegt, alles, was man für einen gelungenen Familienurlaub braucht. Während der Ferienzeiten bieten die Gemeinden Bermatingen, Deggenhausertal, Markdorf und Oberteuringen für den Nachwuchs ein abwechslungsreiches Programm an. Da bleibt für die Eltern auch mal Zeit, sich verwöhnen zu lassen oder auf dem Liegestuhl die traumhafte Landschaft mit fantastischer Alpenkulisse zu genießen. Bewegungshungrige finden hier genügend Wander- und Radwege, um die wunderschöne Landschaft zu erkunden. Empfehlenswert für Familien ist der fünf Kilometer lange Schaukelweg im Deggenhausertal. 13 verschiedene Schaukelmöglichkeiten entlang der Strecke warten darauf, von den Kindern erobert zu werden.

Informationen
Tel: 07544 500290
www.gehrenberg-bodensee.de

Ausflugsziele vor Ort:

Bermatinger Höhlen: Höhlenbesichtigung auf Anfrage bei Familie Meschenmoser, Weiherstr. 5, Bermatingen. Tel: 07544 2269

Hofkäserei Moser: In dieser Schaukäserei kann die Käseproduktion hautnah miterlebt werden. Rund 220 Ziegen tummeln sich in den Stallungen und im Freigelände. Ein Spielplatz für Kinder ergänzt das Angebot für Groß und Klein. Im Hofladen können verschiedene Käsesorten aus eigener Produktion gekauft werden. Stallbesichtigungen, Käsereibesichtigungen sowie Käseprobe für Gruppen gerne auf Anfrage.
Ittendorfer Str. 16 · Bermatingen · Ahausen
Tel: 07544 6468 · www.hofkaeserei-moser.de

Minigolf: Camping Wirthshof
Steibensteg 12 · Markdorf,
Tel: 07544 96270 · www.wirthshof.de

Modelflugplatz:
Zwischen Ittendorf und Ahausen.
Tel: 07544 4364 · www.mfg-markdorf.de

Wildnis-Club: Erlebnistage und Camps für Kinder und Jugendliche am Gehrenberg.
Tel: 07544 969677 · www.wildnis-club.de

Oberteuringen

Grillplatz an der Rotach

Oberteuringen liegt inmitten von prachtvollen Obstplantagen, einem der Markenzeichen der Bodenseelandschaft. Weithin sichtbar ist Oberteuringen durch seinen eindrucksvollen Kirchturm der St.-Martin-Kirche. Besonders für Kinder ist Oberteuringen ein wahres Abenteuerparadies, da der Fluss Rotach, der sich durch idyllische Ortsteile schlängelt, frei zugänglich ist und auf der Rotach-Insel genug Freiraum zum Spielen für Kinder lässt. Der Grillplatz bietet eine Feuerstelle mit Grill und verschiedenen Sitzgelegenheiten und Spielgeräten für Kinder.

Informationen
Tel: 07546 299-25
www.oberteuringen.de

Bodnegg

Naturerlebnispfad mit Einsichten in die heimische Tierwelt

Kinder, die den Naturerlebnispfad in Bodnegg besuchen, wissen mehr! Hier kann man die Natur neuerdings auf eigene Faust erkunden. Der angelegte Naturerlebnispfad bietet Groß und Klein Einsichten in die heimische Tier- und Pflanzenwelt. Über Holzstege führt der Pfad vorbei an verschiedenen Biotoptypen die durch Schautafeln näher erklärt werden. Ebenso wird die Geschichte der Bodenbewirtschaftung von Früher bis Heute erzählt. Kann ich soweit springen wie ein Hase? Den direkten Versuch kann man in der Sprunggrube wagen. Sprungweiten verschiedener Tiere werden hier aufgezeigt und die Sprunggrube lädt zum direkten Vergleich ein. Wer sich lieber auf das Fährtenlesen konzentrieren möchte, findet überall auf dem Lehrpfad verteilte Fußspuren, die es zu entdecken heißt.

Information
Tel: 07520 92080, Gemeinde Bodnegg
www.Bodnegg.de

Meckenbeuren

Bodensee Erlebnis-Schifffahrt

Segeln mit Geschichte – der Bodensee um 1850

Über 150 Frachtschiffe segeln, rudern oder staken von einem Hafen zum anderen. Diese Lädinen (alemannisch „Lädi“=Last) verkehrten 500 Jahre lang auf dem Bodensee. An Bord hatten sie Fracht und Passagiere. Heute gibt es auf dem Bodensee nur noch ein einziges Schiff dieser Art – unsere historisch originalgetreu nachgebaute LÄDINE „St. Jodok“. In unserer hektischen Welt gewinnen Entspannung und Ausgleich immer mehr an Bedeutung. Der Lastensegler „St. Jodok“ bietet hierfür vielfältige Möglichkeiten. Seit 1999 fährt oder „segelt“ dieses Schiff auf dem Bodensee und hat bereits einer Vielzahl begeisterter Menschen Stunden der Freude, Erholung und Entspannung gegeben. Halten Sie die Zeit ein wenig an, spüren Sie Geschichte, wenn es heißt „Leinen los“ zu einer außergewöhnlichen entspannten Rundfahrt auf diesem wunderschönen 17 m langen Holz-Rahsegler.

Information
Termine auf Anfrage
Tel: 0151 15130880
www.laedine.de

Minimundus - Einmal um die ganze Welt - wer träumt nicht davon?

Mini Mundus Bodensee macht es möglich! Besucher erleben die einzigartige Schau von hochwertigen Bauwerken aus aller Welt im Maßstab 1:25. Sind diese Bauwerke Miniaturen? Das Hotel Burj-al-Arab ist bei diesem Maßstab 13 Meter hoch, die Tower-Bridge mehr als 8 Meter breit, die Gebäude sind also von beeindruckender Größe. Viele der Bauwerke sind aus Originalmaterialien hergestellt, der Dresdner Zwinger zum Beispiel aus Elbsandstein, Angkor Wat aus Lavabasalt, die Towerbridge aus Stein und Metall. Neu: Der Schiefe Turm von Pisa. Einmalig: die Niagarafälle im Maßstab 1:25. 1500 Liter stürzen pro Sekunde in den Mini Mundus Bodensee-Ozean. Panorama-Restaurant und Sonnenterrasse bieten einen herrlichen Ausblick. Das 4D-Kino zeigt beeindruckende Filme.

Information
Preise: Kinder (6 bis 14) 6,50 €,
Schüler 9,50 €, Erwachsene 10,50 €
Tel: 07542 94660
www.mini-mundus-bodensee.de

Freizeitpark Ravensburger Spieleland
Abenteuer, Spiel und Action für die ganze Familie!

Im Ravensburger Spieleland, dem Freizeitpark zwischen Ravensburg und Bodensee, erleben Familien einzigartige gemeinsame Momente: Nervenkitzel pur gibt es in der 400 Meter langen Wildwasserbahn Alpin Rafting, beim Feuerwehrspiel löschen alle gemeinsam ein Haus und Käpt'n Blaubär nimmt die Besucher mit auf eine unglaublichen Abenteuerfahrt. Turboschnell geht's um die Kurven im Fix & Foxi Raketenblitz. Die schönsten Spielideen von Ravensburger gibt es im Ravensburger Spieleland sogar im XXL-Format: Nur hier kann man „Das verrückte Labyrinth" selbst erkunden oder im memory® Flug abheben. Ein Tag ist nie genug: Mehr als 50 Attraktionen in sieben Themenwelten und eine kinderfreundliche Gastronomie in der schönsten Natur laden zum Verweilen ein. 2011 kommt „Bewegung" ins Spieleland: Zum 125. Jubiläum des Automobils eröffnet der Freizeitpark gemeinsam mit Daimler die MobileKids-Verkehrsschule. Nach einem kurzen Theorieunterricht machen Kinder ihren Führerschein in brandneuen Kinder-SLKs von Mercedes-Benz. Kann Abgas aus Wasser sein? Was tanken Autos in zehn Jahren? Spannende Themen rund um die „Mobilität der Zukunft" erfahren die Besucher in den neuen Genius Wissens-Pavillons. Außerdem lässt der Freizeitpark „das verrückte Labyrinth" mit vielen Aktionen hochleben: Der Spieleklassiker wird in diesem Jahr 25.

Information
Öffnungszeiten: 10 bis 18 bzw. 19 Uhr
Preise: Kinder (3 bis 14) 22,50 €,
Erwachsene (ab 15) 24,50 €
Tel: 07542 400-0
www.spieleland.de

Neukirch

Wildpark Sonnenhalde

Der idyllisch gelegene Wildpark erstreckt sich über 15 ha und wird von 2,5 km langen Naturwegen durchzogen. Auf den Naturwegen kommen Sie an verschiedenen Gehegen vorbei. Erleben Sie hautnah Wildschweine, Mufflons, Kamerunschafe, Lamas, Dam- und Rotwild, usw. In einer Senke gibt es neben einem Spielplatz auch Kleintiere zu bestaunen: Truthühner, Perlhühner, Pfauen, Hasen, Ziegen und vieles mehr. Die Tiere dürfen alle mit dem angebotenen Futter gefüttert werden. Dieses ist an mehreren Stationen im Park erhältlich (Futtersäckchen für 1 €). Ein besonderes Erlebnis bietet ein Ritt auf dem Ponyrücken über den Rundweg oder ein Abstecher ins Waldlabyrinth. An Sonn- und Feiertagen werden Sie mit Kaffee & Kuchen verwöhnt.

Informationen
Öffnungszeiten: täglich 11 bis 17 Uhr
Preise: kostenfrei
Tel: 07528 1744
www.wildpark-sonnehalde.de

KOMPASS Kletterwald Neukirch-Oberrussenried

Der Kletterwald ist für Gruppen, Vereine nach Voranmeldung geöffnet. Publikumstage, bei denen Kinder und Erwachsene an den bis zu 20m hohen Monkeykletterrouten unter Aufsicht und Sicherung durch KOMPASS Trainer klettern können, sind aktuell unter www.kompass-bodensee.de einsehbar.

Informationen
Tel: 07528 951933

Tettnang

Hopfenmuseum Tettnang – Ein Erlebnis für die ganze Familie

In drei historischen Gebäuden erwartet die Familien das Zusammentreffen eines modernen Hopfenanbaubetriebes mit einem liebevoll gestalteten Museum. Neben der riesengroßen Hopfenpflückmaschine faszinieren auch lebensgroße Szenen, die die Hopfenernte darstellen, als alles noch harte Handarbeit war. Ganz nach dem Motto „Greifen heißt Begreifen" werden die jungen Besucher mit einer Vielzahl von interaktiven Stationen zum Mitmachen, Fragen und Tüfteln animiert. Das Kinderlabor zum Beispiel bietet den kleinen Forschern Gelegenheit, den Hopfen genau unter die Lupe zu nehmen. Beim Hopfenminigolf und Hopfenfußball kann jeder seine Geschicklichkeit beweisen. Auf ihrer Entdeckungsreise werden die Kinder von der „Hopfensau Emmi" begleitet.

In den Pfingst- und Sommerferien bietet das Hopfenmuseum ein spezielles Programm für Kinder an.

Informationen
Öffnungszeiten: Di. bis So.:
10:30 bis 18.00 Uhr
Preise: Kinder (6 bis 16) 1,50 €, Erw. 5 €
Tel: 07542 952206
www.hopfenmuseum-tettnang.de

Tettnanger Hopfenpfad

Weit über die regionalen Grenzen hinaus, hat sich Tettnang durch den Hopfenbau einen Namen gemacht. Die „Natur pur" bildet die Kulisse für den Tettnanger Hopfenpfad, der entlang hoher Hopfengärten und Obstanlagen führt. Durch Informationsschilder am Wegrand der Pfadstrecke von etwa 4 km Länge werden Wanderer und Fahrradfahrer in die Geheimnisse und Besonderheiten des Hopfenbaus und der Braukunst eingeweiht. Die Kronenbrauerei im Herzen der Stadt Tettnang und das Tettnanger Hopfenmuseum in Siggenweiler markieren die Eckpunkte des Hopfenpfades „vom Bauer zum Brauer" und laden ein, „Hopfenbauen" und „Bierbrauen" näher kennen zu lernen. Humulus & Lupulus sind die Tettnanger Hopfen-Maskottchen. Mit lustigen Fragen und Bewegungsspielen unterhalten sie Familien mit Kindern bei der Wanderung auf dem Hopfenpfad.

Informationen
Tel: 07542 52136
www.tettnanger-hopfen.de

Neues Schloss Tettnang

Ein Traum wird wahr! Einmal Graf und Gräfin dürfen Kinder bei einer Kinderführung spielen. Gekleidet in historischen Kostümen durchstreifen die Kleinen die Museumsräume auf unterhaltsame Art. Neu im Programm: „Mit der Taschenlampe das Schlossmuseum durchstreifen". Erkundigen Sie bei einer Führung der besonderen Art das Museum und entdecken Sie kostbare Schätze im Schattenlicht der Taschenlampe.

Informationen
Öffnungszeiten: Termine sind im
Tourist-Info Büro erhältlich
Tel: 07542 510500
www.schloss-tettnang.de

Sigmarszell

Der sozialpädagogisch geleitete Bauernhof ist ein Platz der Begegnungen, Erlebnisse, Erfahrungen und lebendigen Lerngelegenheiten für alle Kinder und Jugendliche. Beim Versorgen und Pflegen der Hoftiere lernen sie die Bedürfnisse, Lebensräume und Verhaltensweisen von Kühen, Eseln, Pferden, Ziegen, Schafen und Hasen kennen. Durch gemeinsame Aktionen im Wald, Bach und Wiese kann die umgebende Natur in ihrer Vielfältigkeit erfahren und ein Bewusstsein für ökologische Kreislaufe entwickelt werden. In unserer hochtechnisierten Welt leiden viele Kinder und Jugendliche unter Bewegungsmangel oder erfahren ihre Umwelt nur noch aus zweiter Hand über Medien wie Fernsehen und Computer. Auf dem Bauerhof wird ihnen die Möglichkeit gegeben ihre Welt aktiv mit allen Sinnen zu erleben, ihr Selbstwertgefühl zu stärken, soziale Fähigkeiten zu erlernen, Verantwortung zu übernehmen, tragfähige Beziehungen aufzubauen, Umweltbewusstsein zu entwickeln, sich selbst zu entfalten und vieles mehr.
Kinder und Jugendliche mit besonderen Bedürfnissen, einem speziellen Förderbedarf, sollen auf dem Bauernhof eine ganzheitliche Förderung erhalten.
Karibu bedeutet „Willkommen" auf Suaheli und steht als Grundgedanke und Leitsatz.

Informationen
Öffnungszeiten: täglich
Tel: 08389 984702

Hagnau

Das kleine Museum

In einem individuellen Rahmen haben wir ca. 50 Puppenstuben, Küchen, Kaufläden, Puppen, Blech- und Holzspielzeug von 1830 bis 1920 in Originalerhaltung ausgestellt. Besucher lassen sich von einer Welt im Kleinen verzaubern, die uns zeigt wie die Großeltern und Urgroßeltern gelebt haben oder wie eine Journalistin schrieb: Die Sehnsucht nach einer Zeit stillen, die wohl in jeder Generation die schönste war und ist:
Die Kindheit.

Informationen
Öffnungszeiten: nach Vereinbarung
Tel: 07532 9991
www.puppen-und-spielzeugmuseum.de

Naturstrandbad Hagnau

Das kostenlose Strandbad mit dem neuen Sanitär- und Umkleidebereich ist ideal für Familien. Auf dem Wasserspielplatz spritzen Wasserfontänen aus dem Boden und für alle, die große Sprünge machen wollen, steht im See ein toller Sprungturm. Das Hagnauer Kinderferienprogramm lockt mit vielen interessanten Aktionen – vom Schiffsausflug über Seeräuberspiel bis hin zum Minigolf.

Informationen
Tel: 07532 7127

Weingarten

Alamannenmuseum Weingarten

Das Alamannenmuseum Weingarten präsentiert eine Auswahl aus den rund 5.000 Funden eines frühmittelalterlichen Gräberfeldes mit 801 Gräbern. Wie lebte man in Weingarten damals? Wie groß wurde ein Mensch im 6. Jahrhundert n. Chr. und was hat er gegessen? Wie wurden die kostbaren Gewandspangen und Gürtelschnallen dieser Zeit hergestellt? Im neu gestalteten Alamannenmuseum können große und kleine Besucher die Antworten auf diese und viele weitere Fragen finden. Die Ausstellung zeigt sowohl seltene Kostbarkeiten als auch Alltagsgegenstände und interessante Details. Für Kinder gibt es eigene kleine Geschichten, die dabei helfen schwierige Aspekte zu verstehen. Dazu gibt es Aktionsstationen: Die jungen Besucher können sich verkleiden wie

ein Alamanne oder eine Alamannin, die Runenschrift schreiben, eine Schmuckbrosche verzieren und vieles mehr.

Informationen
Öffnungszeiten: Di. bis So. 14 bis 17 Uhr, Do. bis 18 Uhr, 1. Do. im Monat bis 20 Uhr
Preise: Kinder (bis 12) frei,
Jugedliche 1 €, Erwachsene 2 €
Tel: 0751 405125
www.weingarten-online.de

Freibad Nessenrebe - Badevergnügen in freier Natur

In der parkähnlichen Umgebung kann man es sich so richtig gut gehen lassen. Dabei gibt sich das Freibad familienfreundlich mit Raum für Eltern und Kindern, mit großem Spielbereich und 2 Kinderplanschbecken mit Großspielgeräten. Eine beliebte Attraktion ist die 87 Meter lange Großwasserrutsche, die ein kurviges Rutschvergnügen bietet. Licht im Tunnel, mit Aquaplaning zur Höchstgeschwindigkeit und dann zur Vollbremsung ins kühle Nass. Auch für das leibliche Wohl ist bestens gesorgt, die Cafeteria mit großzügiger Terrasse erfüllt nahezu alle kulinarischen Wünsche.

Informationen
Öffnungszeiten: täglich 9 bis 19 Uhr,
Sa. und So. 8 bis 20 Uhr
Preise: Kinder/Jugendliche 1,70 €,
Erwachsene 3,30 €
www.freibad-weingarten.de

Wanderweg Stiller Bach, Weingarten

„Bete und arbeite." Diesem Leitsatz St. Benedikts verdankt die Stadt Weingarten den so genannten „Stillen Bach", eines der ältesten nichtrömischen Kanalsysteme nördlich der Alpen. Ausgedehnt über eine Fläche von 25 km^2, sowie 10 Kanäle und etwa 20 Weiher umfassend. Ein einzigartiges Dokument mittelalterlicher Wasserbautechnik.

Informationen
Tel: 0751 405232
www.weingarten-online.de

Ravensburg

DAV-KLETTERBOX in Ravensburg

Für Kletterer, vom Anfänger bis zum Profi, finden sich Wände mit Routen unterschiedlichster Schwierigkeitsgrade. Die von Outdoor Consulting konzipierten Wände der DAV-KLETTERBOX sind mit ca. 1000 qm Kletterfläche inkl. Boulderbereich und einer Wandhöhe von 15 Metern mit Überkragungen bis 10 m die größte künstliche Indoorkletteranlage Oberschwabens. Die Kletterbox hat den Schwerpunkt beim Klettern mit Seil; der Boulderbereich in der DAV-KLETTERBOX ist eher klein. Er ist aber ideal zum Aufwärmen und für Technikübungen. Die Routen an den verschiedenen Wänden der DAV-KLETTERBOX werden regelmäßig neu geschraubt. Zusätzlich werden Kurse für Interessierte jeder Alters- und Leistungsstufe angeboten. Material kann gegen eine Gebühr geliehen werden.

Informationen
Öffnungszeiten: Mo. bis Fr. 17.30 bis 22.30 Uhr, Sa. 12 bis 21 Uhr, So. 10 bis 21 Uhr
Preise: Kinder (7 bis 13) 6,50 €, Jugendliche (bis 18) 9,00 €, Erwachsene 11,00 €
Tel: 0751 3544580
www.kletterbox.com

Gut Hügele - Maislabyrinth

In unbekümmerter, entspannter Atmosphäre lässt es sich auf unserem Erlebnisbauernhof hervorragend toben, spielen, genießen und sonnen. Im Maislabyrinth irrt man auf einem ca. 2000m langen Weg, der in ein Maisfeld mit einer Fläche von drei Fußballfeldern geschnitten ist, umher. Keine Angst, falls man sich verirrt, wird man aus dem Labyrinth gerettet!

Discgolf Parcours

Die Neuheit am Bodensee! Der Frisbee-Familienspaß quer durch die waldige Hügellandschaft und idyllische Kirschplantagen. Discgolf wird ähnlich gespielt wie Ballgolf – nur mit einer Frisbee Scheibe. Wie beim Ballgolf gibt es Vorgaben (Par). Ziel ist es natürlich, unter Par zu spielen. Gerade für Neueinsteiger ideal, da man schnell Lernerfolge erzielt. Der Erfolg beim „Einputten" in die klingenden Kettenkörbe begeistert.

Informationen
Öffnungszeiten: täglich 10 bis 21 Uhr
Preise: 9,50 €
Tel: 0751 61823
www.guthuegle.de

Feuerwehrmuseum Ravensburg – ein Besuch lohnt sich

Vor mehr als 30 Jahren haben ehemals aktive Feuerwehrangehörige der Feuerwehr Ravensburg das Feuerwehrmuseum ins Leben gerufen. In liebevoller Kleinarbeit wurden feuerwehrtechnische Geräte zusammengetragen und restauriert. Was heute noch modern ist, kann morgen schon veraltet sein. Zu sehen sind u.a. die verschiedenen Möglichkeiten der Alarmierung, Handdruckspritzen bis hin zur ersten pferdegezogenen Leiter.

Informationen
Tel: 0151 12335547
www.feuerwehr.ravensburg.de

Figurentheater Ravensburg

Das Figurentheater ist ein kleines Amateurtheater, das in einem alten Kellergewölbe in phantastischer Atmosphäre gerne Kindern Freude macht. Mit Tischfiguren, Marionetten oder klassischen Kasperlefiguren, die sogar teilweise mit Schauspielern zusammen auftreten ist immer Abwechslung geboten.
In der Spielzeit 2011 stehen für Kinder verschiedene Inszenierungen auf dem Programm.

Informationen
Öffnungszeiten: Sa. und So. ab 15 Uhr
Preise: Kinder 3,50 €, Erwachsene 5 €
Tel: 0751 21062
www.figurentheater-ravensburg.de

Humpis-Quartier

Mit einem Audioguide für Erwachsene und für Kinder werden die ehemaligen Bewohner des Quartiers virtuell zum Leben erweckt. Am Samstag ist im Museum besonders für Familien viel geboten: ganzjährig finden um 15 Uhr Führungen für Kinder und Erwachsene statt und im Haus der Museumsgesellschaft können Kinder von März bis November z.B. Papier schöpfen, filzen oder in der Schreibwerkstatt selbst aktiv werden.

Informationen
Öffnungszeiten: Di. bis So. 11 bis 18 Uhr, Do. 11 bis 20 Uhr
Preise: kostenfrei
Tel: 0751 82820
www.museum-humpis-quartier.de

Ravensburg

Museum Ravensburger - Das Museum rund ums blaue Dreieck

Seit mehr als 125 Jahren findet man Spiele, Puzzles und Bücher von Ravensburger in jedem Kinderzimmer. Seit Mai 2010 gewährt das Unternehmen auch einen Blick hinter die Kulissen. Das „Museum Ravensburger" lädt auf drei Stockwerken mit rund 1.000 m^2 ein auf eine Entdeckungsreise durch die Geschichte und Gegenwart von memory®, Malefiz® und Co. In das Nest des Leseraben schlüpfen, Wimmelbilder im XXL-Format erleben und die Geheimnisse von Sagaland kennenlernen? Das alles geht nur im Museum Ravensburger! Bücherwürmer lauschen spannenden Geschichten im Nest des Leseraben und erkunden die Welt der bekannten Kindersachbuchreihe „Wieso? Weshalb? Warum?". Und die ganze Familie taucht mit allen Sinnen ein ins Sagaland und löst die Geheimnisse des Spieleklassikers. Eine Ausstellung zum Mitmachen, Lesen und Fühlen, Hören und Zeichnen – die interaktiv konzipierte Ausstellung des Museums Ravensburger spricht alle Sinne an. Und das gilt nicht nur für Kinder. Auch Erwachsene geraten ins Schwärmen, wenn sie neu entdecken, was sie schon früher gut fanden. Und der Nachwuchs erlebt die Stars aus dem heimischen Kinderzimmer einmal von einer ganz anderen Seite.

Informationen
Öffnungszeiten: 10 bis 18 Uhr
Preise: Kinder (3 bis 14) 3 €,
Erwachsene (ab 15) 5 €
Tel: 07542 400118

Flappachbad Ravensburg – Das Bad für Familien und Sportler

Das idyllisch gelegene Naturfreibad mit seiner riesigen Spiel- und Liegewiese ist von Mai bis Mitte September geöffnet. Die Sprunganlage mit 1 und 3 Meter Brett, Kinderplanschbecken, Wasserrutsche, Sandstrand sowie drei Liegeflöße auf dem Natursee machen das Bad für Kinder, Jugendliche und Erwachsene zu einer attraktiven Erholungs- und Spaßeinrichtung. Ein Spielschiff im Sandkasten sowie Tischtennis ermöglichen sportliche Aktivitäten für jedes Alter. Bei schönem Wetter sorgen Angebote an folgenden Samstagen für Kinder und Jugendliche für besonderen Badespaß im Flappachbad: 14. und 28. Mai, 11. und 25. Juni, 09. und 23. Juli und 13. und 27. August.

Informationen
Öffnungszeiten: täglich von
9 bis 20 Uhr,
Sa. und So. ab 8 Uhr
Preise: Jugendliche (6 bis 18) 1,50 €,
Erwachsene 2,50 €
Tel: 0751 61842
www.flappachbad-ravensburg.de

Eriskirch

Naturschutzzentrum Eriskirch

Natur live erleben kann man im Eriskircher Ried bei Friedrichshafen, dem größten Naturschutzgebiet am Nordufer des Bodensees. Bester Startpunkt ist das Naturschutzzentrum im ehemaligen Bahnhofsgebäude von Eriskirch, das man bequem mit dem Zug erreichen kann. Die Dauerausstellung „Natur am Bodensee“, verschiedene Wechselausstellungen und eine Tonbildschau informieren über die Kostbarkeiten der einheimischen Natur. Regelmäßig bietet das

Naturschutzzentrum auch Führungen im Eriskircher Ried an, doch kann man das Gebiet auf den Wegen auch selber erkunden.

Informationen
Tel: 07541 81888
www.naz-eriskirch.de

Leinen los – Familienangebote der BSB

Von Ostern bis in den Herbst hinein sind die 12 Ausflugsdampfer der Bodensee-Schiffsbetriebe (BSB) unterwegs und bieten ein abwechslungsreiches Programm.

MIt dem Schiff zu den schönsten Ausflugszielen für Familien

Verbunden mit einer für Kinder spannenden Schifffahrt - eventuell mit Besuch beim Kapitän - wird der Tag noch viel mehr zum Urlaubstag. Ein Besuch der Insel Mainau, des Sea Life Konstanz, des Zeppelinmuseums in Friedrichshafen, der Pfahlbauten in Uhldingen oder des Bregenzer Pfänders lohnt sich mit den besonders günstigen Kombitickets. Die Fahrgäste können direkt vom Schiff aus, ohne zusätzliches Anstehen, die jeweilige Attraktion besuchen.

Das Asmodee Spiel & Spaß-Schiff

Auf dem Asmodee Spiel & Spaß-Schiff von Ende Juli bis Mitte September kann nach Herzenslust gespielt werden. Zahlreiche Spiele des Konstanzer Spieleverlags Asmodee trainieren die Lachmuskeln, schulen das Wissen und fördern die Konzentration. Das Spieleschiff ist während

der ganzen Sommerferien auf dem Obersee unterwegs.

Kinder sind herzlich willkommen!

Auf vielen Schiffen können Spiele ausgeliehen werden. Zudem sorgen Spielecken auf einigen Schiffen bei den kleinen Gästen für Unterhaltung. Kinder unter sechs Jahren fahren gratis. Mit der Bodensee-Kinderkarte fahren Kinder von sechs bis 15 Jahren für 5 Euro einen ganzen Tag lang auf dem Bodensee. Alle Geschwisterkinder fahren gratis mit.

Informationen
Tel: 07531 36400
www.bsb.de

Meersburg

Burg Meersburg (Altes Schloss) und Burgmuseum

Die Meersburg ist die älteste bewohnte deutsche Burg, eine der Attraktionen am Bodensee und Wahrzeichen der Stadt. Der Rundgang durch das Burgmuseum führt unter anderem durch einen mittelalterlichen Wohntrakt, durch Rittersaal, Waffenhalle, Brunnenstube, Burgverlies, Kapellen, Wehrgänge und Türme, den malerischen Burggarten und die wehrhafte Nordbastion. Zum Museum gehört weiterhin das Arbeits- und Sterbezimmer der großen, deutschen Dichterin Annette von Droste-Hülshoffs.

Informationen
Öffnungszeiten: Burg und Burgmuseum: ganzjährig, täglich von 9.00 bis 18.30 Uhr
Preise: Kinder (6 bis 13) 4,50 €, Jugendliche 6,50 €, Erwachsene 8,50 €
Tel: 07532 80000
www.burg-meersburg.de

Omas Kaufhaus Meersburg

Wunderschöne Puppen, Blechspielzeug für Sammler, Dampfmaschinen, handgearbeitete Holzbilder alter Berufe, Emailleartikel, Bücher, die schon vor mehr als fünfzig Jahren Kinder erfreuten, alles, was an alte Zeiten erinnert, ist hier liebevoll zusammengetragen.

Informationen
Öffnungszeiten: täglich 10 bis 18.30 Uhr
Preise: Kinder (unter 1m) frei,
Erwachsene 2,00 €
Tel: 07532 80000

Meersburg Therme

Entspannung oder Erlebnis? Nass-Spaß finden Groß und Klein in dem Erlebnisbereich. Pures Wasservergnügen im 31° C warmen Erlebnisbecken mit Strömungskanal, Bodensprudeln, Whirlsitzen, Massagedüsen und Felswand mit Kaskade. Das 31° C warme Eltern- und Kindbecken bietet für die kleinen Gäste spielerisch die Möglichkeit, erste Erfahrungen mit dem Element Wasser zu sammeln. Spritzfiguren und Minirutsche sorgen für lustigen Badespaß.

Informationen
Öffnungszeiten: Mo. bis Do. 10 bis 22 Uhr,
Fr. bis Sa. 10 bis 23 Uhr,
So. und Feiertage 9 bis 22 Uhr
Preise: 4 Stunden: Kinder 7,50 €,
Erwachsene 10 €
Tel: 07532 4402850
www.meersburg-therme.de

3000 Jahre staunen im Bibel-Erlebnismuseum

Im Nomadenzelt und im Lehmhaus, zwischen Schreibstube und Druckerwerkstatt entdecken Kinder und Erwachsene die Welt der Bibel. Die ganz Kleinen werden auf ihrer Tour begleitet vom lustigen Vogel Wido Wiedehopf. Für die Größeren gibt es altersgerecht spannende Erkundungsbögen durch das Museum.

Informationen
Öffnungszeiten: Di. bis So. 11 bis 13 Uhr, 14 bis 17 Uhr
Preise: Kinder (ab 6) 3 €, Erwachsene 5 €
Tel: 07532 5300
www.bibelgalerie-meersburg.de

Nonnenhorn

Minigolfplatz Nonnenhorn

Der Minigolfplatz in Nonnenhorn ist etwas Besonderes! Jede der 18 Bahnen stellt mit ihrem Motiv einen Bezug zum Bodensee dar. Ob beim Zeppelin, bei der Meersburg oder dem Säntis, Groß und Klein lernen hier spielend den See kennen. Umgeben von alten Obstbäumen und unweit vom See, vergisst man hier fast die Zeit. ... und nach dem Spiel gönnt man sich gemeinsam ein leckeres Eis. Ein lustiger Spaß für die ganze Familie!

Informationen
Tel: 08382 8583

Strandbad Nonnenhorn – die Sonne kommt!

In Nonnenhorn fühlt man sich besonders wohl, denn durch die angenehme Wassertemperatur von 26°C und einer Wärmehalle mit Schwimmkanal, wird das Schwimmen zum Highlight des Tages. Nonnenhorn wartet mit einem 25 Meter Schwimmerbecken, dem ein großer Nichtschwimmerteil seitlich anschließt. So haben alle auf 650 qm^2 genügend Platz zum Schwimmen und zum Spielen. Ein Planschbecken mit großem Sonnensegel und eine Rutsche runden das Gesamtbild ab.

Informationen
Öffnungszeiten: täglich 9 bis 18 Uhr
Preise: Kinder & Jugendliche (6 bis 18): 2,50 €, Erwachsene 4 €

Immenstaad

Familienfreundlichster Ort Baden-Württembergs

Umgeben von Obst- und Weinbau ist Immenstaad mit seinen idyllischen Ortsteilen Kippenhausen und Frenkenbach wie ein kleiner Garten Eden. Genüsslich wandert es sich auf dem Immenstaader Apfel- und Weinspazierweg. Sozusagen im Vorbeigehen erfährt man Wissenswertes und Interessantes über die Obstregion. Entlang des Weges bietet sich immer wieder eine herrliche Aussicht auf den Bodensee und die Alpenkette. Als einer der schönsten Aussichtspunkte auf den Bodensee zählt dabei der Hochberg (454 Meter). Ein weiterer Urlaubstipp ist der Einkauf beim Winzer oder Obstbauern. Obst und Gemüse der Saison sowie Weine und Destillate der Region gibt es direkt ab Hof. Immenstaad wurde zusammen mit acht Gastgebern und einem familienfreundlichen Restaurant als familienfreundlichster Ort Baden-Württembergs ausgezeichnet.

Ein tolles Kinderferienprogramm mit Immo's Kindertreff von Ende Juni bis Anfang September wird angeboten. Kinder von drei bis zwölf Jahren können sich auf ein abwechslungsreiches Programm freuen. Neben malen, basteln und spielen, gehen die Kinder zusammen auf Schatzsuche und machen gemeinsam Ausflüge in die nähere Umgebung. Die elektronische Schatzsuche mit zwei verschiedenen Routen, die Dorfrallye, sowie tolle Spielmöglichkeiten am Landesteg machen den Urlaub in Immenstaad bei den kleinen Gästen zu einem besonderen Erlebnis. Ausgezeichnete familienfreundliche Unterkünfte auf Obst- und Ferienhöfen bieten einen tollen Service und garantieren Urlaubsvergnügen für die ganze Familie.

Baden in Immenstaad

Ob im See, bei den Wasserspielen am Landesteg oder im Strand- und Hallenbad Aquastaad. Dort sind Pirateninsel, Erlebnis-Felsenlauf, Rutsche und Wasserfall die Hits für Kinder. Die Großen genießen das große Schwimmbecken, das Dampfbad, Erlebnisduschen und das großzügige Freigelände mit Beachvolleyball und vielem mehr. Ein etwas anderes Minigolferlebnis gibt es gleich nebenan bei Käpt'n Golf. Ein Abenteuer mit Überraschungseffekt für die ganze Familie.

Informationen
Tourismusbüro
Tel: 07545 201110
www.immenstaad.de

Immos Kindertreff 2011 - Für Kinder von 3 bis 12 Jahren

An 5 Tagen der Woche wird den jungen Gästen ein tolles Programm geboten. Die Veranstaltungen finden wechselweise im Tipi-Dorf, im Strandbad Aquastaad oder auf dem Bolzplatz des Ferienwohnparks statt. Dabei gehen die Kinder gemeinsam auf Schatzsuche, spielen Beachvolleyball und Fußball, oder werden bei allerlei Aktionen kreativ. Einmal pro Woche ist Ausflugstag zu spannenden Zielen in der näheren Umgebung von Immenstaad, z.B. fahren wir ins Maislabyrinth nach Kressbronn oder ins Zeppelinmuseum nach Friedrichshafen, ...

Informationen
Öffnungszeiten: Mitte Juni bis Anfang September
Preise: Karte/Tag 2,50 €, Karte /Woche 7 €
Tel: 07545 201110

Käpt'n Golfs Abenteuerland

Bei Käpt'n Golf gibt es viele Überraschungen und jede Menge knifflige Aufgaben, die ein echter Abenteurer bestehen muss. Für die jungen und alten Abenteurer ist der Weg das Ziel. Wer seine Kanonenkugel einlocht, erlebt sein blaues Wunder. Mal ist es der sprechende Käpt'n Golf, der seine Mannschaft rekrutiert, mal muss der gefährlich rauchende Vulkan bezwungen werden, oder der Papagei hat mal wieder einen lustigen Spruch im Schnabel.

Informationen
Öffnungszeiten: täglich 10 bis 20 Uhr
Preise: Kinder (bis 15) 3,50 €, Erw. 4,00 €
Tel: 07545 9499690, www.kaeptngolf.de

Abenteuerpark – Klettern wie die Profis

Sich einmal wie Tarzan fühlen? Zwar gibt es im Abenteuerpark keine Lianen, aber man kann in vier bis vierzehn Metern Höhe über verschiedene Stationen von Buche zu Buche balancieren. Es stehen 10 verschiedene Parcours mit unterschiedlichen Schwierigkeitsstufen zur Verfügung.

Neu: das Base Jump: ein Sprung aus 15 Meter Höhe! Der Abenteuerpark hat das Selbstsicherungssystem SSB eingeführt, welches den Gästen erlaubt, in den Parcours zu jeder Zeit optimal im Sicherungsseil eingehängt zu sein. Dadurch können nun auch 7 bis 11jährige Kinder in Begleitung eines Erwachsenen (Greifhöhe mind. 1,60 m; Betreuungsverhältnis 1 Erwachsener : max. 3 Kindern) klettern. Ab 12 Jahren darf alleine geklettert werden!

Informationen
Öffnungszeiten: täglich 9/10 bis 19 Uhr
Preise: Kinder (8 bis 15) 15 €, Jugendliche 18 €, Erwachsene 20 €
Tel: 07545 949462
www.abenteuerpark.com

Friedrichshafen

Zeppelin Museum Friedrichshafen - Wasser, Straße, Schiene, Luft - Mobilität am Bodensee

Gleich zu Beginn der Ausstellung erhalten die Kinder eine Warnweste und werden mit einem Schrittzähler ausgestattet, denn Mobilität ist messbar! Unterschiedliche Aktivstationen im Zentrum der Sommerausstellung verlocken Kinder wie Erwachsene zum Experimentieren. Warum fährt ein Auto auf glattem Grund schneller als auf einer Buckelpiste? Wieso steigt ein Flugzeug in die Luft? Welches Gewicht kann ein Ballon tragen? Welches Material kann schwimmen und warum? Die Antworten zu diesen Fragen können durch die aktive Betätigung in der Ausstellung herausgefunden werden. Wollen die Eltern und ihre Kinder darüber hinaus etwas über die Geschichte der verschiedenen Verkehrsmittel am Bodensee entdecken, so finden sie auch das in der Ausstellung: Boote, Fahrräder, Eisenbahnen, Luftschiffe, Flugzeuge, Autos und Motorräder in Groß- und Kleinformat.

Informationen
Öffnungszeiten: täglich von 9 bis17 Uhr
Preise: Kinder und Schüler (6 bis 16) 3 €, Erwachsene 7,50 €
Tel: 07541 38010
www.zeppelin-museum.de

Dornier Museum Friedrichshafen - Faszination Luftfahrt. Sternstunden Raumfahrt

Das Dornier Museum Friedrichshafen macht am Flughafen Friedrichshafen seit dem Sommer 2009 nahezu 100 Jahre spannende Luft- und Raumfahrtgeschichte erlebbar und begeistert mit außergewöhnlicher Architektur und ungewöhnlichen Exponaten. Technikbegeisterte, Geschichtsinteressierte, Familien und Freunde der Luftfahrt erwartet auf über 5.000 Quadratmeter Ausstellungsfläche Dorniers bedeutendste Innovationen sowie zahlreiche historische Flugzeuge, Exponate aus der Raumfahrt sowie ein begehbares Sonnensystem. Ein eigens entwickeltes, in die Gesamtausstellung integriertes Konzept erklärt den jüngeren Besuchern die schweren technologischen Exponate auf leicht verständlichem Niveau. Die Kombination von Vergangenheit und Zukunft, Erfahrung mit Kreativität und Wissenschaft mit Leben lässt das Erbe Dorniers lebendig und Pioniergeist greifbar werden. Das Do X Restaurant, die eigens für Kinder in einen Kinderspielplatz umfunktionierte Do 27, der Museumshop und die große Terrasse am Rollfeld lassen den Museumsbesuch zum Erlebnis werden – für die ganze Familie.

Informationen
Öffnungszeiten: Di. bis So. 10 bis 18 Uhr
Preise: Kinder (6 bis 12) 4,50 €, Jugendliche (13 bis 15) 7 €, Erwachsene 9 €
Tel: 07541 4873600
www.dorniermuseum.de

Superbadespaß im Wellenbad Ailingen

Ein Sommer in Ailingen wird oft mit unserem für Freibäder ungewöhnlichen Wellenbad verbunden. Regelmäßig werden Jung und Alt von den Wellen in das beheizte Becken gelockt. Dazwischen halten eine Riesenrutsche, der Strömungskanal und der Sprungturm die Besucher in Bewegung. Mit Beachvolleyball und Tischtennis können die Sportlichen auch im Trockenen aktiv bleiben. Für die Kleinsten bietet das Kinderbecken mit verschiedenen Wasserspielen und der Matsch- und Buddelbereich tolle Möglichkeiten. Rückzugsmöglichkeiten für die Ruhesuchenden bieten das Sprudelbecken, die Wärmehalle und die großzügigen Liegeflächen.

Informationen
Preise: Kinder (4 bis 18) 1,50 €, Erwachsene 3 €
Tel: 07541 507222
www.ailingen.de

Schulmuseum Friedrichshafen am Bodensee

Im Schulmuseum Friedrichshafen dürfen Erwachsene und ihre Kinder entdecken wie Schule früher einmal war und wie Klassenräume um 1850, 1900 und 1930 ausgesehen haben. Besucher staunen über liebgewonnene Überbleibsel aus Schulzeiten: Griffelkästen, Ranzen, Schultüten und Klassenfotos und erkunden die Kehrseite der Schulgeschichte, als ganze Schülergenerationen mit dem Rohrstock zu Fleiß und Gehorsam erzogen werden sollten. Schule vom Mittelalter bis zum 20. Jahrhundert – ausprobieren und entdecken erlaubt!

Informationen
Öffnungszeiten: täglich 10 bis 17 Uhr
Preise: Kinder und Schüler 1,50 €, Erwachsene 3,00 €
Tel: 07541 32622
www.schulmuseum-fn.de

Strandbad Friedrichshafen

Das Strandbad liegt direkt am Bodensee. Es hat einen Naturstrand und eine große Spiel- und Liegewiese. Der Zugang zum See führt teilweise über Treppen und Badestege. Für Spaß sorgen die künstlichen Inseln im See, der Sprungturm sowie die Fußball-, Badminton- und Volleyballfelder. Außerdem gibt es einen Spielplatz für die Kinder und eine Bootsvermietung. Für das leibliche Wohl sorgt eine Gaststätte mit einem Kiosk.

Informationen
Tel: 07541 28078

Langenargen

Seewiesen Im Sand mit Barfußpfad

Der zwischen Strandbad und Schwedi gelegene Uferbereich „Im Sand“ zeichnet sich durch die großzügige Weite des Areals mit seinem alten Baumbestand, dem Panoramablick. Im Jahr 2001 wurde auf diesem Gelände ein Barfußpfad erstellt. Der Barfußpfad führt über Steine, Holz, Rindenmulch, Gras und viele andere Naturmaterialien. Ebenfalls in den Seewiesen befindet sich der See- und Waldkindergarten. Für Gästekinder von 5 bis 10 Jahren werden Spielnachmittage, Tipi-Übernachtungen und Stockbrotgrillen angeboten. Gästekinder im Kindergartenalter können zu den Betreuungszeiten den Alltag in einem See- und Waldkindergarten miterleben.

Informationen
Te: 0177 7114596.

Schloss Monfort – Turmbesteigung

Ob den Kindern im Schloss Montfort ein Schlossgespenst begegnet, kann nicht ausgeschlossen werden Die Besteigung des Schlossturms sollte man sich jedoch nicht entgehen lassen. Durch die enge Wendeltreppe des Schlossturmes hinauf zu steigen, ist für Kinder ein Erlebnis.

Informationen
Öffnungszeiten: täglich 10 bis 12 Uhr und 13 bis 17 Uhr
Preise: Kinder 1 €, Erwachsene 1,50 €
Tel: 07543 912712
www.vemax-gastro.de

Rundfahrt mit der Kapitänsschaluppe

Mit der eleganten Kapitänsschaluppe geht die Fahrt entlang der Langenargener Bucht vorbei am Schloss Montfort und wieder zurück in den historischen Gondelhafen.

Informationen
Öffnungszeiten: mittwochs um 17 Uhr
Preise: Kinder 6,50 €, Erwachsene 13,00 €

Strandbad Langenargen

Das herrlich gelegene Strandbad Langenargen bietet Badespaß für Jung und Alt direkt am Bodensee. Angeboten werden ein beheiztes Schwimmerbecken sowie ein Spaßbecken mit Wasserpilz und Rutschbahn. An Land gibt es für die kleinen Gäste einen Wasserspielbereich mit Spielbrunnen, Spielgeräten sowie einer Sandmulde. Auf dem See sind ein Badefloß sowie ein Wasserkarussell installiert.

Infomationen
Öffnungszeiten: täglich von 9 bis 20 Uhr
Preise: Kinder (bis 16) 1€, Erwachsene 1,50 €
Tel: 07543 2207
www.langenargen-tourismus.de

Kressbronn

Spielehaus in Kressbronn

Täglich können Ferienkinder und ihre Eltern kostenlos das Häusle stürmen und sich nach Herzenslust dort austoben. Im Keller wartet eine Bastelwerkstatt auf die kleinen Handwerker und im oberen Stock lockt ein „Bällebad" aus roten und gelben Bodenseeäpfelchen die kleinen Rabauken zum Eintauchen. Langeweile gibt es zukünftig in Kressbronn nicht mehr, denn ein Besuch im Spielehaus lässt jedes schlechte Wetter vergessen.

Informationen
Tel: 07543 96650
www.kressbronn.de

Reit-und Fahrstall Gohren

Fahrten in einer roten Wagonette (bis zu 6 Fahrgäste), Fahrt mit dem Planwagen (bis zu 8 Fahrgäste oder 10 Kinder). Die Kutschpferde Happy Day, Freedom, Sunshine und Hexe sorgen für einen unvergesslichen Ausflug. Freitags findet für Kinder ab 5 Jahre Reittherapie mit Galoppino statt. Ponys zu pflegen, führen, ausreiten, voltigieren und spielen fördern und fordern die Kinder gezielt.

Informationen
Öffnungszeiten: telefonische Vereinbarung
Tel: 07543 6199

Strandbad Litzelstetten

Die weitläufige Liegewiese bietet Sonnenhungrigen viel Platz zum Relaxen und die vereinzelt stehenden Bäume spenden genug Schatten. Zwei integrierte Frischwasserduschen und natürlich der Bodensee versprechen Abkühlung. Für Kleinkinder wurde ein Spielplatz mit Schaukeln, Sandkasten, Klettergerüst usw. angelegt und das neue Kinderplantschbecken ist der ideale Treffpunkt für die Kleinen um gemeinsam mit Freunden zu plantschen. Größere Kinder und Erwachsene können sich auf dem Beachvolleyballplatz allen möglichen Ballspielen widmen.

Informationen
Öffnungszeiten: täglich 10 bis 23 Uhr
Tel: 07531 942479
www.strandbad-litzelstetten.de

Naturstrandbad Kressbronn

In einem der schönsten Naturstrandbäder am Bodensee befindet sich der Wasserspielplatz mit Bächen, Brücken, Staudämmen und vielem mehr. Ein Paradies für alle „Wasser-Plantscher".

Informationen
Öffnungszeiten: täglich ab 8 Uhr
Tel: 07543 500699

Lindau

Märchenstunden für Kinder

Kinder aufgepasst! Hört ihr gerne Märchen? Dann seid ihr bei unseren Märchenstunden genau richtig! Spitzt die Ohren und lasst euch überraschen. Die Märchen führen euch in eine spannende und erstaunliche Welt. Die Märchenstunden sind im Verlies des Diebsturmes, der im späten Mittelalter an der höchsten Stelle der Insel errichtet wurde und in dessen Verlies tatsächlich die Gauner und Halunken früherer Zeiten gesteckt wurden. Der imposante Turm ist ein runder Bau mit vier kleinen, filigranen Erkern.

Informationen
Tel: 08382 2600-33
www.lindau.de

Seebad Lindenhof am Bodensee

Das Seebad Lindenhof lädt Anwohner und Gäste zum Genießen und Entspannen ein. Bei schönem Wetter erleben die Besucher ein grandioses Panorama, das vom Säntis bis zu den Allgäuer Alpen reicht. Auf den Ruhebänken im Schatten unserer fulminanten Rotbuche erleben Sie eine einzigartige Aussicht und stimmungsvolle Sonnenuntergänge. Die große Liegewiese mit altem Baumbestand und unverbautem Blick auf den Bodensee liegt am Rande der weitläufigen Parklandschaft. Eine separate Sportwiese bietet Platz zum Fußball- und Volleyballspielen. Am Seeufer finden Sie eine Bademole, zwei Badeflöße und einen Sprungturm.

Informationen
Öffnungszeiten: täglich 9.30 bis 19,.00 Uhr
Preise: Kinder (ab 6) 2 €, Erwachsene 3 €
Tel: 08382 6637 · www.seebad-lindenhof.de

Eichwaldbad Lindau

Das Eichwaldbad ist die größte bewirtschaftete Freibadanlage am Bodensee und bietet eine hervorragende Aussicht zur Lindauer Insel, nach Österreich und den Schweizer Alpen. Baden macht hier Spaß mit 20.000 qm Liegewiese, 660 m Naturstrand, 5 solarbeheizte Becken, Badesteg, Liegefloß im See. Jede Menge Attraktionen für Kinder und Erwachsene zeichnen das Eichwaldbad aus: 78m Riesenrutsche, viele Spielgeräte für Kleinkinder, Tischtennisplatten, 2 Beachvolleyballfelder, schnurloses Internet und vieles mehr. Das Animationsteam bietet ein buntes Programm. Restaurant, Kiosk und Gastronomieterrasse bieten ein reichhaltiges Angebot an Essen, Snacks und Getränken an.

Informationen
Öffnungszeiten: täglich 9 bis 20 Uhr
Preise: Jugendliche 2 €, Erwachsene 3 €
Tel: 08382 704455
www.stadtwerke-lindau.de

Wasserburg

Aquamarin – Badespaß für Groß und Klein
Familienurlaub in Wasserburg bedeutet riesengroßes Badevergnügen!
Der Bodensee, das Schwäbische Meer, kann in den Monaten Juni, Juli und August bis zu 25 Grad warm werden – da will man aus dem Wasser gar nicht mehr raus! Dies gilt auch für das beheizte Freibad Aquamarin direkt am See, wo die Saison bereits im Mai beginnt und in der Regel erst Mitte September endet. Die Aquamarin-Highlights sind ein Kinder- und Jugendbecken mit 15m langer Breitrutsche und das Augustin's Kinderland - ein in die Landschaft integrierter Spielbach mit Fontänen, Kaskaden, Wassersprudlern, Wasserrädern und weiteren Spielgeräten. Ein direkter Seezugang führt zu einem Badefloß und wer es sportlicher mag, dem steht ein Minifußballfeld und Beachvolleyballfeld zur Verfügung.

Informationen
Öffnungszeiten: täglich 9 bis 20 Uhr
Preise: Kinder (3 bis 18) 2 €,
Erwachsene 3,50 €
Tel: 8382 25187
www.wasserburg-bodensee.de

Dornbirn: inatura – Erlebnis Naturschau

Hier machen Natur und Technik Spaß
„Berühren erwünscht"
Die inatura lockt mit ihrer Ausstellung rund um unsere Natur: In „vier Lebensräumen" gehören Videoprojektionen ebenso dazu wie lebende Kleintiere und Tierpräparate zum Anfassen. Mit der Eröffnung der inatura Science Zones weitete die inatura ihr Themenspektrum auf das Gebiet der Technik aus. Es entstanden über 40 neue interaktive Stationen, die sich auf ebenso unterhaltsame Weise wie die Hauptausstellung technischen und physikalischen Phänomenen widmen.

Interaktiv und spielerisch lernen
Die inatura Science Zones machen technische Aspekte „begreifbar", im wahrsten Sinne des Wortes. Auf einer Laserharfe werden Klänge auf unsichtbaren Saiten erzeugt, verblüffende Eigenschaften von Elektrizität und Magnetismus werden erforscht oder der

Weg des Stroms in die Steckdose nachvollzogen. Und das ist noch längst nicht alles.

Informationen
Öffnungszeiten: täglich 10 bis 18 Uhr
Preise: Kinder (6 bis 15) 4,80 €,
Jugendliche 7,60 €, Erwachsene 9,50 €
Tel: 0043 (0)05572 232350
www.inatura.at

Bregenz

Bregenz bietet das Mehr am See für Familien: Von A wie Adlerwarte über S wie Schiffstouren und W wie Waldschule bis Z wie Zeichenkursen in einem der Kulturbetriebe reicht das Angebot. Ein Überblick:
Auf dem 1064 Meter hohen Pfänder erwarten beispielsweise ein Alpenwildpark mit Steinböcken, Wildschweinen, Mufflons und Murmeltieren und der Adlerwarte die kleinen und großen Besucher. Ein großer Abenteuerspielplatz mit Riesentrampolin, der längsten Trockenrutsche Vorarlbergs, Korbschaukel, Wippfiguren und Klettergerüsten lässt Kinderherzen höher schlagen.

Kinder im Kunsthaus Bregenz (KUB)

Kinder im Alter von 5 bis 10 Jahren haben jeweils samstags von 10 bis 12 Uhr die Möglichkeit, die aktuelle Ausstellung zu besuchen und das Gesehene dann kreativ umzusetzen. Gruppen und Schulklassen jeder Altersstufe können jederzeit eine Individualführung anmelden.

Informationen
www.kunsthaus-bregenz.at

Käsewanderweg

Ein Naturmuseum der besonderen Art. In idyllischer Berglandschaft wandert man am Bregenzer Hausberg Pfänder von Bauernhof zu Sennerei. Zwischendurch kehrt man in einem der gemütlichen Gasthäuser ein oder probiert beim Bauern den köstlichen Bergkäse. Der 8 Kilometer lange Weg ist beschildert und kann auch in Etappen zurückgelegt werden. Broschüre erhältlich bei Bregenz-Tourismus.

Informationen
Tel. 0043 (0)5574 4959-0

Lehrpfade

Der Walderlebnispfad (mit Baumklavier und Baumhaus) von der Landesbibliothek auf den Gebhardsberg ist ein Leitfaden durch die heimische Waldflora und –fauna. Der Naturlehrpfad führt weiter bis auf die Fluh, der Geologiepfad hinunter zur Langenerstraße. In der Ruheoase Thurn & Taxis-Park gibt es exotische Baumarten vom japanischen Ginkgo bis zum Mammutbaum.

Erlebnis Wald - die Waldschule

Mit allen Sinnen den Wald erleben, ihn riechen, schmecken, fühlen und vor allem genießen – das ermöglicht die Waldschule in Bregenz. Für Kinder stehen zahlreiche Spiele zur Verfügung: Eine „Hörkarte" erstellen, ein Waldsofa oder eine Arche Noah bauen, Bilder malen – für alle ist in dieser besonderen Schule etwas dabei.

Informationen
Anmeldung unter
www.waldschule-bodensee.at

Das Strandbad & Hallenbad Bregenz

Einen Badespaß für die ganze Familie bietet das Bregenzer Strandbad mit Kinderbecken, Spielplätzen, Mutter-Kind-Bereich und Familienwiese direkt am Bodenseeufer. Insgesamt 45.000 (!) Quadratmeter Badevergnügen warten auf die Wasserfans. Ob Schwimmen (50 Meter Sportbecken), Erlebnis (Rutschen, Sprungturm, Kletterfelsen, Floß etc.) oder einfach nur Erholung (ausgedehnte Ruhewiesen, Café und Restaurant) – für alle ist etwas dabei. Das Bad ist von Anfang Mai bis Anfang September geöffnet.

Ob Regen oder Schnee, das Bregenzer Seehallenbad lädt ein zum Schwimmen und Planschen in warmer und fröhlicher Atmosphäre. Der geschützte Kinderbereich mit Rutsche und Planschbecken ist ein wunderbarer Tummelplatz für alle Kleinen. Ebenso steht ein Nichtschwimmerbecken zur Verfügung.

Informationen
www.stadtwerke-bregenz.at.

Pfänder, der Hausberg am Bodensee

Familien genießen das Freizeitangebot am Pfänder:
Alpenwildpark, Greifvogelflugschau, Kinderspielplatz, Riesentrampolin, Wander- und Radwege. Ein erstes Vergnügen bereitet die lautlose Fahrt mit der täglich geöffneten, modernen Pfänder-Panoramaseilbahn ab Bregenz. Weit heruntergezogene Panoramafenster ermöglichen den kleinsten Gästen bereits während der Fahrt einen tollen Ausblick. Oben angekommen beeindruckt der 360°-Panoramablick auf See und Berge. Kinder sind bei den vielen Tiere im Wildpark (Eintritt frei), beim Toben auf der großen Korbschaukel am Kinderspielplatz oder beim Hüpfen am Riesentrampolin.

Höhepunkt ist die Greifvogel-Flugschau in der Adlerwarte. Adler, Geier, Falken, Uhus und Milane zeigen ab 1. Mai ihre faszinierenden und teils waghalsigen Flugkunststücke. Die geringen Steigungen und Gefälle im Wandergebiet kommen speziell den kleinen Gästen entgegen und ermöglichen Ihnen problem- und anstrengungsloses Bewältigen der Touren.

Informationen
Preise: Familienkarte Berg- & Tal Fahrt 22 €
Telefon: 0043(0)5574 421600
www.pfaenderbahn.at

Übersicht Region Oberschwaben

KINDER Sommer.

Ferienhof Tiergarten bei Aulendorf

Abenteuer-Kletterpark-Tannenbühl in Bad Waldsee

Erlebnisfreibad Ehingen

Merklingen
Langenau
Dornstadt
Günzbu
Blaustein
Ulm
Donau
Leipheim
Bur
Blaubeuren
Neu-Ulm
Ichenhausen
Schelklingen
Erbach
Pfaffenhofen
gen
Weißenhorn
Senden
Tan
gen
Rißtissen
Vöhringen
Krumbach
tal
Laupheim
Illertissen
Buch
Ebersh
nmerhofen
Schwendi
ler
Babenhausen
hlen
-Hürbel
7
Pfaffenh
berach
a. d. Riß
Gutenzell-
Egg a. d. G
Iller
Erolzheim
Mi
Boos
Ummendorf
Ochsen-
hausen
96
Heimertingen
So
ried
Tannheim
Memmingen
Oberessendorf
Ellwangen
dsee
Aitrach
Ottobeuren
Bad Wurzach
96
Fr
7
Leutkirch
i. Allgäu
furt
Obergü
Wolfegg
Dietmann
Kißlegg
Kimratshofen
Wiggensbach
Friesenhofen
Kempten
i. Allgäu
Be
Amtzell
Isny

Die besten Veranstaltungen im Sommer 2011

Region Oberschwaben

Mai

So 01

Neuburg

Schloss Neuburg an der Donau: Kinderführung - Mozartlocke, langer Zopf – Perücken und Schminken im 18. Jahrhundert, 14 Uhr
Mit Workshop: Jeder bastelt sich seine eigene Perücke (Materialien werden gestellt)
Unkostenbeitrag: 2 €,
ab 8 Jahren, Anmeldung unter
Tel: 08431 644333
(Di bis So 10 bis 16 Uhr)

Mi 04

Bad Wurzach

Naturschutzzentrum: Kinder-Naturschutz-Treff, 15 Uhr

Ehingen

Stadtbücherei: „Cowboy Klaus - Wildwestabenteuer" - mit dem Illustrator Karsten Teich, 16 Uhr
Infos unter Tel: 07391 503560

Sa 07

Sigmaringen

Hohenzollern Schloss:
Kammerzofen und Kammerdiener empfangen Sie – Führung mit der Kammerzofe, 16 Uhr
Lernen Sie das Haus des Fürsten von Hohenzollern und die fürstliche Zeit der Jahrhundertwende um 1900 kennen! Kammerzofen und Kammerdiener begleiten Sie durch die Prunkräume des Schlosses, weihen Sie in die Geheimnisse des adligen Lebens ein und plaudern mit Ihnen über das aufregende Leben hinter den Schlossmauern. Unkostenbeitrag: 8 €,
ab 10 Jahren

Neu-Ulm

Edwin Scharff Museum:
Museumsfest, 10 Uhr
Am Samstag und Sonntag lädt das Edwin Scharff Museum zum Museumsfest ein.
Freuen Sie sich / freut Euch auf ein abwechslungsreiches Programm für Klein und Groß.
Führungen durch die Sonderausstellung „Giraffe, Pudel, Dromedar"; Musik im Foyer;
Aufführungen des Marionettentheaters Pendel; buntes Kreativprogramm für Kinder, Workshop im Innenhof unter dem Motto „Aus Schrott entstehen Tiere" mit dem Stuttgarter Bildhauer Thomas Putze.

So 08

Kanzach

Bachritterburg:
Muttertagsmenü in der Burgschänke (Voranmeldung)

Neu-Ulm

Edwin Scharff Museum:
Museumsfest, 11 Uhr
Freuen Sie sich / freut Euch auf ein abwechslungsreiches Programm für Klein und Groß.
Führungen durch die Sonderausstellung „Giraffe, Pudel, Dromedar"; Musik im Foyer; Aufführungen des Marionettentheaters Pendel; buntes Kreativprogramm für Kinder, Workshop im Innenhof unter dem Motto „Aus Schrott entstehen Tiere" mit dem Stuttgarter Bildhauer Thomas Putze.

Do 12

Ehingen

Lindenhalle:
Kindertheater - Zottelkralle,
10.30 Uhr, ab 6 Jahren

KINDER Sommer.

Veranstaltungstermine und Orte in diesem Buch wurden mit größter Sorgfalt recherchiert.
Die Verantwortung für alle Angaben tragen die Veranstalter. Der Verlag übernimmt keine Gewähr.

KINDER Sommer.

Bild: Bauernhaus-Museum in Wolfegg

Fr 13

Sigmaringen

Hohenzollern Schloss:
Schloss-Detektive gesucht!
15 Uhr. Ein kostbares Gemälde wurde aus der Schatzkammer gestohlen. Kommt mit auf die spannende Suche nach dem Dieb! Ihr werdet als fürstliche Schloss-Detektive ausgebildet, untersucht Fingerabdrücke und nehmt die Verfolgung des flüchtigen Diebes auf. Durch verbotene Gänge und Räume verfolgen wir den Räuber und stellen ihm eine Falle. Wer hilft uns den mysteriösen Raub aufzuklären?
Unkostenbeitrag: 7,50 €,
ab 5 Jahren

Sa 14

Neu-Ulm

AtelierKeramik:
Töpferkurse für Kinder – Matschen und Quatschen, 10 Uhr
Dauer: 2 Std., ab 4 Jahren

So 15

Kanzach

Bachritterburg:
Handwerkertag: Mittelalterliches Handwerk mit den Themenkreisen Holz und Textilien

Neu-Ulm

Edwin Scharff Museum:
Internationaler Museumstag, 11.30 Uhr

Veranstaltungshinweise für die Ausgabe 2012 bitte an:
redaktion@kindersommer-online.de

Mi 18

Bad Wurzach

Naturschutzzentrum:
Kinder-Naturschutz-Treff,
15 Uhr

Ehingen

Stadtbücherei: Dinosaurier im Mond – Musikalische Geschichten-Lieder-Show, 16 Uhr
Ab 6 Jahren

Fr 20

Bad Buchau

NABU-Naturschutzzentrum Federsee: Fledermaus-Abend (Batman live), 20.15 Uhr
Das Federseemoor ist ein Fledermaus-Paradies: 12 von 25 deutschen Fledermausarten kommen hier vor. Sie profitieren

von der Naturschonenden Bewirtschaftung der Feuchtwiesen, die zahlreiche Insekten hier leben lässt. Der Fledermaus-Abend beginnt mit einem kindgerechten Vortrag über das Leben der Fledermäuse und der Präsentation von Materialien zum Fledermausschutz. Danach geht es hinaus an die Jagdplätze verschiedener am Federsee heimischer Fledermausarten. Im Licht einer starken Taschenlampe beobachten wir den Jagdflug der Wasserfledermäuse. Ein Bat Detector macht außerdem ihre Ultraschallrufe hörbar, so dass wir Batman & Co. schon im Anflug hören, bevor wir sie sehen! Dauer: 2 Std.

So 22

Wolpertswende

Naturerlebnispfad:
Walderlebnistag

Neu-Ulm

Edwin Scharff Museum:
200 Jahre Neu-Ulm
Das Team des Edwin Scharff Museums bietet im Rahmen des zweitägigen Jubiläumsfestes der Stadt Neu-Ulm ein buntes Kreativprogramm für Kinder in der Flussmeisterei an.
U.a.: Wolltet ihr schon immer mal als Reiterstandbild posieren? Das interaktive Kunstprojekt „Ein Denkmal für Neu-Ulm" bietet euch dieses einmalige Erlebnis. Sei dein eigenes Reiterstandbild und trau´ dich zur Clownin Rosi aufs Pferd!

Bad Schussenried

Museumsdorf Kürnbach:
Verfilzt noch mal,
Basteln mit Wolle
Anmeldung bis Samstag 12 Uhr unter Tel: 07583 946777

Bad Buchau

Federseemuseum:
Museumsfest – „Leute machen Kleider" , 10 Uhr. Eine Modenschau durch die Jahrtausende – von den eiszeitlichen Jägern, über die jungsteinzeitlichen Bauern bis zu den Kriegern und Amazonen der Bronzezeit.

Fr 27

Neu-Ulm

AtelierKeramik:
Töpferkurse für Kinder –
Die Raupe Riesengroß, 17 Uhr
Dauer: 2 Std., ab 5 Jahren

So 29

Roggenburg

Vor dem Waldpavillon, Kloster Roggenburg: Wasserdetektive unterwegs, 14 Uhr

Bad Schussenried

Kloster Schussenried: Eine spannende Entdeckungsreise mit anschließendem Workshop „Seifenwerkstatt" oder „Blütenduft und üble Dünste", 11 Uhr
Infos unter Tel: 07583 9269083

Sigmaringen

Hohenzollern Schloss:
Das Geheimnis der 7 Zeichen – Familienführung, 14.30 Uhr
Ihr Weg durch die faszinierenden Schlossräume ist gesäumt von vielen Geheimnissen! Besuchen

Familienferien zwischen Donau und Bodensee

Wo Kinder sich himmlisch vergnügen
Oberschwaben und das württembergische Allgäu sind prädestiniert für Urlaub mit kleinen und großen Kindern. Mit dem Ravensburger Spieleland gibt es hier ein echtes Spiel- und Freizeitparadies, das nur wenige Kilometer südlich von Ravensburg mitten in der schönsten Natur liegt. Möglichkeiten zur Zeitreise in die Vergangenheit bestehen beim Besuch der Urlandschaft rund um den Federsee und im Wurzacher Ried, in den Freilichtmuseen von Wolfegg und Kürnbach oder bei der Besichtigung der Waldburg und des Steinzeitdorfes in Bad Buchau. In vielen Museen können die Dinge angefasst und von den jungen Besuchern selbst ausprobiert werden. Für Abkühlung an heißen Tagen sorgen die zahlreichen Badeseen; wer eher wohltuende Wärme sucht, der ist in den vielen Thermalbädern genau richtig. Ein Erlebnis für die ganze Familie ist einer Fahrt mit dem Öchsle - von Warthausen bis

Sie mit uns Orte voller spannender Zeichen, die uns unbekannte Dinge des fürstlichen Alltags zeigen. Sie entschlüsseln gemeinsam die Botschaften der 7 Zeichen und erleben einen abenteuerlichen Rundgang mit kurzweiligen Spielen und geheimnisvollen Geschichten.
Unkostenbeitrag: 5 €,
ab 4 Jahren

Juni

Mi 01

Bad Wurzach

Naturschutzzentrum:
Kinder-Naturschutz-Treff,
15 Uhr

Do 02

Bad Buchau

Federseemuseum:
ArchäoKids in Aktion, 10 Uhr
Seit 2007 führt das Expertenteam der „ArchäoKids“ andere Kinder durch das Museum und archäologische Freigelände, erläutert anhand zahlreicher Originalfunde die wichtigsten Epochen der vorgeschichtlichen Besiedlung am Federsee und präsentiert auf kindgerechte Art die archäologische Handwerkstechniken.

Günzburg

Legoland: Eröffnungsfeier Star WarsSaga und Ägypten

So 05

Neuburg

Schloss Neuburg an der Donau: Kinderführung – Pfalzgraf Ottheinrich. Wie sah er aus? Wie hat er gelebt und was hat er gemacht? 14 Uhr
Unkostenbeitrag: 2 €, Anmeldung unter Tel: 08431 644333 (Di bis So 10 bis 16 Uhr),
ab 6 Jahren

Waldburg

Familiensonntag: mit Armbrustschießen, Hufeisenwerfen, Kinderführungen, Gauklern, Gummibärenschleuder

Fr 10

Bad Buchau

NABU-Naturschutzzentrum Federsee: Fledermaus-Abend (Batman live), 20.45 Uhr
Das Federseemoor ist ein Fledermaus-Paradies: 12 von 25 deutschen Fledermausarten kommen hier vor. Sie profitieren von der Naturschonenden Bewirtschaftung der Feuchtwiesen, die zahlreiche Insekten hier leben lässt. Dauer: 2 Std.

Di 14

Biberach

Jordanbad:
Ferienwerkstatt, 15.30 Uhr

Mi 15

Biberach

Jordanbad:
Ferienwerkstatt, 15.30 Uhr

Ochsenhausen zuckelt die historische Dampfeisenbahn gemächlich durch die oberschwäbische Landschaft. Der freche Engel Fidelis zeigt euch seine Lieblings-„Landeplätze“ zwischen Donau und Bodensee. Bestellt euch gleich die Schatzkarte mit den schönsten Ausflugszielen im Posterformat. Einfach kostenlos anfordern.

Die Schatzkarte findet ihr auch in der virtuellen Kinderwelt unter www.oberschwaben-tourismus.de.
Infos bei Oberschwaben-Tourismus GmbH,
Tel: 07583 331060

Oberschwäbisches Torfmuseum in Bad Wurzach

unter Tel: 07583 946777

Do 16

Neu-Ulm

AtelierKeramik
Töpferkurse für Kinder – Ferienkurs Vogelbad, 9 Uhr
Dauer: 3 Std., ab 7 Jahren

Biberach

Jordanbad:
Ferienwerkstatt, 15.30 Uhr

Fr 17

Biberach

Jordanbad:
Ferienwerkstatt, 15.30 Uhr

So 19

Kirchdorf an der Iller

Freibad Kirchdorf:
Spielenachmittag mit dem Spielmobil des Kinderschutzbundes Memmingen

Bad Schussenried

Museumsdorf Kürnbach:
Kräutertöpfe gestalten
Anmeldung bis Samstag 12 Uhr

Mo 20

Biberach

Jordanbad:
Ferienwerkstatt, 15.30 Uhr

Di 21

Biberach

Jordanbad:
Ferienwerkstatt, 15.30 Uhr

Mi 22

Roggenburg:

Zentrum für Familie, Umwelt und Kultur beim Kloster Roggenburg. Vom tapferen Max und dem grässlichen Biber-Ungeheuer, 10 Uhr.
Anmeldung Tel: 07300 96110, ab 6 Jahren

Biberach

Jordanbad:
Ferienwerkstatt, 15.30 Uhr

Do 23

Bad Buchau

Federseemuseum:
ArchäoTheater – ein Schauspiel für Kinder und Jugendliche „Sonnenfänger - als die Zeit verloren ging“ , 19 Uhr

Biberach

Jordanbad:
Ferienwerkstatt, 15.30 Uhr

Fr 24

Biberach

Jordanbad:
Ferienwerkstatt, 15.30 Uhr

Waldburg

Burg Waldburg: Open-Air Kino

Sa 25

Waldburg

Burg Waldburg: Open-Air Kino

So 26

Bad Buchau

Federseemuseum:
ArchäoTheater – ein Schauspiel für Kinder und Jugendliche „Sonnenfänger - als die Zeit verloren ging“ , 15 Uhr

Bad Schussenried

Kloster Schussenried:
Eine spannende Entdeckungsreise mit anschließendem Workshop „Seifenwerkstatt“ oder „Blütenduft und üble Dünste“, 11 Uhr
Infos unter Tel: 07583 9269083

Roggenburg

Haus für Kunst und Kultur beim Kloster Roggenburg:
Der Josa mit der Zauberfiedel, 16 Uhr. Anmeldung unter Tel: 07300 96110, ab 5 Jahren

Mi 29

Bad Wurzach

Naturschutzzentrum:
Kinder-Naturschutz-Treff, 15 Uhr

Juli

Sa 02

Ochsenhausen

Festplatz:
Öchslefest, großes Stadtfest mit vielen Attraktionen für Kinder

So 03

Ochsenhausen

Festplatz:
Öchslefest, großes Stadtfest mit vielen Attraktionen für Kinder

Neuburg

Schloss Neuburg an der Donau: Kinderführung – Mozartlocke, langer Zopf – Perücken und Schminken im 18. Jahrhundert, 14 Uhr
Mit Workshop: Jeder bastelt sich seine eigene Perücke (Materialien werden gestellt)
Unkostenbeitrag: 2 €,
ab 8 Jahren , Anmeldung unter
Tel: 08431 644333
(Di bis So 10 bis 16 Uhr)

Fr 08

Neu-Ulm

AtelierKeramik:
Töpferkurse für Kinder – Zwergengarten oder Schneckengarten, 17 Uhr
Dauer: 2 Std., ab 5 Jahren

Waldburg

Burg Waldburg:
Open-Air Theater

Sa 09

Neu-Ulm

Edwin Scharff Museum:
12. Lange Nacht der Museen, 16 Uhr. Buntes Kreativprogramm für Kinder in der Museumswerkstatt; Führungen; Tanzperformance von Domenico Strazzeri; Cocktails und einem Salsa-Tanzprogramm der achtköpfigen Band SonPaTi aus dem Allgäu.

Waldburg

Burg Waldburg:
Open-Air Theater

Ferienfreizeit im Stöckicht
Waldstetten (Schwaben) bei Ichenhausen

In freier Natur mitten in Wald und Wiese bietet die Ferienfreizeit im Stöckicht wöchentliche Spielgruppen für Kinder von 4 bis 12 Jahren an. Die Kinder lernen spielerisch den Umgang mit den Ponys und machen erste Reiterfahrungen. Bei Streifzügen durch Feld und Flur wird erkundet was die Natur alles zu bieten hat. Die Kinder sammeln Beeren und Kräuter, bauen und basteln mit natürlichen Materialien und spielen in freier Natur. Der Umgang mit den Ponys sowie das "Erlebnis Natur" fördert das Selbstbewusstsein, die Wahrnehmung und steigert insgesamt auch im Alltag die Motivation der Kinder. Aus fünf Angeboten könnt ihr euch entscheiden: Erlebnis-Pony, alles rund ums Pferd – putzen, führen, spielen und reiten. Wald und Wiese erkunden z.B. mit einer Kräuterwanderung oder Wald- und Wiesen-Picknick. Basteln und bauen, bastelt euch euren persönlichen Waldschmuck und vieles mehr. Spiel und Spaß habt ihr z.B. im Indianercamp oder beim Kinderschminken und malen. Erlebnis Natur und Tier, das fordert Selbstbewusstsein, Kreativität sowie Gelassenheit. Verschiedene Termine in den Ferien,
Preise zwischen 150 und 250 €.

Infos: Tel: 07171 875760,
Handy: 0177 8525434

So 10

Roggenburg

Vor dem Waldpavillon, Kloster Roggenburg:
Waldgestalten aus Lehm gestalten, 14 Uhr

Wolfegg

Bauernhaus-Museum:
Eisen und Stein mit Kinderaktionen, 10 Uhr

Sigmaringen

Hohenzollern Schloss:
Das Geheimnis der 7 Zeichen – Familienführung, 14.30 Uhr
Ihr Weg durch die faszinierenden Schlossräume ist gesäumt von vielen Geheimnissen! Besuchen Sie Orte voller spannender Zeichen, die unbekannte Dinge des fürstlichen Alltags zeigen. Sie entschlüsseln gemeinsam die Botschaften der 7 Zeichen und erleben einen abenteuerlichen Rundgang mit kurzweiligen Spielen und geheimnisvollen Geschichten. Unkostenbeitrag: 5 €, ab 4 Jahren

Waldburg

Burg Waldburg:
Open-Air Theater

Mi 13

Bad Wurzach

Naturschutzzentrum:
Kinder-Naturschutz-Treff, 15 Uhr

Fr 15

Bad Buchau

NABU-Naturschutzzentrum Federsee:
Fledermaus-Abend (Batman live), 20.45 Uhr
Das Federseemoor ist ein Fledermaus-Paradies: 12 von 25 deutschen Fledermausarten kommen hier vor. Sie profitieren von der Naturschonenden Bewirtschaftung der Feuchtwiesen, die zahlreiche Insekten hier leben lässt. Dauer: 2 Std.

Sa 16

Sigmaringen

Hohenzollern Schloss:
Kammerzofen und Kammerdiener empfangen Sie – Führung mit dem Kammerdiener, 16 Uhr
Lernen Sie das Haus des Fürsten von Hohenzollern und die fürstliche Zeit der Jahrhundertwende um 1900 kennen! Unsere Kammerzofen und Kammerdiener begleiten Sie durch die Prunkräume des Schlosses, weihen Sie in die Geheimnisse des adligen Lebens ein und plaudern mit Ihnen über das aufregende Leben hinter den Schlossmauern. Unkostenbeitrag: 8 €, ab 10 Jahren

Stadt Ulm präsentiert Berblinger Jubiläumsjahr 2011

Das Jahr 2011 steht in Ulm ganz im Zeichen des Berblinger Jubiläumsjahrs 2011. Die Stadt präsentiert sich mit verschiedenen Veranstaltungsschwerpunkten, um den 200. Jahrestag des Flugversuchs ihres „Schneiders von Ulm“ gebührend zu feiern. Höhepunkte sind: die große Ausstellung „ABHEBEN - die Vision vom Fliegen“ vom 6. Mai bis 13. November 2011 im Stadthaus Ulm sowie das Jubiläumswochenende 200 Jahre Friedrichsau und Flugversuch Berblingers, welches vom 27. Mai bis 29. Mai 2011 stattfindet. Vor 200 Jahren folgte der Ulmer Schneidermeister Albrecht Ludwig Berblinger einer Vision. Aber sein Traum vom Fliegen endete am 31. Mai 1811 in der Donau. Statt eines triumphalen Erfolgs erntete er den Spott der Ulmer Öffentlichkeit. Ausstellung: ABHEBEN - die Vision vom Fliegen - 6. Mai bis 13. November 2011, Stadthaus Ulm

Federsee und Federseesteg in Bad Buchau

So 24

Bad Buchau

Federseemuseum:
ArchäoTheater – ein Schauspiel für Kinder und Jugendliche „Sonnenfänger - als die Zeit verloren ging“ , 15 Uhr

Bad Schussenried

Museumsdorf Kürnbach:
Steinhart Handschmeichler aus Speckstein.
Anmeldung bis Samstag 12 Uhr unter Tel: 07583 946777

Waldburg

Familiensonntage:
mit Armbrustschießen, Hufeisenwerfen, Kinderführungen, Gauklern, Gummibärenschleuder

Mi 27

Bad Wurzach

Naturschutzzentrum:
Kinder-Naturschutz-Treff, 15 Uhr

Fr 29

Bad Buchau

NABU-Naturschutzzentrum Federsee: Fledermaus-Abend (Batman live), 20.15 Uhr
Das Federseemoor ist ein Fledermaus-Paradies: 12 von 25 deutschen Fledermausarten kommen hier vor. Sie profitieren von der Natur schonenden Bewirtschaftung der Feuchtwiesen, die zahlreiche Insekten hier leben lässt. Dauer: 2 Std.

So 31

Kanzach

Bachritterburg:
tour de ländle und Burgbelebung nach Ankündigung

August

Mo 01

Sigmaringen

Hohenzollern Schloss:
Gespenstische Zeiten, 10 Uhr
Ein Gespensterleben ist nicht immer ein Zuckerschlecken. Mit den Ketten rasseln und Leute erschrecken, das macht Spaß! Aber wo und wie lebt ein Gespenst? Was macht es, wenn es friert, Hunger hat oder am Tag spuken möchte? Und seit wann gibt es auf Schloss Sigmaringen überhaupt ein Gespenst? Wie kleine Detektive werden wir die Fragen erkunden und „Gespenstische Zeiten“ erleben.
Unkostenbeitrag: 7,50 €,
ab 5 Jahren

KINDER Sommer.

Schloss Sigmaringen

Di 02

Sigmaringen

Hohenzollern Schloss:
Kleider machen Leute? 10 Uhr
Wollt ihr das frühere Leben der kleinen Herrschaften kennen lernen? Die Hofdame des Schlosses führt uns durch das höfische Leben. Sie zeigt uns, wie man damals sprach, sich benahm und bewegte, aber auch wie man zu denken hatte. Verkleidet wandeln wir durch die Schlossräume und entdecken auch, wie man früher spielte und sich des Lebens freute.
Unkostenbeitrag: 7,50 €, ab 8 Jahren

Do 04

Bad Wurzach

Naturschutzzentrum:
Kinder-Naturschutz-Treff, 15 Uhr

Sa 06

Sigmaringen

Hohenzollern Schloss:
Höflichkeit und gutes Benehmen – gestern und heute,
15 Uhr. Gutes Benehmen ist heute wichtiger denn je. Wir werden einige Regeln der Höflichkeit von früher und heute kennen lernen und zu den fürstlichen Gemächern passend einüben. Wir hören von guten und schlechten Sitten im Mittelalter und bei Hofe. Wir werden den Knigge befragen und Erstaunliches feststellen – denn: im Umgang mit Menschen benötigt man einerseits Regeln, andererseits auch die Stimme des eigenen Herzens. Klar wird: Unhöflich zu sein ist einfach uncool!
Unkostenbeitrag: 5 €,
ab 10 Jahren

So 07

Illerbeuren

Schwäbisches Bauernhof-museum: Kinderfest - Buntes Treiben an vielen Spielstationen mit Überraschungsgast, 11 Uhr

Wolfegg

Bauernhaus-Museum:
Tag der Originale „Wasser Marsch" Historische Löschübungen, mit großem Kinderprogramm, 10 Uhr

Bad Schussenried

Kloster Schussenried:
Eine spannende Entdeckungsreise mit anschließendem Workshop „Seifenwerkstatt" oder „Blütenduft und üble Dünste", 11 Uhr. Infos: 07583 9269083

Neuburg

Schloss Neuburg an der Donau: Kinderführung – Pfalzgraf Ottheinrich. Wie sah er aus? Wie hat er gelebt und was hat er gemacht? 14 Uhr
Eine Tour durch das Schloss für junge Detektive. Unkostenbeitrag: 2 €, ab 6 Jahren, Anmeldung unter Tel: 08431 644333 (Di bis So 10 bis 16 Uhr)

Annahmeschluss für 2012 ist im Februar 2010 Tel. 07522 795030

Mo 08

Sigmaringen

Hohenzollern Schloss:
Die Prinzessin, die keine sein wollte, 10 Uhr.
Stephanie war eine echte Königstochter. Aus diesem Grund musste sie sich den ganzen Tag gut benehmen. Aber immer nur still sitzen, immer nur lächeln und höflich sein, wollte sie nicht. Eines Tages wirft sie ihr Krönchen in den Schlossbrunnen! Der erboste König schickt sie zur Strafe in die Schlossküche zum Helfen. Verkleidet entdecken wir, was Stephanie gefiel und was sie gar nicht mochte. Spielerisch fühlen wir uns in das Leben damaliger Zeiten ein.
Unkostenbeitrag: 7,50 €,
ab 5 Jahren

Anregungen für die Ausgabe 2012 nehmen wir gerne entgegen:
redaktion@kindersommer-online.de

Di 09

Bad Wurzach

Naturschutzzentrum:
Traust du dich? – Schaurige Nachtwanderung im Wurzacher Ried, 20 Uhr. Unkostenbeitrag: 2 €, Dauer: ca. 2, 5 Std.

Do 11

Bad Wurzach

Naturschutzzentrum:
Wasser mal anders erleben,
14 Uhr. Unkostenbeitrag: 2 €, Dauer: ca. 2, 5 Std.

So 14

Roggenburg

Vor dem Waldpavillon, Kloster Roggenburg:
Fledermäuse – lautlose Jäger der Nacht, 20.30 Uhr

Bad Schussenried

Museumsdorf Kürnbach:
Dorfleben mit Bauralaeba
Anmeldung bis Samstag 12 Uhr unter Tel: 07583 946777

Waldburg

Familiensonntage:
mit Armbrustschießen,
Hufeisenwerfen,
Kinderführungen, Gauklern,
Gummibärenschleuder

Di 16

Bad Wurzach

Naturschutzzentrum:
Faszination Vogelfelder,
10 und 14 Uhr
Unkostenbeitrag: 3 €,
Dauer: ca. 2,5 Std.

Fr 19

Bad Buchau

NABU-Naturschutzzentrum Federsee:
Fledermaus-Abend
(Batman live), 19.45 Uhr
Das Federseemoor ist ein Fle-

Ferienprogramm Archäologie in Ulm: Ein Tag in der Steinzeit, Samstag, 30. Juli (Anmeldung bis 22. Juli)

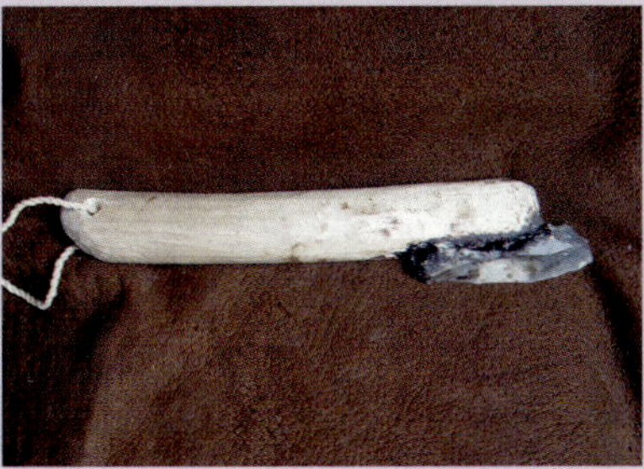

Wie haben unsere Vorfahren in der Altsteinzeit gelebt? Wie haben sie ihre Werkzeuge hergestellt? Das alles wollen wir an diesem Tag erfahren und ausprobieren. Wir werden mit Feuerstein, Pyrit und Zunder ein Lagerfeuer entzünden, an dem wir unser Essen grillen. Mit steinzeitlichen Werkzeugen und Techniken stellt ihr euch selber ein Messer mit Holzgriff und einer Klinge aus Feuerstein her sowie eine passende Ledertasche, die ihr mit Knochennadeln zusammennäht. Zum Abschluss gehen wir wie unsere altsteinzeitlichen Vorfahren mit Speer und Speerschleuder auf die Jagd. Von 10 bis 16 Uhr, im Maienwäldle, Ulm-Söflingen (der Termin findet bei jedem Wetter statt). Angebot für Kinder von 8 bis 13 Jahren. Teilnahme 10 € pro Kind gegen Vorkasse beim Ulmer Museum.

dermaus-Paradies: 12 von 25 deutschen Fledermausarten kommen hier vor. Sie profitieren von der Naturschonenden Bewirtschaftung der Feuchtwiesen, die zahlreiche Insekten hier leben lässt. Dauer: 2 Std.

Rot an der Rot

Ökonomiehof
Open Air Kino, 20.30
Unkostenbeitrag: 6 €

Sa 20

Sigmaringen

Hohenzollern Schloss:
Kammerzofen und Kammerdiener empfangen Sie – Führung mit der Kammerzofe, 16 Uhr
Lernen Sie das Haus des Fürsten von Hohenzollern und die fürstliche Zeit der Jahrhundertwende um 1900 kennen! Unsere Kammerzofen und Kammerdiener begleiten Sie durch die Prunkräume des Schlosses, weihen Sie in die Geheimnisse des adligen Lebens ein und plaudern mit Ihnen über das aufregende Leben hinter den Schlossmauern. Unkostenbeitrag: 8 €, ab 10 Jahren

Rot an der Rot

Ökonomiehof
Open Air Kino, 20.30
Unkostenbeitrag: 6 €

So 21

Bad Schussenried

Kloster Schussenried:
Eine spannende Entdeckungsreise mit anschließendem Workshop „Seifenwerkstatt“ oder „Blütenduft und üble Dünste“, 11 Uhr. Infos unter
Tel: 07583 9269083

Bad Wurzach

2. Internationales
Jugend-Workcamp

Rot an der Rot

Ökonomiehof:
Open Air Kino, 20.30
Unkostenbeitrag: 6 €

Museum für Indianistik in Waldburg

Mo 22

Bad Wurzach

2. Internationales
Jugend-Workcamp

Di 23

Bad Wurzach

2. Internationales
Jugend-Workcamp

Mi 24

Bad Wurzach

2. Internationales
Jugend-Workcamp

Sigmaringen

Hohenzollern Schloss:
Die Prinzessin, die keine sein wollte, 10 Uhr. Stephanie war eine echte Königstochter. Aus diesem Grund musste sie sich den ganzen Tag gut benehmen. Aber immer nur still sitzen, immer nur lächeln und höflich sein, wollte sie nicht. Eines Tages wirft sie ihr Krönchen in den Schlossbrunnen! Der erboste König schickt sie zur Strafe in die Schlossküche zum Helfen. Verkleidet entdecken wir, was Stephanie gefiel und was sie gar nicht mochte. Spielerisch fühlen wir uns in das Leben damaliger Zeiten ein.
Unkostenbeitrag: 7,50 €,
ab 5 Jahren

Staud Ziegelhof - Ausritte auf der Schwäbischen Alb in Neu-Ulm

Do 25

Bad Wurzach

2. Internationales Jugend-Workcamp

Fr 26

Bad Wurzach

2. Internationales Jugend-Workcamp

Sa 27

Bad Wurzach

2. Internationales Jugend-Workcamp

So 28

Bad Wurzach

2. Internationales Jugend-Workcamp

Bad Buchau

Federseemuseum:
ArchäoTheater – ein Schauspiel für Kinder und Jugendliche „Sonnenfänger - als die Zeit verloren ging" , 15 Uhr

Mo 29

Sigmaringen

Hohenzollern Schloss:
Such mit uns den kleinen Ritter, 16 Uhr. Einen Blick in die Vergangenheit offenbaren die Waffen im Schloss. Die Sammlung umfasst ca. 3.000 Objekte, seien es Schutz- und Trutzwaffen, Rüstungen oder Kleidungsstücke. Altersgerecht wird dir der damalige Gebrauch der Waffen und Rüstkleidung erklärt. Unkostenbeitrag: 5 €, ab 8 J.

Mi 31

Sigmaringen

Hohenzollern Schloss:
Kleider machen Leute? 10 Uhr
Wollt ihr das frühere Leben der kleinen Herrschaften kennen lernen? Die Hofdame des Schlosses führt uns durch das höfische Leben. Sie zeigt uns, wie man damals sprach, sich benahm und bewegte, aber auch wie man zu denken hatte. Verkleidet wandeln wir durch die Schlossräume und entdecken auch, wie man früher spielte und sich des Lebens freute.
Unkostenbeitrag: 7,50 €,
ab 8 Jahren

KINDER Sommer.

September

So 04

Neuburg

Schloss Neuburg an der Donau: Kinderführung – Mozartlocke, langer Zopf – Perücken und Schminken im
18. Jahrhundert, 14 Uhr
Mit Workshop: Jeder bastelt sich seine eigene Perücke (Materialien werden gestellt) Unkostenbeitrag: 2 €, Anmeldung unter Tel: 08431 644333 (Di bis So 10 bis 16 Uhr), ab 8 Jahren

Waldburg

Familiensonntage:
mit Armbrustschießen, Hufeisenwerfen, Kinderführungen, Gauklern, Gummibärenschleuder

Mi 07

Neu-Ulm

AtelierKeramik:
Töpferkurse für Kinder – Ferienkurs Chinesischer Drache auf einer Kugel, 9 Uhr
Dauer: 3 Std., ab 8 Jahren

So 11

Roggenburg

Vor dem Waldpavillon, Kloster Roggenburg:
Waldragout – hilf mit und kosten! 14 Uhr

Sa 17

Sigmaringen

Hohenzollern Schloss:
Kammerzofen und Kammerdiener empfangen Sie – Führung mit der Kammerdiener, 16 Uhr
Lernen Sie das Haus des Fürsten von Hohenzollern und die fürstliche Zeit der Jahrhundertwende um 1900 kennen! Unsere Kammerzofen und Kammerdiener begleiten Sie durch die Prunkräume des Schlosses, weihen Sie in die Geheimnisse des adligen Lebens ein und plaudern mit Ihnen über das aufregende Leben hinter den Schlossmauern.
Unkostenbeitrag: 8 €,
ab 10 Jahren

Neu-Ulm

Edwin Scharff Museum:
11. Kulturnacht, 17 Uhr
Das Team des Edwin Scharff Museums lädt zur 11. Kulturnacht Ulm/Neu-Ulm ein.
Mitmachangebot für Kinder in der Museumswerkstatt; Führungen, Cocktails und Musik vom Feinsten.

Mi 21

Bad Wurzach

Naturschutzzentrum:
Kinder-Naturschutz-Treff,
15 Uhr

So 25

Bad Buchau

Federseemuseum:
ArchäoTheater – ein Schauspiel für Kinder und Jugendliche „Sonnenfänger - als die Zeit verloren ging", 15 Uhr

Fr 30

Sigmaringen

Hohenzollern Schloss:
Schloss-Detektive gesucht!
15 Uhr. Ein kostbares Gemälde wurde aus der Schatzkammer gestohlen. Kommt mit auf die spannende Suche nach dem Dieb! Ihr werdet als fürstliche Schloss-Detektive ausgebildet, untersucht Fingerabdrücke und nehmt die Verfolgung des flüchtigen Diebes auf. Durch verbotene Gänge und Räume verfolgen wir den Räuber und stellen ihm eine Falle… Wer hilft uns den mysteriösen Raub aufzuklären?
Unkostenbeitrag: 7,50 €,
ab 5 Jahren

Neu-Ulm

AtelierKeramik:
Töpferkurse für Kinder
– Glückspilz, 17 Uhr
Dauer: 2 Std., ab 8 Jahren

Oktober

Sa 01

Bad Wurzach

Naturschutzzentrum:
Kinder-Naturschutz-Treff, 15 Uhr

Sa 15

Sigmaringen

Hohenzollern Schloss:
Kammerzofen und Kammerdie-

ner empfangen Sie – Führung mit der Kammerzofe, 16 Uhr
Lernen Sie das Haus des Fürsten von Hohenzollern und die fürstliche Zeit der Jahrhundertwende um 1900 kennen! Unsere Kammerzofen und Kammerdiener begleiten Sie durch die Prunkräume des Schlosses, weihen Sie in die Geheimnisse des adligen Lebens ein und plaudern mit Ihnen über das aufregende Leben hinter den Schlossmauern. Unkostenbeitrag: 8 €, ab 10 Jahren

So 16

Sigmaringen

Hohenzollern Schloss:
Das Geheimnis der 7 Zeichen – Familienführung, 14.30 Uhr
Ihr Weg durch die faszinierenden Schlossräume ist gesäumt von vielen Geheimnissen! Besuchen Sie mit uns Orte voller spannender Zeichen, die uns unbekannte Dinge des fürstlichen Alltags zeigen. Sie entschlüsseln gemeinsam die Botschaften der 7 Zeichen und erleben einen abenteuerlichen Rundgang mit kurzweiligen Spielen und geheimnisvollen Geschichten.
Unkostenbeitrag: 5 €, ab 4 Jahren

Mi 19

Bad Wurzach

Naturschutzzentrum:
Kinder-Naturschutz-Treff, 15 Uhr

So 23

Bad Schussenried

Museumsdorf Kürnbach:
Alles Apfel, Kochen mit den Ochsenhausener Waschfrauen
Anmeldung bis Samstag 12 Uhr unter Tel: 07583 946777

Fr 28

Sigmaringen

Hohenzollern Schloss:
Märchennacht im Schloss, 19.30 Uhr. Gemütlich im Schloss Sigmaringen in Kissen gekuschelt ein Buch lesen oder Geschichten lauschen – ein Traum wird wahr. Das Schloss verbirgt Geheimnisse, die entdeckt werden wollen. Dabei steckt hinter jedem Geheimnis auch eine Geschichte. Und jede Geschichte führt uns tiefer in die Märchennacht! Der Nachtwächter des Schlosses wird uns mit seiner Taschenlampe behilflich sein die Geheimnisse zu entdecken! Zur Stärkung werden Burgfräuleinpunsch und ein Lakaienvesper gereicht. Unkostenbeitrag: 12 €, ab 8 Jahren

So 30

Bad Buchau

Federseemuseum:
ArchäoTheater – ein Schauspiel für Kinder und Jugendliche „Sonnenfänger - als die Zeit verloren ging“, 15 Uhr

Sigmaringen

Hohenzollern Schloss:
Märchennacht im Schloss, 18 Uhr. Gemütlich im Schloss Sigmaringen in Kissen gekuschelt ein Buch lesen oder Geschichten lauschen – ein Traum wird wahr. Das Schloss verbirgt Geheimnisse, die entdeckt werden wollen. Dabei steckt hinter jedem Geheimnis auch eine Geschichte. Und jede Geschichte führt uns tiefer in die Märchennacht! Der Nachtwächter des Schlosses wird uns mit seiner Taschenlampe behilflich sein die Geheimnisse zu entdecken! Zur Stärkung werden Burgfräuleinpunsch und ein Lakaienvesper gereicht. Unkostenbeitrag: 12 €, ab 5 Jahren

Museumsdorf Kürnbach in Bad Schussenried

Waldburg

Museum für Indianistik

Das Museum für Indianistik bietet einen vielfältigen Einblick in das Leben der Indianer Nordamerikas. An Hand von vielen Originalexponaten und Modellen wird die Kultur und Tradition der Indianer gezeigt. Umfangreiche Textbeschreibungen und Bildinformationen ergänzen die Ausstellung und präsentieren so ein umfassendes Bild der Ureinwohner Nordamerikas.

Informationen
Öffnungszeiten: jedes 2. und 4. Wochenende von 13 Uhr bis 17 Uhr
Preise: Kinder (bis 4) frei, Schüler 1,50 €, Erwachsene 2,00 €
Tel: 07529 6571
www.indianermuseum.dreipage.de

Die Waldburg

Die Waldburg gilt als eine der besterhaltenen mittelalterlichen Burganlagen Süddeutschlands und ist eines der Wahrzeichen Oberschwabens. Das Museum zeigt Ausstellungsstücke zur Geschichte des Hauses Waldburg und der Landesvermessung. Kindgerechte Burgführungen mit gruseligen Gespenstergeschichten unter dem Dach, Ritterspiele und Schwertkämpfe im Burginnenhof und eine historische Schreibstube bieten Kindern einen Einblick in vergangene Zeiten. Zur Stärkung geht es abschließend in die Mittelalterliche Suppenküche um an einer offenen Feuerstelle das eigene Mahl zu bereiten.

Familiensonntag auf der Waldburg
Besuchen Sie die Waldburg an einem der Familiensonntage und erleben Sie die Waldburg mit Hufeisenwerfen, Armbrustschießen, Kinderführungen, Gauklern und Musikern. Oder genießen Sie Kino- und Theaterabende unter freiem Himmel.

Informationen
Öffnungszeiten: Di. bis So. und Feiertage 10 bis 17 Uhr
Preise: Kinder, Schüler 2,00 €, Erwachsene 3,50 €, ab 10 Personen 3,00 €
Tel: 07529 971711
www.gemeinde-waldburg.de

Wolfegg

Bauernhaus-Museum Wolfegg

Vor Ort erleben, was Opa erzählt:
„Als ich noch ein kleiner Bub war, war das so: ...!“ Sind es nicht die schönsten Geschichten, wenn Großväter und Großmütter aus ihrer eigenen Kindheit erzählen, sich an ihren Alltag erinnern und den Kleinen von vergangenen Gepflogenheiten, Arbeits- und Lebensweisen erzählen? Im Bauernhaus-Museum Wolfegg bekommen diese Geschichten eine Kulisse: Die Kinder können in 16 historischen Häusern die Welt ihrer Großeltern und deren Vorfahren entdecken, können sich auf dem Gelände austoben und sich an den vielen Tieren erfreuen, die – teilweise freilaufend – das Gelände bereichern. In dem großen museumspädagogischen Angebot dürfen die Kinder, abgestimmt auf die jeweilige Altersstufe, selbst ausprobieren und tüfteln, ihr Wissen erweitern und die Geschichte der Region spielerisch erkunden. Während der Saison bietet das Museum verschiedene Veranstaltungswochenenden mit Schwerpunktthemen, bei denen es jeweils ein individuelles Kinder- und Familienprogramm mit vielen Aktivitäten zum Mitmachen gibt. In den verschiedenen Ferien bieten besondere Kinder-Programme Abwechslung.

Informationen
Öffnungszeiten: Mai bis Sept.
tägl. 10 bis 18 Uhr
Preise: Kinder (bis 6) frei, Schüler 2,00 €,
Erwachsene 4,50 €, Familien 10,00 €
Tel: 07527 95500
www.bauernhaus-museum.de

Automobilmuseum von Fritz B. Busch

Das Automuseum Busch ist mit rund 200 ausgestellten Autos, Motorrädern, Traktoren und Wohnwagen eines der größten privaten Automuseen Deutschlands. Im malerischen Ausflugsort Wolfegg am Rande des Allgäus hat der Automobilschriftsteller Fritz B. Busch liebevoll und mit viel Engagement sein „Erzähl-Museum“ mit ganz eigener Atmosphäre geschaffen.
Gegründet 1973 in einem 500 Jahre alten Nebengebäude des fürstlichen Schlosses von Waldburg- Wolfegg und seither immer wieder erweitert und verschönert, zeigt es jetzt mehr als 200 Oldtimer in zwei Gebäuden auf vier Ebenen.

Informationen
Öffnungszeiten: täglich 9:30 bis 17:30
Preise: Kinder (5 bis 14) 3 €,
Erwachsene 7 €, Familien 15 €
Tel: 07527 6294
www.automuseum-busch.de

Wolpertswende

Naturerlebnispfad
DENKmal, MACHmal, SCHAUmal mit SinneMax

Drei interaktive Naturerlebniswege mit unterschiedlichen Ansätzen führen durch das EU LIFE-Projektgebiet. Auf den Wegen werden vor allem die Sinne angesprochen. Der SinneMax, als lustige Symbolfigur, begleitet die Besucher von Station zu Station und gibt dabei wertvolle Hinweise, Anregungen und Spielanleitungen. Die DENKmal-Route soll zum Fühlen, Sehen und Nachdenken anregen. Sie ist ca. 6,8 km lang. Die MACHmal-Runde mit ca. 3,5 km oder 7 km Länge spricht ganz besonders Familien mit Kindern an. Eine Route zum Sehen, Hören, Spüren und Austoben. Der SCHAUmal-Weg führt rund um die Blitzenreuter Seenlandschaft und bietet grandiose Blicke in die wertvolle Naturlandschaft. Ein Weg zum Sehen, Hören, Fühlen, Riechen und Genießen. Bei einer Länge von ca. 8,1 km, muss schon ein halber Tag eingeplant werden.

Informationen
Öffnungszeiten: täglich
Preise: Eintritt frei
Tel: 07502 9540
www.fronreute.de

Königseggwald

Der Königseggsee, im Volksmund Hoßkircher See (Hokisee) genannt, besticht durch seine idyllische Lage und seine hervorragende Wasserqualität. Er liegt 500 Meter südlich der Gemeinde Hoßkirch und ist ein Natursee mit einer Fläche von 18 ha mit natürlichem Zu- und Ablauf. Durch seine einwandfreie Wasserqualität und die idyllische Lage ist er im näheren und weiteren Umkreis beliebt und gefragt. Durch einen Flachwasserbereich ist auch das Baden für Kinder und Nichtschwimmer möglich.

Für die Kinder ist ein kleiner Spielplatz vorhanden, außerdem gibt einen Sprungturm und ein Badefloß. Für das leibliche Wohl sorgt ein Kiosk mit Außenbestuhlung und einer Bewirtung mit Speisen und Getränken.

Der Parkplatz ist kostenlos.

Bad Waldsee

Abenteuer-Kletterpark-Tannenbühl

In 4 bis 20 Metern Höhe geht es über verschiedene Hindernisse, wie Reifen, Balken, Treppen, Seilrutschen und vieles mehr, von einem Baum zum nächsten. Beeindruckend und gar nicht so schwer, wie es aussieht. Denn Klettern kann jeder. Im Tannenbühl gibt es neun Parcours mit über 160 Übungen für echte 2100 Meter Kletterstrecke. Nach einer ausführlichen Sicherheitseinweisung in das „Security Bodysystem" durch einen der geschulten Mitarbeiter geht's los.

Kinder ab drei Jahren dürfen im Kiddy-Parcours ihre ersten Klettererfahrungen sammeln. Hier gibt es Hindernisse wie bei den Großen, nur niedriger. Die Begleitpersonen laufen hier am Boden mit und können bei Bedarf helfen. Ab einer Größe von 1,25 Meter dürfen Kinder dann in die großen Parcours einsteigen. Bis 14 Jahre muss aber immer eine erwachsene Begleitperson dabei sein. Die verschiedenen Schwierigkeitsstufen der Parcours sorgen dafür, dass jeder seine Grenzen testen kann. Ein echt cooles Erlebnis für die ganze Familie.

Informationen

Öffnungszeiten: täglich 9 bis 20 Uhr,
ab 13. September bis 19 Uhr
Preise: Kinder (125 cm bis 11 J.): 13,50 €,
Erwachsene: 19,50 €
Tel: 07524 4011275
www.abenteuer-kletterpark-tannenbuehl.de

Stadtsee-Aktiv-Weg

Ein sinnliches Erlebnis für Erwachsene sowie für die kleinen Gäste der Stadt soll der neue Weg sein, der mit seinen sieben Stationen den Weg zu einem aktiven und vitalen Leben zeigen will. Im Wassertretbecken wird der Storchengang geübt und auf dem 50 Meter langen Barfußpfad erleben die Füße sinnliche Eindrücke. Über Heilkräuter und ihre Anwendungsgebiete informiert eine Kräuterspirale mit reichlich duftendem Anschauungsmaterial. Praktisch im „Vorbeigehen" bringen wetterfeste Fitnessgeräte den Kreislauf in Schwung. Mit Hörtrichter, Rufsäulen und Summstein erfahren Kinder und Erwachsene im Garten „der Sinn" eindrucksvoll physikalische Phänomene, während im Labyrinth die Orientierung gefördert wird. Und die Wasser-Visionen vermitteln Wissenswertes und Kurioses bei einem Frage- und Antwortspiel wie beispielsweise, „welche Farbe hat Wasser?". So ist der neue Aktiv-Weg zugleich als kommunikativer Spaß für Jung und Alt gedacht.

Informationen

Tel: 07524 941342
www.bad-waldsee.de

Bad Wurzach

Oberschwäbisches Torfmuseum und Torfbahn

Die Geschichte des Torfabbaus ist in Oberschwaben bislang nur teilweise aufgearbeitet. Deshalb haben sich die Stadt Bad Wurzach, der Kultur- und Heimatpflegeverein „Wurzen" und das Naturschutzzentrum das Ziel gesetzt, diese in einem Torfmuseum zu dokumentieren. Das Museum wurde im ehemaligen Zeiler Torfwerk, das 1880 im Oberen Ried gegründet wurde, eingerichtet. Zusätzlich können Besucher bei einer Fahrt mit der Torfbahn Wissenswertes rund um den Lebensraum Moor erfahren - oder erwandern die einmalige Naturlandschaft. Der Torflehrpfad und ein ausgedehntes Wanderwegenetz laden dazu ein. Der besondere Wert wird durch die Vielfalt unterschiedlichster Moorlebensräume und der zentralen, weithin unberührten Hochmoorweite bestimmt. Das Wurzacher Ried gilt als die größte intakte Hochmoorfläche in Mitteleuropa.

Informationen
Öffnungszeiten: jeder 2. So. & letzter Sa. im Monat 13 bis 17 Uhr
Preise: Kombikarte: Erwachsene 4 €, Kinder 2 €, Familien 10 €
Tel: 07564 3167
www.oberschwaebisches-torfmuseum.de
www.torfbahn.de

Minigolf

Salto, Netz, Vulkan oder Blitz – so heißen die Hindernisklassiker beim Minigolf. Den bunten Ball mit möglichst wenigen Schlägen über die herrlich verzwickten Hindernisse ins Loch zu bekommen ist witzig und gesellig. Eine Partie gefällig? Dann ab in den Kurpark in Bad Wurzach, hier wartet eine attraktive Anlage auf alle großen und kleinen Minigolfer.

Informationen
Öffnungszeiten: Mo. bis Fr. 14 bis 19 Uhr, Sa., So, und Feiertage 10 bis 19 Uhr
Tel: 07564 306793.

Freibad in Hauerz (Bad Wurzach)

Anziehungspunkt für Groß und Klein ist das Freibad im Teilort Hauerz. Ein beheiztes Freibadbecken, Nichtschwimmer- und Kinderplanschbecken sowie ein kleiner Spielplatz sind der ideale Platz für Wasserfans und Sonnenanbeter.

Informationen
Tel: 07568 960213
www.hauerz.de

Aulendorf

Spielzeugmuseum im Schloss Aulendorf
Alte Spielsachen

In der ehemaligen Bibliothek im Erdgeschoss des Schlosses wird die Spielzeugsammlung des Landesmuseums Württemberg gezeigt. In vier Räumen finden sich Spielsachen vom Beginn des 18. Jahrhunderts bis zur Gegenwart. Den ältesten Sammlungsteil bilden die Puppen, von denen einige noch der Zeit des Barock angehören. Eine Auswahl von qualitätsvollen Puppenhäusern, Puppenstuben und Puppenküchen spiegelt die Entwicklung des häuslichen Lebens seit dem Biedermeier wider.

Künstlerisches Spielzeug aus Holz dokumentiert die Reformbewegung vom Beginn unseres Jahrhunderts, die anspruchsvoll gestaltetes Spielzeug forderte. Die Holzspielzeugsammlung umfasst jedoch auch die traditionellen Erzeugnisse des erzgebirgischen Handwerks. Bau- und Experimentierkästen, Dampfmaschinen und Antriebsmodelle, optische, akustische und elektrotechnische Apparate repräsentieren den weiten Bereich des technischen Lehrspielzeugs, das Kenntnisse der Naturwissenschaften und der Technik vermitteln sollte. Der umfangreichste Sammlungsteil ist jedoch das Eisenbahnspielzeug.

Informationen
Öffnungszeiten: Mi. bis Fr. 13 bis 17 Uhr, Sa./So. & Feiertag 10 bis 17 Uhr
Preise: Kinder (6 bis 13) 2,50 €, Erwachsene 3,50 €
Tel: 07525 934203
www.schloss-museum.de

Steegersee Aulendorf – 75 Jahre

Das Steegersee-Moorbad ist seit Generationen an warmen Sommertagen beliebter Treffpunkt der Aulendorfer und vieler Gäste der Umgebung. Der See mit seinem weichen Moorwasser, seinen großzügigen Liegewiesen und seinem Sandstrand liegt idyllisch am Rande der Stadt nahe der Schussen. Rings um den See führt ein bequemer Naturpfad auf weichem Waldboden. Kneipp-Anhänger finden zudem eine Wassertretstelle und einladende Ruheplätze. Für Kinder finden sich allerlei Attraktionen wie Beach-volleyball, Tischtennis, Klettergerüst etc.

Natur erleben ist das Motto des Naturpfades „Steeger See“ wo man die Gelegenheit bekommt einen Teil der schönen Umwelt zu erleben und mehr über sie zu erfahren. Anhand verschiedener Informationsstationen

erfahren die Besucher mehr über den See, seine Geschichte und seine Bewohner. Durch interaktive Elemente wie z.B. einer „Forschungsstation“ kann das neue Wissen gleich praktisch erlebt werden - so wird der Besuch des Pfades zu einem intensiven Erleben der Umwelt für die ganze Familie!

Informationen
Tel: 07525 934202
www.aulendorf.de

Bad Schussenried

Museumsdorf Kürnbach

Immer was los im Oberschwäbischen Museumsdorf Kürnbach! Über 30 Gebäude aus sechs Jahrhunderten und zahlreiche historische Werkstätten erzählen vom einstigen Leben und Arbeiten im ländlichen Oberschwaben und warten darauf, von Kindern und Familien erkundet zu werden. Spannende Ausstellungen und eine Vielzahl von Veranstaltungen machen Lust auf Geschichte und bescheren Groß und Klein einen erlebnisreichen Tag im Museumsdorf.

Ein Highlight für Kinder ist das große Kinderfest am 7. August, wo viele tolle Spiele aus Urgroßmutters Zeit ausprobiert werden können, Bastelecken warten und der Märchenerzähler fesselnde Geschichten erzählt. In den Sommerferien – und natürlich auch allen anderen Ferien – gibt es jeden Dienstag und Donnerstag kreative und informative Ferienprogramme für Kinder. Vom pfiffigen Basteln mit Naturmaterialien bis zu Vorführungen mit Tieren ist für jeden etwas dabei. Und unsere Ziegen und Hühner warten ebenso darauf, besucht zu werden.

Informationen
Öffnungszeiten: Mai bis September täglich 10 bis 18 Uhr, ab Oktober bis 17 Uhr
Preise: Kinder (unter 7): frei, Jugendliche (7 bis 18): 2 €, Einzelbesucher: 4 €
Tel: 07583 942050
www.museumsdorf-kuernbach.de

Naturfreibad Zellersee

Am Stadtrand von Bad Schussenried, in unmittelbarer Nachbarschaft zum Kurpark, liegt das Bad Schussenrieder Freibad Zellersee, das von Mitte Mai bis September bei schönem Wetter geöffnet hat.
Die große Liegewiese am See ist nicht nur für Erholungssuchende gedacht. Auch sportlich Aktive kommen neben dem Schwimmen im Zellersee auf ihre Kosten. Ein Beachvolleyballfeld sowie Tischtennisplatten stehen zur freien Verfügung.

Selbstverständlich ist auch an die Kleinen gedacht: Ein Spielplatz mit diversen Spielgeräten und einer Sandkiste laden zum Spielen ein. Zum Schutz vor der Sonne ist für die jungen Gäste ein schützendes Sonnensegel gespannt. In die Seemitte führt ein langer Holzsteg. Von dort aus ist ein Wassertrampolin erreichbar, das Spaß ohne Grenzen bietet.
Das direkt an das Freibadgelände angrenzende Zellerseecafé lädt mit seiner vielfältigen Speisekarte zum Mittag- oder Abendessen ein.

Informationen
Öffnungszeiten: Mitte Mai bis Mitte September,
täglich bei schönem Wetter 9 bis 21 Uhr
Preise: Kinder: 1,00 €, Jugendliche: 1,50 €, Erwachsene: 2,00 €
www.bad-schussenried.de

Bad Saulgau

Nistkastenlehrpfad

Der Nistkastenlehrpfad ist als Rundwanderweg angelegt und befindet sich im strukturreichen Wäldchen südlich der Landesstraße 283 zwischen Bad Saulgau und Fulgenstadt. Er orientiert sich zumeist am Rundwanderweg um das „Schöne Moos". Einsteigen in den Pfad kann man am besten an der Försterhütte gegenüber des Trimm-Pfad-Parkplatzes oder am kleinen Siebenkreuzerweg westlich der Kurkliniken. Es befinden sich mehr als 70 Nistkästen auf einer Rundstrecke von etwa 3,5 km Länge. Neben verschiedenen Singvogelbruthöhlen, kann man an einer „Guckwand" Enten und Amphibien beobachten oder durch Holzfernrohre Spechthöhlen betrachten.

Minigolf

Informationen
Öffnungszeiten: Mo. bis Fr. 14 bis 19 Uhr, Sa./So./Feiertag und Ferien 11 bis 19 Uhr
Preise: Kinder (bis Ende 12) 1,50 €, Jugendliche (13 bis Ende 17), Erwachsene 2,50 €
Tel: 07581 526056
www.minigolf-badsaulgau.de.

Schöne, gepflegte Minigolfanlage mit Gartenwirtschaft. 18 turniergerechte Bahnen auf ebenem Gelände, breite Gehwege, für Rollstuhlfahrer und Kinderwagen geeignet, eigener Parkplatz bei der Anlage.

Ferienhof Tiergarten bei Aulendorf

Erleben Sie einen unvergesslichen Urlaub auf dem Familien- und Babyferienhof. Die Kinder finden am 5 Sterne Ferienhof viele Freunde, ein Spieleparadies und Tiere zum Anfassen. Als Tagesausflugsziel oder zum Wohnen in exklusiven Ferienwohnungen und Familienzimmern mit viel Liebe zum Detail. Es gibt jede Menge Platz zum Spielen und Toben. Kinder sind dabei sicher aufgehoben, denn es gibt keinen Durchgangsverkehr. Auf die Ferienkinder warten liebe Streicheltiere wie: Esel „Hannes", viele Ziegen, das freilaufende Minischwein „Franziska", Mastschweine, Zwerghasen, Hühner und die Kater „Max und Moritz". Ein beeindruckendes Hirschgehege liegt unmittelbar am Haus mit ca. 25 bis 30 Tieren, und am Waldrand ist das Federviehgehege mit Gänsen und Enten. Im Fischweiher finden Sie viele Arten Fische wie z.B. Spiegelkarpfen, Hechte, Barsche, Aal, und viele mehr...

Informationen
Tel: 07525 913190
www.ferienhof-tiergarten.de

Bad Buchau

Federseemuseum Bad Buchau

Das Federseemuseum bietet mitten in Oberschwabens Moorlandschaft die seltene Gelegenheit, steinzeitliche Lebensumstände detailliert kennen zu lernen. Archäologische Funde in einzigartiger Qualität, darunter eines der ältesten Räder der Welt und verblüffende Fakten über das Leben und die Kultur unserer Vorfahren werden hier professionell aufbereitet. Das angrenzende archäologische Freigelände eröffnet eine prähistorische Erlebniswelt zum Anschauen, Begehen und Anfassen. 12 stein- und bronzezeitliche Häuser, nach Funden authentisch rekonstruiert, sind Schauplatz und Bühne für das praxisorientierte Aktivprogramm „Archäologie live!".

Ein Highlight im Kindersommer 2011 ist das ArchäoTheaterstück „Sonnenfänger - als die Zeit verloren ging". Es wurde begleitend zur Sonderausstellung „GlaubenssacheN" eigens für das archäologische Freigelände inszeniert und von Kindern und Jugendlichen in Szene gesetzt. Das spannende Schauspiel (ent-)führt auf eine emotionale Reise 3000 Jahre zurück in die Vergangenheit.

Aufführungen sind am 23. Juni 2011, 19 Uhr Premiere, sowie am 26. Juni, 24. Juli, 28. August, 25. September und 30. Oktober, jeweils um 15 Uhr.

nformationen

Öffnungszeiten: April bis 1. November
täglich von 10 bis 18 Uhr
Preise: Erwachsene 5 €,
Familien (Kindern bis 16 Jahren) 12 €
Tel: 07582 8350
www.federseemuseum.de

Federsee und Federseesteg

Der Federsee mit dem Federseesteg, dem Wackelwald und den anderen zahlreichen Erlebnismöglichkeiten ist ein tolles Ausflugsziel für Familien. Zu jeder Jahreszeit kann man hier Naturbeobachtungen machen und die Moorlebensräume erkunden. Das größte Moor Südwestdeutschlands ist Europa-Vogelreservat mit 267 Vogelarten. Über 700

Pflanzenarten, darunter 10 Orchideen, und viele seltene Schmetterlinge haben hier ein Rückzugsgebiet gefunden.

Attraktive Wege und Holzstege, Naturerlebnispfade und Aussichtspunkte ermöglichen sanften Naturgenuss und zeigen den Besuchern die schönsten Fleckchen dieser eigenwilligen Moorlandschaft.

Wer die Federseenatur lieber unter fachkundiger Führung erkunden möchte, schließt sich einer der vielfältigen Führungen des NABU-Naturschutzzentrums Federsee an. Besonders beliebt sind die Fledermaus-Abende. Auch Kindergeburtstage bieten die NABU-Mitarbeiter an.

Informationen
Preise: Eintritt frei
Tel: 07582 1566
www.NABU-Federsee.de

Biberach

Jordanbad - Sinn-Welt und Therme

Die Sinn-Welt bietet für Jung und Alt – ganzjährig und bei jeder Witterung - eine Entdeckungsreise in die Welt der Sinne. Das Erfahrungsfeld im Jordanbad ist ein besonderer Ort, um spielerisch die eigenen Sinne zu entdecken und interessanten Naturphänomenen nachzugehen. Mit ihren knapp 80 Mitmachstationen ist die Sinn-Welt ein interessantes Ausflugsziel für alle, die Spaß am Ausprobieren haben. Optische Täuschungen, Naturphänomene, interessante Klangerlebnisse und vieles mehr überraschen die Besucher. In der Ausstellung erleben und begegnen die Besucher sich selbst und können einfach Spaß am Leben entdecken. Ein begehbares „Auge" betreten und sehen, wie es funktioniert, zwischen Himmel und Erde liegen und einfach die Zeit vergehen lassen, einen über 500 kg schweren Granitstein mit bloßen Händen zum Klingen bringen, das geht unter die Haut!

Hören, fühlen, schmecken, ausprobieren, sehen, riechen – die Sinn-Welt verspricht einen erlebnisreichen Tag voller Erlebnisse und Erfahrungen.

Aber natürlich steht in der Therme auch Badevergnügen auf dem Programm. Im Familienbad ermöglicht eine 70 Meter lange Röhrenrutsche, ein Kinderplanschbecken und eine 15 Meter lange Breitrutsche uneingeschränkten Spaß für Familien.

Informationen

Öffnungszeiten Sinn-Welt: Mo. bis Fr.: 10 bis 17, Wochenende und Feiertage bis 18 Uhr
Öffnungszeiten Therme: So. bis Do.:
9 bis 22 Uhr, Fr. bis Sa. bis 23 Uhr
Preise Sinn-Welt: Kleinkinder: 3 €, Kinder: 6 €, Erwachsene: 8 €, Familien: 20 €
Tel: 07351 343700
www.jordanbad.de

Kletterwald Biberach

Seit 2010 ist Biberach um eine Freizeitattraktion reicher, denn der „Kletterwald Biberach" bietet jede Menge Spaß und Action für große und kleine Outdoor-Fans. Dank der idyllischen Lage mitten im Naherholungsgebiet „Burrenwald" ist der Hochseilgarten das perfekte Ausflugsziel für die ganze Familie. Dreh- und Angelpunkt ist der zentrale „Kletterturm", von dem aus die Besucher in vier der insgesamt sieben verschiedenen Parcours gelangen. Der gesamte Hochseilgarten wurde nach allen aktuellen Sicherheitsstandards errichtet: TÜV-Prüfung, professionell ausgebildete Sicherheitstrainer, tägliche Wartung und persönliche Betreuung der Besucher sind dabei selbstverständlich. Bereits ab einem Alter von sechs Jahren können Kinder in Begleitung eines Erwachsenen eine Begehung wagen. Direkt neben dem Kletterwald befinden sich ein großer Waldspielplatz mit zahlreichen Spielgeräten sowie eine öffentliche Grillstelle.

Informationen
Öffnungszeiten: Do. und Fr.: 13 bis 19 Uhr,
Sa., So. und Feiertage: 9 bis 19 Uhr
Schulferien: täglich 9 bis 19 Uhr
Preise: Kinder (bis 14) 15 €,
Erwachsene (ab 15) 19 €
Tel: 08323 968050
www.tiefblick.de

Ellmannsweiler - Naturfreibad

Rote Augen – ade! Wer gerne in natürlichem Grundwasser badet, ist im familienfreundlichen Freibad Ellmannsweiler (Gemeinde Maselheim) genau richtig. Für Kinder gibt es einen großen Sandspielbereich und eine Badeinsel, ein Kiosk und Umkleiden runden das Angebot ab.

Informationen
Öffnungszeiten: täglich ab 10:30 Uhr
Preise: Kinder und Jugendliche (bis 18) 0,80 €, Erwachsene 1,50 €
Tel: 07351 827275
www.maselheim.de

Warthausen: Internationales Museum der Knöpfe

Das „Internationale Museum der Knöpfe" im oberschwäbischen Warthausen ist kein Heimatmuseum, sondern zeigt als erlebnisorientiertes Themenmuseum die verschiedensten Aspekte rund um den Knopf. In einem alten Bahnhofsgebäude untergebracht, das liebevoll restauriert wurde, vereinigt sich modernste Multimedia Technik mit 100jähriger Tradition. Zu sehen sind Exponate aus der Vorzeit, über alle Epochen bis hin zur Gegenwart. Verschiedenste Materialien wie Gold, Silber, Elfenbein, schimmerndes Perlmutt, Porzellan, fast jede Epoche in der Geschichte verwendete ihre besonderen Materialien. Die Knopfwerksatt des Museums zeigt zudem die alte Tradition des Glasknopfmacherhandwerks. Durch die Aktion „Knöpfe gegen Krebs" haben die Knöpfe vieler Prominenter ihren Platz im Museum gefunden. Politiker, Film- und Fernsehstars haben ihre Knöpfe mit Autogrammkarte ans Museum geschickt. Für jeden Promiknopf gehen 25 Euro an die deutsche Krebshilfe.

Informationen
Öffnungszeiten: Di. bis So. 10 bis 18 Uhr
Preise: Kinder (bis 6) frei, Schüler 2,80 €, Erwachsene 3,80 €
Tel: 07351 189340
www.knopfundknopf.com

Uttenweiler: Naturfreibad

Das Naturfreibad mit familienfreundlichen Eintrittspreisen, das über die Gemeindegrenzen hinaus beliebt und bekannt ist. Im letzten Jahr wurde für 400.000 € ein Wasserspielbereich für die Klein- und Kleinstkinder erstellt. Hier können die Kinder nach Herzenslust planschen, sandeln oder sich in den zahlreichen „Duschen" abkühlen. Für die Mütter und Väter gibt es in diesem Bereich viele Sitzgelegenheiten. Auch die Holzterassen laden hier zum Sonnen ein. Der lange Sandstrand außerhalb des Wasserspielbereichs ist bei Klein und Groß beliebt. Die große und kleine Rutsche ist ebenfalls ein Anziehungsmagnet für alle Besucher. Auf der sehr gepflegten Liegewiese mit großem Baumbestand ist sehr viel Platz. Das Beachvolleyballfeld, die Plätze für Badminton und viele Freizeitspielgeräte runden das Angebot außerhalb des ein Hektar großen Badesees ab. Am Kioskbetrieb mit Terassenbetrieb werden unter anderem Eis, Kaffee und Kuchen, Getränke und Snacks angeboten.

Informationen
Öffnungszeiten: bei schönem Wetter täglich 8 bis 20 Uhr
Preise: Kinder (3 bis 6) 0,50 €, Jugendliche 1,00 €, Erwachsene 1,80 €
Tel: 07374 306
www.gemeinde-uttenweiler.de/sehen/freibad.htm

Oberstadion: Krippenmuseum

mit kinder- und familienfreundlichen Tarifen

„Eines der bedeutendsten Krippenmuseen in Europa“: Tatsächlich hat das, im historischen Ambiente der alten Pfarrscheuer (1612) befindliche Krippenmuseum, auf über 700 qm Ausstellungsfläche einiges zu bieten. Im Krippenmuseum sind die bedeutendsten Krippenbauer, Tonkünstler und Schnitzer aus Deutschland, Österreich und Italien vereinigt. Jährlich wechseln die Sonderausstellungen, bisher waren Krippen aus Peru und Polen zu sehen. Insgesamt beherbergt das Krippenmuseum über 160 Krippen.

Sonderausstellungen: Dez. bis Okt. 2011: Sonderausstellung „Krippen aus dem Orient“ Palmsonntag 2011 bis Februar 2012: „Claudio Mattei und seine Krippenfreunde aus Ponte San Pietro“ zeigen in 24 Dioramen Szenen aus dem Leben Jesu.

Informationen
Öffnungszeiten: Februar bis Oktober:
Mi bis So, 14 bis 17 Uhr;
Preise: Kinder (bis 6) frei, Jugendliche (bis 18) 2,00 €, Erwachsene 4,50 €
Tel: 07357 921410
www.Krippen-Museum.de

Riedlingen: Feuerwehrmuseum

Im Herzen der Altstadt von Riedlingen hat der enthusiastische Sammler von historischen Feuerwehr-Utensilien, Günther Hübler, ein wahres Schmuckstück geschaffen. Auf zwei Etagen hat er seit 2008 nun die Möglichkeit, seine umfangreiche, über Jahrzehnte erarbeitete Sammlung einer breiten Öffentlichkeit zu präsentieren. Im Erdgeschoss befinden sich Fahrzeuge, Spritzen, Feuerlöscher, Löscheimer, Leitern und eine Ordensammlung. Im Obergeschoss können Helme, Paradewaffen, Handdruckspritzen und sonstige Werkzeuge bewundert werden.

Es gibt Feuerwehr-Uniformen von Pöchlarn und Bürgel zu sehen. Wandmalereien von Uwe Strang dokumentieren das Feuerwehr-Leben auf sehr persönliche und auch augenzwinkernde Art. In diesem Museum

sollte der Besucher unbedingt auf die charmanten kleinen Details achten,
die von großer Kreativität des Museum-Erschaffers zeugen.

Informationen
Öffnungszeiten: Sa. und So. 14 bis 17 Uhr
Preise: Eintritt frei
Tel: 07371 7140
www.feuerwehrmuseum-riedlingen.de

Kanzach: Die Bachritterburg

Zeitreise in eine unvergessene Epoche

Erleben Sie die Faszination Mittelalter bei einer Zeitreise ins frühe 14. Jh. Die Bachritterburg ist die wissenschaftlich fundierte Rekonstruktion einer für den Niederadel typischen Holzburg, auch „Motte" genannt. Ohne die Distanz von Glasvitrinen fühlt sich der Besucher als Gast des Burgherren, denn jeder Raum und jedes Detail – vom Spielzeug bis zum Werkzeug – ist mit viel Liebe zum Detail so gestaltet, als befinde man sich inmitten dieser Epoche. Wo sonst kann man Nuppenbecher, Aquamanile oder einen Becherkachelofen bewundern, sich gar einen mittelalterlichen Topfhelm überstreifen und die obelixgroßen Ausmaße einer mittelalterlichen Bruoche (Unterhose) bestaunen.

Regelmäßig ziehen Ritter, Burgdamen, Spießgesellen, Handwerker und Dienstleute ein und demonstrieren im originalgetreuen Ambiente längst vergessene Handwerkskunst, z. B. die Herstellung eines Kettenhemdes oder Wendeschuhes, das Knochenschnitzen oder das Färben von Stoff mit Naturfarben. Bei gebuchten Führungen, auf Wunsch z. B. mit Bogenschießen, erschließt sich hier die Gelegenheit zu einem entspannenden und kreativen Erlebnis.

Neben einem umfassenden Angebot an Projekten für Kinder, Jugendliche und Erwachsene ist ein Besuch auf der Burg auch geradezu geschaffen für Gruppen, Familien-, Vereins- oder Betriebsausflüge. Individuelle Arrangements in Verbindung mit einem Ritteressen, schwäbischen Leibspeisen, einer reichhaltigen Vesperkarte oder selbst gemachten Kuchen in der Burgschänke runden das Angebot bestens ab. Der angrenzende Spiel- und Rastplatz mit zwei Grillstellen lädt ein zum entspannten Verweilen. Ein Ausflugstag, der für Jung und Alt keine Wünsche offen lässt.

Informationen

Öffnungszeiten: täglich von 10 bis 18 Uhr
Preise: Einzelbesucher 4 €, Familien 9 €
Tel: 07582 930440
www.bachritterburg.de

Sigmaringen

Schloss Sigmaringen

Einst als Burganlage erbaut, präsentiert sich der Stammsitz der Fürsten von Hohenzollern heute wie ein Schloss aus dem Märchen. Prunkräume mit dem ursprünglichen Mobiliar, mit kostbaren Gemälden und Gobelins zeugen vom Glanz vergangener Epochen. In der Waffenhalle ist eine der größten Waffensammlungen Europas untergebracht, die von Zeiten erzählt, als in der einstigen Burg noch Rittersleut ein und aus gingen. Wer einmal mehr über das Leben hinter den Schlosstoren erfahren möchte, kann entweder an den mehrmals täglich stattfindenden Schlossführungen oder zu bestimmten Terminen an einer der 40 verschiedenen Themenführungen teilnehmen. Die hervorragend ausgearbeiteten Angebote richten sich gezielt an Kinder, Erwachsene oder an die ganze Familie. Die Rundgänge sind spannend und altersgerecht aufbereitet und führen in die Alltagskultur eines Fürstenhauses ein. Zum Beispiel wird bei einem abenteuerlichen Rundgang nach dem „Geheimnis der 7 Zeichen" gesucht. Noch mehr Rätsel gilt es bei den kostümierten Kinderführungen „Tatort Schloss" und „Schloss-Detektive gesucht!" zu lösen. Eine Besonderheit auf Schloss Sigmaringen sind Führungen für Kleinkinder zwischen 3 und 4 Jahren. An der

Hand der Eltern oder Großeltern entdecken die Kleinsten unter anderem durch Riechen oder Tasten das Schlossgemäuer.

2011 ist ein Jubiläumsjahr:
950 Jahre Hohenzollern wird in diversen Veranstaltungen, speziellen Führungen und einer Sonderausstellung gefeiert.

Informationen
Öffnungszeiten: März und April 9:30 bis 16:30 Uhr, Mai bis Oktober 9 bis 17 Uhr
Preise: Kinder frei, Jugendliche (6 bis 17) 3,00 €, Erwachsene 6,50 €
Tel: 07571 729230
www.schloss-sigmaringen.de

Out & Back Erlebnis-Camp Sigmaringen

Genießen Sie eine romantische Kanutour zwischen bizarren Felsengebilden am Flusslauf der Donau. Vor dem Einstieg in die Boote erfolgt eine ausführliche Einweisung in die Sicherheitsbestimmungen, Paddeltechnik und Streckenverlauf – und dann geht's los! Oder erleben Sie den ultimativen Kick in unserem Hochseilgarten. Balancieren Sie über Balken, Baumstämme, Taue und schwingende Seilkonstruktionen in unterschiedlichen Schwierigkeitsstufen. Dabei mobilisieren die Aktiven ungeahnte Kräfte und haben eine Menge Spaß, allein oder im Team. Den Hunger kann man im Palmengarten, unterwegs bei der Kanutour in der Dietfurter Mühle oder bei einem Grillfest stillen. Besucher können auch auf dem Campingplatz des Erlebnis-Camps in Blockhütten oder Gruppenzelten übernachten und am Lagerfeuer den erlebnisreichen Tag ausklingen lassen.

Informationen
Öffnungszeiten: täglich ab 8 Uhr
Tel: 07571 50411
www.erlebnis-camp.de

Herbertingen: Keltenmuseum Heuneburg

Willkommen im Land der Kelten

Die Heuneburg gehört zu den bedeutendsten archäologischen Fundstätten Mitteleuropas. Die bisherigen Ausgrabungsbefunde lassen keinen Zweifel daran, dass sich hier zwischen 620 und 480 v. Chr. eines der bedeutendsten Siedlungs-, Wirtschafts- und Machtzentren der älteren Eisenzeit, ein so genannter frühkeltischer Fürstensitz, befand. Hoch über der Donau gelegen zeigt das heutige Freilichtmuseum auf der Heuneburg verschiedene rekonstruierte Gebäude – darunter die nördlich der Alpen einzigartige Wehrmauer aus luftgetrockneten Lehmziegeln, eine keltische Werkstatt und ein Wohnhaus mit Nebengebäude. Im Heuneburgmuseum in Herbertingen-Hundersingen bieten die originalen Funde sowie Inszenierungen einen Einblick in das Alltagsleben, Kunstschaffen und die weitverzweigten Handelsbeziehungen jener Epoche. Während der Schulferien finden viele Kinderaktionen statt. Auch besteht die Möglichkeit auf der Heuneburg einen Kindergeburtstag zu feiern. Im Jahr 2011 beleben Sonderausstellungen zu den Themen „Das neu entdeckte frühkeltische Prunkgrab von der Heuneburg: Bergung, Funde und erste Ergebnisse (Arbeitstitel)“ und „Mit Hightech auf den Spuren der Kelten“ zusätzlich das Museum.

Informationen
Öffnungszeiten: Di. bis So. und Feiertage 11 bis 17 Uhr
Preise: Kinder (bis 6) frei, Erwachsene 3 €, Familien 12 €
Tel: 07586 920838, www.heuneburg.de

Mengen: Ennetach

Römermuseum feiert 10-jähriges Jubiläum:

Seit 2001 zeigt das mehrfach ausgezeichnete Römermuseum Mengen-Ennetach Funde aus dem römischen Kastell des 1. Jhs. n.Chr. auf dem Ennetacher Berg und aus der römischen Siedlung des 1. bis 3. Jhs. unter dem heutigen Ennetach. Die modern präsentierten Themen über das Leben der Römer reichen dabei von Handel über Mode, Bauweise, Essen und Trinken bis hin zur Religion der Römer. Das Marschgepäck eines Soldaten, Kleidungsstücke zum Anprobieren und römische Spiele sind Elemente zum Mitmachen. Sein 10jähriges Jubiläum feiert das Römermuseum mit vielen Aktionen und Sonderveranstaltungen. In den Ferien finden Mitmach-Aktionen für Kinder statt.

Inforrmationen
Öffnungszeiten: Di. bis So. 10 bis 18 Uhr, Führungen auf Voranmeldung
Tel: 07572 769504
www.roemermuseum.mengen.de

Ochsenhausen

Ochsenhausen und die Öchsle-Bahn

Für Kinder besonders interessant ist in Ochsenhausen der Erlebniswald am Krummbachweg: mit Heckenlabyrinth, Barfußpfad, Aussichtsplattform und Kleinbiotopen lässt sich die Natur unmittelbar erleben. Das Naturfreibad Ziegelweiher mit großzügigen Liegewiesen, idyllisch am Rand des Fürstenwalds gelegen, bietet im Sommer Badespaß pur.

Ein besonderer Anziehungspunkt für Eisenbahnfreunde ist die Öchsle-Museumsbahn: Die einzige noch erhaltene Schmalspurbahn in Baden-Württemberg verkehrt von Mai bis Mitte Oktober auf der 19 Kilometer langen Strecke zwischen Ochsenhausen und Warthausen und hat einen eigenen Radweg parallel zur Strecke. In Warthausen lädt das internationale Knopf&Knopfmuseum ein in die bunte Welt der Knöpfe.

Kutschfahrten

Das Glück liegt auf dem Rücken der Pferde. Oder auf dem Kutschbock. Entdecken Sie das liebliche Rottumtal und die reizvolle Klosterlandschaft um Ochsenhausen bei einer gemächlichen Kutschfahrt. Oder starten Sie zu einer Zeitreise bei der historischen Postkutschenfahrt von Isny im Allgäu nach Ochsenhausen. Bei der zweitägigen Reise in einer originalgetreu nachgebauten Postkutsche lernen Sie die Post- und Personenbeförderung von anno dazumal kennen. Gratis erhalten Sie ein völlig neues Zeitgefühl hinzu.

Informationen
Fahrplan der Öchsle-Bahn: 1. Mai bis 16. Oktober 2011, Fahrtage: alle Sonntag, 1. + 3. Samstag im Monat sowie alle Donnerstage im Juli, Aug. und Sep.
Tel: 07352 922026
www.ochsenhausen.de
www.oechsle-bahn.de

Freibad Ziegelweiher

In idyllischer Lage am Rande des Fürstenwaldes findet man das Naturfreibad Ziegelweiher. Die großzügig angelegte Liegewiese rund um den See bietet das ideale Plätzchen sowohl für Sonnenanbeter als auch für Badegäste, die die Sonne lieber im Schatten genießen. Das Bad ist abgeteilt in einen Schwimmer- und einen Nichtschwimmerbereich. Spielgeräte begeistern die kleinen Schwimmbadbesucher. Auf der Terrasse des Café Seestern lässt sich das bunte Treiben im Wasser gemütlich bei einem Kaffee oder einem kühlen Getränk beobachten. Dort gibt es auch kleine Gerichte, Snacks und Eis.

Informationen
Öffnungszeiten: Mai bis Mitte September täglich von 9 bis 20 Uhr
(nur bei gutem Wetter)
Preise: Kinder (6 bis 13) 0,75 €, Jugendliche (14 bis 18) 1,00 €, Erwachsene 1,50 €
Tel: 07352 938933
www.ochsenhausen.de

Kirchdorf an der Iller: Freibad

Wasserspaß für Jung und Alt verspricht das Freibad Kirchdorf an der Iller. Das 50-Meter-Becken bietet ideale Bedingungen für Schwimmer, dazu gibt es einen Sprungturm, eine Riesenrutsche, einen Nichtschwimmerbereich sowie einen großen Bereich für Kleinkinder. Auf der 25000 qm großen Liegefläche, sorgen viele Bäume für genügend Schatten. Ein Beachvolleyballfeld sowie ein Rahmenprogramm runden das Angebot ab.

Informationen
Öffnungszeiten: täglich von 9 bis 20 Uhr
Preise: Kinder (6 bis 15) 1,50 €,
Erwachsene 3,00 €
Tel: 07354 8718
www.kirchdorf-iller.de

Mietingen: Pony-Ranch Walpertshofen

Die Pony-Ranch ist ein beliebter Ausflugsort im Grünen für Jedermann. Egal ob junge Familien, Kindergärten, Schulklassen oder auch Kindergeburtstage, die Pony-Ranch bietet allen Besuchern erlebnisreiche Stunden. Neu im Programm, Kinderspaß für Kinder im Alter von 5 bis 10 Jahren.

Zu den Öffnungszeiten der Pony-Ranch können Besucher von Freitag bis Sonntag ohne Anmeldung den Ponyhof besuchen und einen kleinen Ausritt unternehmen. Ein Fahrradhelm zum Schutz für die kleinen Reiter ist sinnvoll, aber keine Bedingung. Nach einer kleinen Einführung für die Erwachsenen Ponyführer kann es los gehen.

Informationen
Öffnungszeiten: Fr. 15 bis 18 Uhr,
Sa. 14 bis 18 Uhr, So. 10 bis 18 Uhr
Preise: 6 € / 30 Minuten je Pony
Tel: 07353 981320
www. pony-ranch-walpertshofen.de

Laupheim: Planetarium & Sternwarte

Sonne, Mond und Sterne für die ganze Familie

In Laupheim gibt es Planetarium und Sternwarte unter einem Dach. Dies ist eine Besonderheit und ermöglicht es, spannende und unterhaltsame Multimedia-Shows unter dem künstlichen Sternhimmel mit dem Naturerlebnis des echten Firmaments zu verknüpfen. In den Sommermonaten wird mit den Teleskopen - wegen der späten Dunkelheit - statt der Sterne unsere Sonne mittels Spezialfiltern ins Visier genommen.

Auch bei besonderen Himmelsereignissen, wie der totalen Mondfinsternis am 15. Juni 2011, ist das Observatorium nach Ankündigung geöffnet. Im Planetarium läuft im Sommer 2011 die brandneue Sternenshow „Abenteuer Weltraum - Der Wettlauf ins All" sowie der Publikumsrenner „Mars in 3D". Beide Programme sind für Erwachsene und Kinder ab 7 Jahren geeignet. Für kleinere Weltraumbegeisterte ab 3 Jahren gibt es

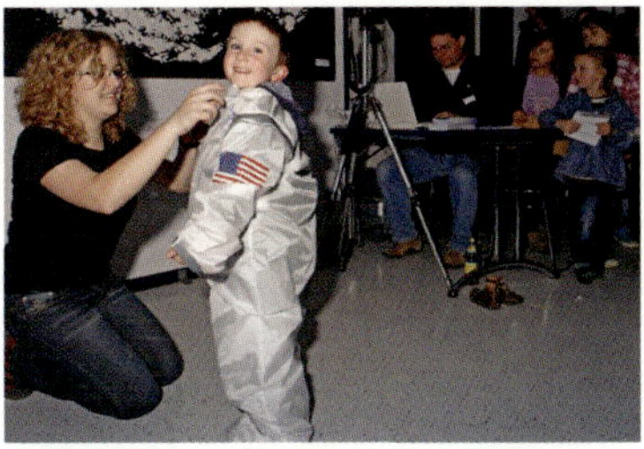

spezielle Kinderprogramme, die jeden ersten Sonntag im Monat ab 13.30 Uhr sowie nach Bedarf laufen (Termine im Internet).

Informationen

Öffnungszeiten: Planetarium: Mi, Fr & Sa 19.00 & 20.15 Uhr, So und Feiertag 14.30 & 16.00 Uhr. Sternwarte (bei klarem Wetter): So 15.30 bis 17.00 Uhr (April bis Sep.)
Tel: 07392 91059
www.planetarium-laupheim.de

Senden: See- und Hallenbad

„Der Badespaß für die ganze Familie"

Ganzjährig bietet das Sendener See- und Hallenbad Badespaß und Erholung für die ganze Familie und sportlich ambitionierte Besucher. Im Innenbereich befindet sich ein 25-Meter-Becken mit fünf Schwimmbahnen, eine Dampfgrotte und Solarien. In den Sommermonaten wird das Angebot im Außenbereich durch ein Nichtschwimmer-Becken samt Kleinrutsche und Planschbecken mit Wasserpilz und Sonnensegel erweitert. Als besonderes Highlight bietet das Bad den kleinen Gästen einen ca. 5 Hektar großen Badesee mit Springturm. Die Hauptattraktion des Sender See- und Hallenbades stellt jedoch für Alt und Jung die über 80 Meter lange Riesenrutsche dar, die jeden Besuch zu einem Erlebnis macht! Im gemütlichen Ambiente und mit Gastlichkeit lädt ein Bistro inklusive Biergarten zum Verweilen und

Wohlfühlen mit Snacks, kühlen Getränken und Eis für die Kleinen ein.

Informationen

Öffnungszeiten: April bis September: Mo. 12 bis 20 Uhr, Di. bis So. 9 bis 20 Uhr
Preise: Kinder & Jugendliche (6 bis 18): 2 €, Erwachsene 4,50 €
Tel: 07307 90200
www.stadt-senden.de

Ehingen

Minigolf-Anlage in Gamerschwang

Ein interessantes Ausflugsziel für alle, die nicht weit fahren möchten, ist die Minigolf-Anlage in Gamerschwang. Harmonisch fügt sich die 18-Loch-Anlage am südlichen Ortsrand von Gamerschwang in die Kapellengärten ein. Für Profis, aber auch für Anfänger, Familien und Kinder gleichermaßen bietet der Parcours abwechselnde und spannende Möglichkeiten, ihr Können unter Beweis zu stellen. Aber nicht nur zum Minigolfen findet man hier ideale Voraussetzungen, auch ein Kinderspielplatz mit Schaukel, Wippe, Klettergerüst und Sandkasten und ein Grillplatz laden zum Verweilen ein.

Informationen
Öffnungszeiten: Fr. 18 bis 20 Uhr, Sa. 14 bis 20 Uhr, So. & Feiertage 11 bis 20 Uhr
Preise: Kinder 1,00 €, Erwachsene 1,50 €
Tel: 07305 933230

Erlebnisfreibad Ehingen

Jeden Sommer ist das Ehinger Erlebnisfreibad Magnet für tausende Badegäste von nah und fern. Das Freibad ist familienfreundlich mit schönen Liegewiesen, Kiosk/Bistro, Abenteuerspielplatz, Wasserrutsche 55 m lang, Strömungskanal, Wasserpilz, Sprungturm und großzügigem Kinder-Fun-Bereich. Vor einigen Jahren wurde das Ehinger Erlebnisfreibad zum schönsten Freibad im Alb-Donau-Kreis gewählt.

Informationen
Öffnungszeiten: täglich 9 bis 20 Uhr
Preise: Kinder (ab 6) 1,50 €,
Erwachsene 2,70 €
www.freibad.ehingen.de

Reitgemeinschaft Heufelden e.V.

Der als Familienunternehmen geführte Reiterhof Renz bietet für Kinder und Jugendliche Reitersommerferien und ganzjähriges Ponyreiten an. Zudem können Jung und Alt Ausritte und Reitunterricht inmitten der idyllischen Landschaft der Schwäbischen Alb genießen. Reiterferien in den Sommerferien für Kinder ab 6 Jahre.

Informationen
Öffnungszeiten: nach Vereinbarung
Preise: pro Woche Vollpension 275 €,
Ponyreitstunde ab 5 €
Tel: 07391 53775
www.rg-heufelden.de

Alte Säge Mundingen

Das mit viel Liebe renovierte Gebäude ist eine kulturelle Bereicherung in dieser wunderschönen Landschaft.
Seit vielen Jahren sammelt und restauriert Karl Schöttle alte Maschinen und Geräte. Das Museum ist eine Fundgrube für Raritäten aller Art. Bei Anmeldung von Gruppen und Schulklassen findet ein Schausägen statt.

Informationen
Öffnungszeiten: So. und Feiertage 11 bis 17 Uhr, Führung nach Vereinbarung
Tel: 07391 2065

Ichenhausen: Bayerisches Schulmuseum

Vom Lehren und Lernen

Seit der Mensch auf der Erde lebt, ist er ein Lernender und Lehrender. So zeigt das Bayerische Schulmuseum die Geschichte des Lehrens und Lernens von den Anfängen menschlicher Unterweisung bis in die Gegenwart unserer Tage. Der Besucher erfährt Schulgeschichte im Zusammenhang mit Kulturentwicklung an zahlreichen Exponaten in 10 Abteilungen von der Steinzeit über Sumer, Ägypten, Rom, das Mittelalter, über die Neuzeit bis zum Computer der Gegenwart. Historische Klassenzimmer ermöglichen für Kinder Unterricht wie zu „Opas Zeiten“ und für Erwachsene ein Verweilen in der Schulatmosphäre vergangener Tage. Für Schüler und Jugendliche, die das Museum selbständig erkunden wollen, werden Arbeitsbögen zu verschiedenen Themen angeboten.

Informationen
Öffnungszeiten: Di. bis Do. und Feiertage 10 bis 17 Uhr
Preise: Kinder (unter 6) frei, ab 6 Jahren 2 €
Tel: 08223 6189

Schelklingen: Der Schelklinger Hohle Fels

Der Hohle Fels ist die größte, barrierefrei zugängliche Höhlenhalle der Schwäbischen Alb. Durch eine tunnelartige, 30 m lange Eingangshöhle betritt man die große Höhlenhalle. Auf Fußpfaden können die beiden Seitengänge erkundet oder die Höhlenhalde erstiegen werden. Von dort bietet sich ein großartiger Überblick. In der Eingangshöhle wird seit 1977 durch die Universität Tübingen gegraben. Bislang sind Funde aus der Zeit des Neandertalers bis zur Neuzeit zu Tage gekommen. 2008 wurden in 35 000 bis 40 000 Jahre alten Schichten die Venus vom Hohle Fels und die Geierflöte gefunden, die älteste plastische Menschendarstellung und das älteste Musikinstrument der Erde. Diese und viele weitere Funde, sowie erklärende Texte können in Vitrinen im Eingangsbereich der Höhle besichtigt werden.

Informationen
Öffnungszeiten: Mai bis Oktober: Sonntag 14 bis 17 Uhr, nach Terminvereinbarung
www.museum-schelklingen.de

Neu-Ulm

Edwin Scharff Museum

Das Kindermuseum des Edwin Scharff Museums lädt Kinder und ihre Familien, Freundinnen und Freunde zum Begreifen mit allen Sinnen ein. Erlebnisräume ermöglichen ein selbstbestimmtes Lernen, das auch und vor allem Spaß macht. Im Gegensatz zum normalen Museum dient ein Kindermuseum ausschließlich der Veranschaulichung und Aneignung jeweils spezieller Themen. Es bietet aktive und dialogische Wissens- und Erfahrungsvermittlung und hat nicht die Aufgabe der Archivierung oder Katalogisierung von Kulturgut. Erfahrene pädagogische Begleiter führen ins Thema ein, regen an oder spielen auch mal mit. Als langfristiger Partner von Kindergärten und Schulen ist das Neu-Ulmer Kindermuseum ein verlässlicher außerschulischer Lernort. Die derzeitige Sonderausstellung zum Mitmachen „Ganz weit weg und doch so nah" (noch bis 18. September 2011) nimmt kleine und große Weltenbummler mit auf eine Reise zum Zuhause anderer Kinder dieser Welt. Was trennt uns, was verbindet uns, was haben wir gemeinsam? Was essen Kinder anderswo zum Frühstück, wie sieht deren Schule aus oder wohin würde ich am liebsten reisen? Diese Fragen beantwortet die interaktive Ausstellung auf besondere Weise.

Informationen
Öffnungszeiten: Di, Mi 13 bis 17 Uhr, Do, Fr, Sa 13 bis 18 Uhr, So 10 bis 18 Uhr
Preise: Kinder frei, Jugendliche (15 bis 18): 1 €, Erwachsene 5 €, Familie 9 €
Tel: 0731 9726180
www.edwinscharffmuseum.de/kindermuseum.html

Töpfern „AtelierKeramik"

Im historischen Gemäuer der Ludwigsvorfeste töpfern Kinder von 5 bis 14 Jahre unter Anleitung von Ursula Dukek, Kunsterzieherin; auch Erwachsenenkurse werden angeboten (Leitung: Stefan Spieß, Keramiker-Meister). Spezielles Angebot: Kindergeburtstags-Töpfern (Termin nach Absprache). Im Werkstatt-Laden wartet auf die Besucher eine große Auswahl an Keramik-Figuren und Geschirr.

Informationen
Öffnungszeiten: Di und Mi 14 bis 18 Uhr, Do und Fr 9 bis 12 und 14 bis 18 Uhr, Sa 10 bis 13 Uhr
Preise: 9 € + Materialkosten
Tel: 0731 82472
www.atelierkeramik.de

Familien-Kanutouren auf der Iller

Erholung, Entspannung und Spaß für die ganze Familie bieten die bewährten und beliebten Kanutouren auf der glasklaren Iller. Die gesamte Ausrüstung wird gestellt und der Gast kann sich an der Bewegung in der Natur erfreuen. Zu Beginn der Tour wird ein ausführliches Sicherheitstraining von ausgebildeten Guides gehalten.

Informationen
Öffnungszeiten: Termine auf Anfrage
Preise: Kinder (bis 12 Jahre) 8 €, Jugendliche/Erwachsene 20 €
Tel: 07357 91122
www.kso-outdoor.de

Schildkröten- und Reptilienzoo

Der private Schildkröten- und Reptilienzoo mit ca. 200 Tierarten und einem Tierbestand von weit über 500 Tieren ist einzigartig und ein Erlebnis besonderer Art für Jung und Alt, Tier- und Naturfreunde, sowie Kindergärten und Schulklassen. Neben Wasser- und Landschildkröten gibt es einen Kaiman, Schlangen, Echsen, Chamäleons und viele interessante Insekten und Fische.
Als weitere Attraktion werden Führungen bei Kindergeburtstagen angeboten, welche für die Kids spannend und aufregend sind. Eine Grillstelle ist vorhanden und kann im Sommer genützt werden.

Informationen
Öffnungszeiten: täglich von 10 bis 18 Uhr
Preise: Kinder 2 €, Erwachsene 4 €, Familie 10 €
Tel: 0731 9855990
www.schildkroeten-zoo.de

infau neuland

Hochseilgarten und Outdoor-Aktivitäten: Spannende Aktivitäten im Hochseilgarten. Klettern und Abseilen am Felsen/Kletterhalle als besonderes Erlebnis für Familien und Gruppen. Floßbau und Floßfahrt: aus vorbereitetem Material werden Flöße selbst gebaut.

Informationen
Tel: 0731 9708080, www.infau-neuland.org

Donaubad Wonnemar

Bahn frei! - Egal, ob Black Hole-, Crazy River-, Erlebnis- oder Familien-Rutsche: Bei einer Rutschpartie im Mega-Rutschen-Tower sind Spaß und Action garantiert. Während die Kleinsten im Wonniland mit Wasserkanone spielen und in der Kinderspielburg herumklettern, lassen sich die Großen vom Strömungskanal im Außenbecken mitreißen. Die Vielfalt unserer Speisen und Getränke für jeden Geschmack runden einen außergewöhnlichen Tag ab.

Informationen
Tel: 0731 985990, www.wonnemar.de

Ulm

Das Naturkundliche Bildungszentrum der Stadt Ulm

.... ist ein „lebendiges Museum“ mit wissenschaftlichen Belegsammlungen und Ausstellungen zur bewussten Wahrnehmung der Natur. Die Themen der Ausstellungen und Schwerpunkte der Sammlungen umfassen die Bereiche Mineralogie, Geologie, Paläontologie, Botanik und Zoologie. Der ökologische Aspekt und die Beziehung zwischen Mensch und Natur spielen in den Ausstellungen eine besondere Rolle. Deshalb sind sie abwechslungsreich gestaltet und interaktiv ausgerichtet. Einige Exponate sind frei zugänglich und ermöglichen so eine persönliche Nähe und Beziehung zum Objekt. Fundierte Informationen erläutern die Ausstellungsinhalte und lassen für eigene Interpretationen viel Freiraum. Die spielerische Erarbeitung von Ausstellungsthemen ist ein wichtiger Bestandteil unserer Vermittlungsarbeit besonders auch für Kinder. Dazu gehören Bastelangebote mit Naturmaterialien, die Darstellung von eigenen Beobachtungen in Form von Texten und Bildern, Rollenspiele, Schminkaktionen und das Erzählen von Märchen und Tiergeschichten.

Informationen
Öffnungszeiten: Di bis Fr 10 bis 16 Uhr, Sa, So, und Feiertage 11 bis 17 Uhr
Preise: Kinder (ab 7) 1,50 €,
Erwachsene 2,40 €, Familien 4,50 €
Tel: 0731 1614742
www.naturkunde-museum.ulm.de

Botanischer Garten der Uni

Auch im Botanischen Garten der Universität Ulm, der 1981 gegründet wurde und mit einer Fläche von 28h zu den größten Botanischen Gärten in Deutschland zählt, gibt es für Groß und Klein viel zu sehen und zu entdecken. In der Nähe des Klinikbereichs am Oberen Eselsberg befindet sich die Gewächshausanlage. Dort kann der Besucher eine Vielzahl interessanter Tropenpflanzen kennen lernen. Auf einem Spaziergang in Richtung Lehrer Tal präsentieren sich zunächst der Neue Apothekergarten Ulm sowie der Taglilien-Schaugarten. Auf dem weiteren Weg durchwandert der Besucher schattige Wälder und bunte Wiesen bis er schließlich zum südlichen Teil des Gartens mit Rosarium, Bauerngarten, Streuobstwiese und Dreifelderwirtschaft gelangt. Umrahmt wird das Gelände durch eine Baum- und Strauchsammlung. Des Weiteren bietet die größte Grünfläche in Ulm, die Friedrichsau, Unterhaltung für die ganze Familie. Auf einer Länge von rund zwei Kilometern sorgen Spielplätze, Seen, Biergärten, der Tiergarten mit Streichelzoo und begehbarem Glastunnel und eine Minigolfanlage für entspannten Zeitvertreib.

Sonstige in Ulm

Inline-Skating - Reithalle in der Donaubastion
Ein Paradies für Skater, Inliner und BMX-ler - Fun auf 900 m2, in einer großen hellen Halle mit vielen ramps, wallrides und boxes. Grundkenntnisse sollten vorhanden sein. Tel: 0731 6026568, www.reithalle-ulm.de

Schiffsrundfahrten auf der Donau
Rundfahrt ab Metzgerturm (vor der Ulmer Stadtmauer) mit Erklärungen zur Donauschifffahrt, Adlerbastei (Absprungstelle des "Schneider von Ulm"), Neu-Ulmer Ufer, Friedrichsau-Park (dort Zu- und Ausstieg nach Bedarf) mit seinen zahlreichen Sport- und Freizeiteinrichtungen
Tel: 0731 62751, www.schifffahrt-ulm.de

Die Jugendfarm Ulm e. V.
(Unterer Kuhberg 30) Auf der Jugendfarm mit Abenteuerspielplatz und Streichelzoo können Kinder werken, basteln, Hütten bauen, mit Tieren spazieren gehen, Reiten und voltigieren, kochen und klettern. Ausflüge, Ferienfreizeiten sowie Übernachtungen auf der Farm sind möglich.

Tiergarten Ulm Friedrichsau
Schauhaus für einheimische und tropische Fische, Donauaquarium, Vögel, Echsen, Lurche, Affen und Amphibien. 46 Becken, 38 Terrarien, 16 Volièren, Tropenhaus. Streichelzoo, Kängurus, Alpakas, Nandus, Rotwild und Bären im Außenbereich.
Tel: 0731 1616742
www.tiergarten.ulm.de

Ulmer Münster
Aufstieg zum höchsten Kirchturm der Welt. 768 Stufen führen auf den Hauptturm. Der Eintritt in die Kirche mit ihren gotischen Kunstschätzen ist frei.
Täglich 12.00 bis 12.30 Uhr, Orgelkonzert.
www.muenster-ulm.de

Donauschwäbisches Zentralmuseum
Die Ausstellung erzählt vom Alltag der Donauschwaben, von Landwirtschaft und Industriearbeit und vom Zusammenleben in der Vielvölkerregion Südosteuropa. Museumspädagogisches Begleitprogramm für Familien und Kinder. www.dzm-museum.de

Museum der Brotkultur Ulm
Ständige Ausstellung zur Geschichte des Mahlens und Backens, Bedeutung des Brotes und des Themas Hunger im Alltagsleben und in der Kunst. Sonderausstellungen sowie Begleitveranstaltungen für Kinder, Erwachsene und Familien im Salzstadel.
www.museum-brotkultur.de

Topolino Figurentheater
Spielort: Musikschule Neu-Ulm. Puppenspiel für und mit Kindern von Brigitte und Andreas Blersch sowie ca. 300 anspruchslosen, handlichen Darstellern in Koffern und Kisten. Regelmäßiges Programm für Kinder ab 3, 4

Ulm Sonstige

oder 5 Jahren; Inszenierungen mit verschiedenen Figurentechniken, Schauspiel, Masken und viel Live-Musik.
www.topolino-figurentheater.de

Erstes Ulmer Kasperle Theater
Das Erste Ulmer Kasperletheater liegt ganz nah am Ulmer Münster. Das monatlich wechselnde Programm garantiert viele lustige und spannende Geschichten rund um Kasperle, Seppel und den frechen Schnuffi. Büchsengasse 3, Di bis Fr 10 bis 12 Uhr, Tel: 0731 6022264,
www.kasperletheaterulm.de

Ulmer Marionettentheater
Kinder- und Familientheater in einem zauberhaften Zimmertheater mit rund 70 Sitzplätzen. Regelmäßiges Programm für Kinder ab 2 Jahren (erhältlich in der Tourist-Information Ulm/Neu-Ulm). Unterer Kuhberg 10, Tel: 0731 31506, (Di bis Fr 9 bis 11 Uhr),
www.ulmermarionettentheater.de

Theater Kinkerlitzchen
Zwei Schauspielerinnen zeigen in wechselnden Rollen Stücke zum Nachdenken, Lachen und Mitmachen. Das Theater hat Märchen, Rittergeschichten und literarische Programme im Repertoire. In der laufenden Spielzeit ist das Stück "Ritter Firlefanz jagt das Schlossgespenst" bei Jung und Alt beliebt. Tel: 0731 25155

Kinder-THEATER-Werkstatt
Wechselndes Programm verschiedener freier Gruppen aus der Region mit Zaubervorstellungen, Clowns, Mitmachtheater und Märchen. Tel: 0731 618788
www.kinder-theater-werkstatt.telebus.de
Die Bühne - Kinder- und Jugendtheater Ulm
Spielort: Roxy. "Die Bühne" bietet eine breite Palette an Produktionen. Erzähltheater, Jugendstücke, Kindermusicals, Kinder-Tanztheater u.v.m. Tel 0731 3799749,
www.diebuehne-ulm.de

Informationen
Tourist Information Ulm/Neu-Ulm
Tel: 0731 1612830
www.tourismus.ulm.de

Blaustein

Der „Biergarten im Steinbruch“ von ERLEB’ES

Eine Vielzahl an Spielmöglichkeiten lässt kaum Wünsche offen. Blickfang ist der große Sandspielbereich mit Kletterturm, Hängebrücke und Rutschen. Dort gibt es auch einen Tunnel, einen Balancierbalken und eine Slackline. Und gleich nebenan steht das große Trampolin. Zum Fahren gibt es allerlei Fahrzeuge. Ein tolles Highlight ist die Felswand an der auch Ungeübte erste Klettersuche machen können. Im überdachten Bereich stehen Tischtennis, Tischkicker und weitere Spielgeräte zur Verfügung.

Informationen
Öffnungszeiten: Mo bis Fr ab 14 Uhr,
Sa und So ab 11 Uhr
Preise: Kinder 2,00 €
(So. + Feiertage 2,50 €), Erwachsene frei
Tel: 07304 430481
www.erleb-es.de

Staud Ziegelhof - Ausritte auf der Schwäbischen Alb

Die Besucher erleben, egal ob Anfänger oder Fortgeschrittener, die Faszination des Geländereitens auf dem Rücken der Ponys und Pferde. Durch die ideale Lage können die Reiter wunderschöne ein- und mehrstündige Ausritte sowie Tagesritte unternehmen. In den Schulferien gibt es die Möglichkeit, Abzeichen der FN abzulegen. Lehrgänge und Prüfungen „Deutscher Reitpass“ und „Deutsches Wanderreitabzeichen“ werden im Frühjahr bzw. Herbst angeboten. Das abwechslungsreiche Programm für Ferienkinder bietet 2 Reitstunden täglich sowie Theoriestunden, Pferdepflege und Lederpflege. Am Abend gibt es ein abwechslungsreiches Programm mit Ballspielen, Schnitzeljagd, Geländerallyes und vieles mehr.

Informationen
Preise: Reitstunde Jugendliche 11,50 €,
Tagesaufenthalt 20,00 €
Tel: 07304 6259
www.ziegelhof.de

Steinzeitdorf Ehrenstein

Ein Tongefäß und mehrere Hirschgeweihstücke waren die ersten Hinweise, dass man im Talgrund in 1 bis 2 Metern Tiefe auf die Reste einer Siedlung aus der Jungsteinzeit gestoßen war. Insgesamt umfasste die Siedlung 30 bis 40 Häuser. Neben den für den Hausbau verwendeten Hölzern, konnten die Forscher große Mengen an gemusterten Tonscherben, Tierknochen, Werkzeuge, Geräte und Schmuck aus Stein, Knochen und Geweih bergen. Zusammen mit den gut erhaltenen Pflanzenresten geben die Funde einen Einblick in das Leben der Dorfbewohner im 4. Jahrhundert v. Chr.. Im Rathaus finden Sie eine kleine Ausstellung.

Informationen
Öffnungszeiten: Öffn. des Rathauses
Tel: 07304 8020
www.blaustein.de

Roggenburg: Kloster

Zentrum für Familie, Umwelt und Kultur

Bildung so bunt wie das Leben: Das Bildungszentrum Roggenburg lädt zum „Zeit haben“, „Kreativ werden“ und auch zum „Weiter denken“ ein. Bei Familien-Wochenenden, Frauenwochenenden oder Abenteuertagen für Väter und Söhne möchten wir Ihnen Zeit für das Wesentliche geben. Unsere kleinen Gäste werden bei bunten Workshops aktiv und dürfen sich ausprobieren. Malerei, Gesang oder auch schnitzen mit der Motorsäge – hier können Sie Ihre kreative Ader austesten. Kochkurse in unserer Klimaküche, Umweltnachmittage für die ganze Familie sowie Öko-Erlebnistage für Kindergruppen regen dazu an, mit offenen Augen unsere Natur zu erleben.

Informationen
Tel: 07300 96110
www.kloster-roggenburg.de

Wallenhausen: Waldseilgarten

Ein erlebnispädagogisches Konzept liegt dem Bau und dem Betrieb dieser Anlage zugrunde. Dabei kommt der Spaßfaktor in den inzwischen 8 Parcours unterschiedlicher Schwierigkeitsgrade mit über 90 unterschiedlichen Elementen für jeden Besucher allerdings nicht zu kurz. Vom Anfänger bis hin zum erfahrenen Kletterer ist Nervenkitzel und Kletterfreude garantiert. Und sogar die kleinsten Klettermäuse kommen nicht zu kurz, denn für Kinder ab drei Jahren gibt es einen eigenen Bambini-Parcours.
Anfang August wird wieder das Sonnenblumen-Maisfeldlabyrinth eröffnet (je nach Wetterlage und Höhe des Maises bzw. der Sonnenblumen) und auch sonst gibt es immer wieder allerlei Neues im Wald zu erleben.

Informationen
Öffnungszeiten: Ferien, So und Feiertag:
10 bis 19 Uhr
Preise: Kinder 10 € (2,5 Std),
Bambiniparcours 8 € (2 Std)
Tel: 07309 425959
www.waldseilgarten-wallenhausen.de

Günzburg: Legoland

STAR WARS Saga und Ägypten – die neuen Abenteuer im LEGOLAND® Deutschland

In geheimnisvoll neue Welten tauchen die Gäste in der Saison 2011 im LEGOLAND® Deutschland ein und erleben neue Abenteuer. Der Familienfreizeitpark im bayerischen Günzburg präsentiert die actiongeladene Passagierroboter-Achterbahn BIONICLE Power Builder im neuen HERO FACTORY-Gewand – benannt nach der gleichnamigen LEGO® Produktlinie - und zeigt gefährliche Schönheiten in LEGOLAND ATLANTIS by SEA LIFE: Stachelige Rotfeuerfische und geheimnisvolle Geistermuränen ziehen in die Unterwasserwelt ein und können aus nächster Nähe bewundert werden. Ebenfalls zum Saisonstart wird das LEGOLAND Feriendorf um 24 neue Ferienhäuser im Ägypten-Stil erweitert. Anfang Juni 2011 kündigt sich ein Großereignis an. Der Themenbereich MINILAND wird um einen komplett neuen Bereich vergrößert: das STAR WARS Universum. Gäste können die sieben bekanntesten Szenen der sechs STAR WARS Filme und der Animations-Serie STAR WARS: THE CLONE WARS bewundern – alle aus rund 1,5 Millionen handelsüblichen LEGO Steinen im Maßstab 1:20 nachgebaut. Einige der rund 2.000 LEGO Modelle werden über zwei Meter hoch sein. Die große Eröffnung wird vom 2. bis 5. Juni mit intergalaktischem Programm gefeiert. Darüber hinaus finden die gesamte LEGOLAND Saison hindurch spannende Erlebnis-Veranstaltungen statt, beginnend mit dem „Action-Wochenende“ am 30. April und 1. Mai 2011. Das LEGOLAND Deutschland umfasst acht Abenteuerwelten mit über 50 LEGO thematisierten Attraktionen, Shows und Workshops.

Informationen

Preise: Bambini (3 bis 5) 16,50 €,
Kinder (6 bis 11) 33,00 €,
Erwachsene (12 bis 59) 37,00 €,
Familien (bis 4 Personen) 148,00
Tel: 0180 5 700 757 01
www.legoland.de

Ortsregister

KINDER Sommer.